재외한인 언론인 네트워크

재외한인 언론인 네트워크

저자

임채완 전남대학교 정치외교학과 교수, 전남대학교 세계한상·문화연구단 단장, 정치사회학박사
Chaewan Lim

한 선 전남대학교 신문방송학과 강사, 언론학박사
Sun Han

김원태 전남대학교 신문방송학과 교수, 언론학박사
Wontae Kim

임현모 광주교육대학교 교수·총장, 정치학박사
Hyunmo Im

민형배 광주여자대학교 윤리교육학과 겸임교수, 사회학박사
Hyungbae Min

배한동 경북대학교 윤리교육학과 교수, 정치학박사
Handong Bae

전남대학교 세계한상·문화연구 2차총서 **7**
재외한인 언론인 네트워크

2008년 4월 20일 초판 인쇄
2008년 4월 25일 초판 발행

지 은 이　임채완, 한선, 김원태, 임현모, 민형배, 배한동
펴 낸 이　이찬규
펴 낸 곳　**북코리아**
등록번호　제03-01240호
주　　소　121-020 서울시 마포구 공덕동 115-13 201호
전　　화　(02) 704-7840
팩　　스　(02) 704-7848
이 메 일　sunhaksa@korea.com
홈페이지　www.ibookorea.com

값 13,000원

ISBN 978-89-92521-54-3 94070
ISBN 978-89-92521-47-5 (전11권)

이 총서는 2003년도 한국학술진흥재단의 지원에 의하여 연구되었음
(KRF-2003-072-BL2002)

전남대학교 세계한상·문화연구 3차총서 7

재외한인 언론인 네트워크

Network of Overseas Korean Journalists

임채완, 한선, 김원태, 임현모, 민형배, 배한동 지음

북코리아

21세기에 들어서 세계적으로 가속화되고 있는 초국가적인 인구이동과 더불어 다문화시대가 도래하면서 민족간 공생의 개념이 점점 확산되고 있다. 이러한 시대적 배경 속에서 이 총서는 2003년 9월 한국학술진흥재단 기초학문육성사업 인문사회과학 분야의 연구과제로 선정된 전남대 세계·한상문화연구단의 '세계한상네트워크 구축과 한민족공동체 조사연구' 사업의 3차년도 연구성과를 집약하여 출판한 것이다.

이번에 출판으로 완성된 3차년도 연구과제는 제1차년도 재외한인 사회의 경제환경 및 문화영역, 제2차년도 재외한인 기업의 경영활동 및 사회·문화영역에 이어 각 영역별로 재외한인의 네트워크 실태를 진단하고 지구적 차원에서 민족네트워크 구축을 위한 전략 및 구체적인 대안을 제시하는 데 초점이 맞추어져 있다.

제1차 총서와 제2차 총서에 이어 세 번째로 발간되는 이번 총서는 『재미한인 기업의 네트워크』, 『재일코리안 기업의 네트워크』, 『중국조선족 기업의 네트워크』, 『러시아·중앙아시아 한상네트워크』, 『재외한인 민족교육 모형개발과 네트워크 구축』, 『재외한인 권익보호 단체와 활동가 네트워크』, 『재외한인 언론인 네트워크』, 『재외한인 여성공동체 네트워크』, 『재외한인 정보자원 생성과 변천』, 『재외한인 사회단체 네트워크』, 『재외한인 문화예술 네트워크』 등 총 11권으로 구성되어 있다. 각 지역별 재외한인사회의 특성을 반영하되 글로벌 수준의 디아스포라 네트워크 구축이라는 공통적인 주제로 집약되어 발간되는 이번 총서는 연구단이 1년간에 걸쳐 수행한 연구성과들이 체계적으로 집약되어 있다. 또한 세부과제팀별로 지구화 시대 글로벌 네트워크 구축이라는 큰 틀 속에서 재외한인들의 자본, 노동력, 정보교류의 특징 등을 상세히 분석하고 있다.

이번 총서는 2005년 9월부터 1년간 67명의 연구원을 비롯해 총 200여명의 국내외 연구자와 현지조사자들이 투입된 연구결과물이다. 이 연구의 대상 및 국가는 재외한인들이 가장 많이 밀집되어 있는 미국, 일본, 중국, 러시아 · 중앙아시아 지역의 25개 재외한인 거점지역들이다. 연구단이 3차년도에 수집한 연구성과 중에서 재외한인 관련 데이터베이스 및 네트워크 구축의 가치가 있는 주요 성과들을 살펴보면 다음과 같다.

먼저 한상분야에서, 미국한상연구팀은 재미한인 기업연감 4,000개 리스트, 재미한인 9개 금융기관 리스트, 재미한인기업 리스트 252개, LA 재미한인 의류업 리스트 104개 등을 확보했다. 기타 재미한인 사회단체 리스트 341개, 사진 100장, 오디오 파일 20개를 입수했다. 재일한상연구팀은 기업가 리스트 1,059개, 뉴커머 기업가 리스트 195개, 기업가 관련 사진 80장, 개인 디렉토리 12,000여건, 단체 디렉토리 20건 등을 확보하였다. 중국한상연구팀의 경우, 기업 디렉토리 300개, 명함 100장, 기업가 및 각종 사진 900장, 오디오 30여건 등을 입수하였다. 러시아 · 중앙아시아 한상팀은 고려인 기업 87개, 고려인 자영업자 48개, 고려인 단체 26개, 고려인 교민단체 39개, 한국진출기업 리스트 151개, 한국진출 교민 자영업 리스트 191개 등을 수집하였다. 이처럼 풍부한 자료들은 그동안 공식·비공식적으로 산재하였던 각종 문헌들을 재조사하거나 현지조사 과정을 통해 직접 입수한 자료들로서 한상의 실태에 대한 학문적, 실용적 기초자료로서 가치를 지닌다 하겠다.

다음으로 재외한인 교육연구팀에서는 재미한인학교 100개, 재일조선인 학교 140개, 중국조선족 학교 240개, 러시아·중앙아시아 한인학교 230개 리스트를 확보하였고, 기타 관련사진 27장, 오디오 파일 33개를 수집하였다. 재외한인 사회단체팀에서는 미국한인단체 100개, 일본한인단체 100개, 중국한인단체 100개, 개인 디렉토리 60개, 단체 디렉토리 90개 리스트, 사진 55장을 수집하였다. 재외한인 언론팀에서는 개인 디렉토리 89개, 단체 디렉토리 86개, 국가별 신문과 언론인 사진 60장, 오디오 파일 6개 등을 수집하였다. 재외한인 법률인권팀에서는 개인 디렉토리 101개, 단체 디렉토리 65개 등을 수집하였는데, 구체적으로 중국조선족 변호사 리스트 110명, 중국조선족 변호사 인적사항 52명, 중국조선족 로펌 및 변호사 소개 32건, 재외한인 법적 분쟁 및 제한사례 208건, 재외한인 제한 법령 50건을 수집하였다. 재외한인 집거지 사회문화팀에서는 개인 디렉토리 197개, 단체 디렉토리 79개, 사진 200장, 비디오 및 DVD 1건, 재외한인 문화예술인 리스트 300개, 재외한인 문화예술공간 리스트 50개, 재외한인 집거지 사진 550매를 수집하였다. 재외한인 정보자원팀에서는 개인 디렉토리 65개, 단체 디렉토리 57개, 사진 1400장, 오디오 파일 28개, 중국 조선문 정보자원, 중국조선족 자작곡 및 악보, 동영상 및 영상, 러시아·중앙아시아 고려인 정보자원 등 다수를 발굴하였다. 재외한인 여성팀에서는 개인 디렉토리 377개, 단체 디렉토리 58 개, 사진 209장, 오디오 파일 97개, 그리고 여성지도자 활동사 100건, 여성활동가 103명, 재외한인 여성의 사회적 불평등사례 94건, 여성활동가 녹취자료 85건, 재외한인 여성단체 및 복지기관 58개 리스트를 확보하였다.

이처럼 제3차년도 연구총서는 세계 주요 국가에 분포한 재외한인을 대상으로 수집한 자료를 바탕으로, 그들의 경제와 교육, 문화, 사회, 언론, 인권, 여성, 정보자원 등 광범위한 영역에 걸친 활동상황 및 네트워크 구축실태에 관한 풍부한 정보를 담고 있다. 11권의 책들은 주요 한인 집중 거주지역인 5개 지역에 걸쳐 11개 팀의 연구자들이 그동안 조사한 자료를 바탕으로 수차례에 걸친 국제학술회의 등을 통해 전문가 집단의 논평과 보완과정을 거쳤으며, 전문가 초청 집담회와 워크숍 등의 과정을 통하여 수정 보완한 내용들을 토대로 완성된 것이다. 이번 제3차 총서 발간을 계기로 해외 각지에 분포된 재외한인의 연결망과 교류실태에 관한 더욱 실감나고 흥미 있는 정보들을 얻을 수 있을 것으로 기대한다. 주지하다시피 제1차 총서와 제2차 총서의 발간은 국내외 학계와 관련단체는 물론 연구자들의 큰 관심과 반향을 불러 일으켰고 그 중 7권은 대한민국학술원과 문화관광부로부터 우수도서에 선정되는 성과를 거두기도 하였다.

우리 연구단은 이번 총서를 통하여 재외한인 연구가 학문적으로 더욱 심화되어 작금에 국내에서 논의되고 있는 '재외동포학' 내지 '디아

스포라 연구'가 새롭게 정초되는 기회가 되었으면 하는 바람을 가져본
다. 이를 위해서는 재외동포사회에 대한 연구가 일회적 산물로 그치지
않고, 향후 전문교재의 발간, 학제간 강좌의 개발 등 구체적인 프로그램
개발은 물론 '디아스포라와 인문학' '디아스포라 연구의 인문학적 지
평' 등 인문학적으로 참신한 의제(agenda)를 개발하여 이를 한국사회 내
에 담론화시켜 내는 데 성공해야 할 것이다.

이 총서가 발간되기까지 많은 사람들이 물심양면으로 지원을 아끼지
않았다. 무엇보다도 지난 3년간 현지조사과정에서 만났던 수많은 재외
한인 관련 단체장, 기업가, 연구조력자, 현지조사자의 노고에 깊이 감사
드린다. 그분들의 순수한 열정과 도움없이는 이 총서가 완성되기 힘들
었을 것이다. 또한 연구과제를 지원해 주고 연구과정이 원활하도록 배
려를 아끼지 않으신 한국학술진흥재단의 허상만 이사장님과 관계자들,
전남대학교 강정채 총장님과 산학협력단 관계자들, 국내외 학술회의 참
가자 및 전문가, 연구단 홍보를 위해 지원을 아끼지 않으신 사회단체
및 언론사 관계자, 비좁은 연구실에서 밤잠을 설쳐가며 함께 노력해 온
연구단 식구들께 진심으로 감사를 드린다. 또한 총서의 출간을 허락해
준 북코리아출판사 이찬규 사장님과 편집자들께도 심심한 감사의 뜻을
전한다.

2008년 4월
용봉골 연구동에서
세계한상·문화연구단장　임 채 완

오늘날 우리 사회에서 초국가주의와 디아스포라에 관한 담론은 더 이상 낯선 주제가 아니다. 국경을 넘는 지구적인 인구이동 과정에서 새로운 삶의 터전을 형성한 이산민족 집단, 즉 '디아스포라(diaspora)'의 실존적 경험에 관해 한국사회가 학문적인 관심을 갖기 시작한 지 십년이 넘고 있다. 재외한인분야에서 시작한 이러한 관심은 점차적으로 타민족의 경험을 반영한 보편적 디아스포라 현상과 다문화주의에 대한 새로운 담론으로 증폭되고 있다.

한국사회가 건국 후 60년 만에 세계 10위권의 교역강국으로 부상하면서 세계의 주목을 받은 것처럼 재외한인들도 현지에서 경제적 지위나 문화적 영향력을 강화시키며 사회의 주역으로 성장해 왔다. 어느새 145년을 넘긴 한인디아스포라의 역사는 전 세계 174개국에 걸쳐 수많은 한인공동체를 정착시키고 있다. 재외한인은 한반도 전체인구의 10% 정도인 700만 명을 넘어섰다. 이들은 유럽과 북미지역뿐만 아니라 중국, 러시아, 일본, 아프리카, 알래스카, 브라질 등 다양한 지역과 영역에서 활동하고 있다.

재외한인들은 일찍부터 거주지에서 민족고유의 문화유산을 계승발전하면서도 다양한 민족과 교류하면서 현지화를 추구하였다는 점에서 모국에 살고 있는 한국인들보다 먼저 국제화의 길을 개척했다. 모국이 척박한 가난을 극복하고 선진국의 대열에 도달하는 동안에 재외한인들이 낯선 이역에서 정착해 온 과정은 결코 순탄치 않은 역경이었다. 그러나 민족의식을 결절(結節)로 한 초국가적인 네트워크의 출현으로 세계 각국에 분산되었던 한민족은 통합적인 구심력과 함께 원거리 디아스포라

공동체의 가능성을 얻게 되었다.

　그런가 하면 세계 전역에 걸친 한인공동체의 존재만큼이나 한국사회 내에도 지구상의 어느 곳 못지않게 다양한 인종과 민족이 혼거하는 다문화사회로 변모하고 있다. 1980년대 말 이후 한국에 직장을 구해 장기적으로 체류하는 외국인력은 약 100만 명에 달하고 있다. 인구통계에 따르면 한국에서 국제결혼을 통해 성립된 다문화가정은 전체적으로 11만 쌍이 넘으며 출신국가도 무려 112개국에 달한다. 뿐만 아니라 2025년에는 한국에 상주하는 외국인의 규모는 250만 명에 달할 것으로 보인다. 이처럼 한국은 바야흐로 이민송출국에서 이민대상국으로 변모하고 있는 것이다.

　지난 수년간 한국사회는 국제이주여성, 외국인노동자문제 등과 같은 다문화사회의 도전과 충격을 겪으면서 글로벌 시대에 대한 준비의 부족을 질책하는 목소리가 작지 않았다. 재외동포재단, 노동부, 법무부 등의 관련기관에 의해 부분적인 지원책이 모색되었지만, 글로벌 사회공동체 패러다임을 주도할 학술적 기반을 제공하는 전문기관은 많지 않다.

　이 점에서 세계한상·문화연구단의 재외한인과 디아스포라 연구는 그동안 근대적 영토공간의 경계 안에 제한되어 있던 민족구성원에 대한 관심을 탈영토적인 공간으로 확장시켰으며, 초국가적인 인구이동의 흐름과 정착과정에 대한 생생한 경험들을 학문적으로 정립하였다는 점에서 의미를 높이 평가할 만하다. 더욱이 재외한인에 대한 연구를 보편적인 '디아스포라' 현상에 대한 관점에서 바라보게 함으로써 최근의 다문화주의 담론과 연결시켜 생각할 수 있게 하였다는 점에서 우리 사회에 기여한 바가 크다 하겠다. 세계한상네트워크와 한민족문화공동체 조사연구가 가진 학술적 가치는 디아스포라, 국제인구이동, 해외정보, 초국가 민족연결망, 국제교류, 국제비즈니스 등에 걸친 다양한 학제적 연계성을 제공하는 단초를 마련했다는 점이라 할 수 있다.

전남대학교 세계한상문화연구단이 적극적으로 제기했던 디아스포라 연구의 중요성은 이제 사회적으로 큰 관심사로 등장하고 있다. 첫째, 초국가적 디아스포라 네트워크에 대한 관심이 크게 증가했다. 거대 중국 대륙을 부활시킨 세계 화상(華商), 브릭스(BRICs) 경제권의 축인 인도인상(印商), 미국과 러시아 경제에 막강한 영향력을 가진 유대인네트워크는 글로벌 시대 국가경쟁력의 표상이 되고 있다. 둘째, 노동력의 국제이동에 따른 다양한 사회현상에 대한 관심도 크게 증가하고 있다. 중국, 중앙아, 동남아 외국인노동자의 국내유입이나 한국인의 캐나다, 인도, 호주, 중남미, 북미, 유럽 등 세계각지로의 초국가적 이동현상은 유출국과 유입국 모두의 관심을 증가시켰다.

이 책자는 지난 2003년 8월 이후 3년간 한국학술진흥재단의 지원을 받아 진행된 "세계한상네트워크 구축과 한민족공동체 조사연구"의 연구성과를 집약하여 연구총서 형태로 발간한 것이다. 총서의 매 책장 마다 지난 5년간 이 역작을 발간하는데 참여했던 연구책임자를 비롯한 연구원들의 땀과 노력의 흔적이 각인되어있다. 우리는 해외한인사회에 대한 다양한 기초조사를 바탕으로 엮어진 이 총서가 그 동안 관심영역 밖에 머물던 재외한인 문제에 대한 지속적인 관심과 통찰력 있는 시각들을 제공할 것으로 기대한다.

하나의 책자가 세상의 빛을 보기 위해 생명력을 가지는 첫걸음이 길고 지루한 활자화 과정이라면 두 번째의 생명력은 독자들에게 남겨진 몫이다. 여러모로 한정된 연구의 제약여건을 극복하고 마침내 활자로 탄생한 이 책의 행간에 축약된 의미들은 독자들이 재해석하고 새롭게 보완해가야 할 것이다. 그렇게 함으로써 이 총서는 단순히 한 시대에 읽도록 재단된 책으로 끝나지 않고, 역사 속에 길이 쓰여지는 텍스트로 완성될 수 있을 것이다. 한 가지 덧붙여 강조하고 싶은 점은 이 책의 진정한 주인이 척박한 이역의 땅에서 민족의 맥을 이어온 재외동포들이라는 점이다. 총서의 한 장 한 장마다 고난의 역사 속에서 재외동포들의 땀과 눈물이 숨어 있음을 기억하며 넉넉한 마음으로 일독할 것을 추천하는 바이다.

2008년 4월
희망제작소 상임이사 박 원 순

이 책은 세계 한상 문화연구단 프로젝트 중 재외 한인언론 연구에 대한 3차년도 보고서이다. 1차년도 연구에서는 재외한인사회의 언론 발달과정과 사회문화적 환경 등 기초자료 수집에 초점을 맞추었고 2차년은 재외 한인들이 미디어 메시지를 어떻게 수용하는지, 주요 한인언론의 내용은 어떻게 구성돼 있는지를 분석하였다. 이번 연구는 1, 2차년도 연구의 기초 자료를 바탕으로 해외 한인언론인들의 디아스포라적 민족정체성 형성과 해외 한인언론(인)의 네트워크 사이에는 어떤 관계가 있는지 살펴보는 것으로 발전시켰다.

해외 이민사에서 한인 언론은 해외 한인들이 속한 현지 사회와 모국에 대한 정보를 제공하는 중요 창구이다. 또 이산민족이 공통된 민족정체성을 유지할 수 있도록 해주는 핵심 연결고리이기도 하다. 이와 같은 해외 한인언론의 역할에 주목해 디아스포라적 민족정체성의 형성 발전과 해외 언론(인)의 네트워크 구조 사이의 관계를 분석해본 것이었다.

연구결과 해외 한인언론(인)의 네트워크 구성과 민족정체성은 긴밀한 상관관계를 유지하고 있었다. 네트워크가 형성돼 있을수록, 역으로 민족정체성이 뚜렷할수록 네트워크에 대한 구성욕구가 높았다. 이는 네트워크의 크기가 클수록(또는 네트워크를 포함한 사회자본이 클수록) 한민족 공동체 구성에 대한 열의가 커 디아스포라적 민족정체성 형성에 필요한 언론활동에 좀 더 적극적일 것이라는 추론을 가능케 했다. 해외 한인을 우리와 동반발전을 추구해야 할 민족공동체의 일부로 파악하고 이산민족의 역량을 극대화할 수 있는 방안을 모색해야 할 정부가 참고해야할 대목이었다.

또 인터넷의 발전으로 물리적 장벽을 뛰어넘어 한국정부와 현지 언론(인)이 협력관계를 발전시켜 나갈 수 있는 여건은 이미 조성돼 있었다. 그러나 정작 한국정부와 해외 언론(인)의 네트워크가 상호작용적이고 심층적인 관계망으로 발전돼 나가지는 못하고 있다는 것은 아쉬운 점이었다. 인터넷은 현지에서 한국 관련 정보를 수집하는 단순 창구역할에 불과해 상호발전을 위한 시작단계에 머무르고 있는 경우가 많았다. 따라서 현 단계에서는 한국정부가 좀 더 적극적으로 동반자적 관계를 형성할 수 있는 방안 마련에 나서야 할 것으로 보였다.

이 책은 크게 3부분 모두 7개장으로 구성돼 있다. 제Ⅰ장 머리말과 제Ⅱ장 이론적 논의는 연구의 토대에 대한 서론부분이다. 제Ⅱ장 머리말에서는 연구가 필요한 이유와 배경, 연구방법과 대상 및 절차 등 연구의 뼈대에 대한 설명을 담고 있다. 제Ⅱ장은 디아스포라적 민족정체성과 한인 언론이 맺고 있는 역할구조, 네트워크 사회에 있어 국정홍보의 방향 등 연구가 궁극적으로 기대고 있는 이론적 틀거리 내용을 다루었다. 본론 부분인 제Ⅲ장부터 제Ⅵ장까지는 해외 각국별 연구결과와 나라별 비교분석에 대한 내용이다. 미국과 중국·일본 한인사회와 언론(인)을 디아스포라적 민족정체성과 한인언론(인)의 네트워크 관계에서 분석한 구체적인 결과를 제시하고 있다. 마지막 결론부분인 제Ⅶ장에서는 연구를 통해 얻게 된 결론과 정책제언을 담고 있다.

이 연구는 모국과 현지 사회를 연결해주는 핵심 역할을 수행하고 있는 해외 한인언론(인)에 대한 연구가 미흡했던 것에 비해 그들을 대상으로 이뤄진 본격적인 연구라는 점에서 의의가 있다. 그러나 연구의 한계가 없는 것은 아니다. 우선 해외 한인언론(인)의 네트워크 형성자체가 시작단계에 불과해 당초 계획했던 네트워크 구조와 민족정체성 형성의 관계를 다양한 각도에서 살펴보지 못하였다. 또 연구대상자가 세계 각국에 흩어져 있어 연구대상자를 접촉하는 것이 쉽지 않아 연구내용을 다듬고 발전시키는 과정을 충분히 거칠 수 없었다. 연구의 부족분은 후속연구자의 몫으로 남겨두겠다.

　마지막으로 연구를 위해 도움을 주신 여러 분들께 감사하고 싶다. 사회주의 체제인 중국의 여러 어려움 속에서도 중국지역 연구를 성공적으로 이끌어주신 연변대 서옥란 교수님과 미국지역 연구에 도움을 주신 워싱턴 한국일보 이종국 기자, 전남대 신문방송학과 박사과정 박세종님께 감사의 뜻을 전한다. 이분들의 도움이 없었다면 이 연구는 결실을 맺기 어려웠을 것이다.

2008년 4월

저자대표 한 선

VI 재외 한인 언론인의 사회자본과 민족정체성: 미국과 중국의 비교 ·········· 216

표 차례

그림 차례

I
머리말

1. 연구의 배경과 목적

우리가 즐겨 사용했던 '반만년 단일민족의 역사'라는 말 속에는 민족 정체성에 대한 강한 고정관념이 반영돼 있다. 일정한 영토 내의 국민들에게 초점이 맞추어진 '단일민족'이란 레토릭은 민족정체성을 고정불변의 가치로 바라보는 편협한 시각을 통해 형성된다. 그러나 21세기에 진입한 지금 우리는 다시 민족이 무엇인가에 대한 고민에 직면해 있다. 늘어나는 코시안,[1] 혼혈인에 대한 편견의 변화 등 국내외 환경은 낯익지만 새로운 문제 영역으로서 '민족'을 재고하게 만들고 있다.

민족은 무엇이며 어떻게 구성되는가? 이 문제의 핵심은 민족정체성을 어떻게 규정할 것이냐에 달려 있다. 그렇다면 과연 민족정체성이란 무엇인가? 이동성이 증가하고 세계화가 진전된 현대 사회에서 우리는 민족정체성을 어떻게 규정할 수 있는가? 또 새로운 민족정체성의 형성과 확립에 해외 언론과 언론인의 역할과 기능은 무엇인가?

민족정체성이란 한마디로 개인이 특정 민족에 소속된다고 느끼는 인식론적 감정을 가리킨다. '역사·문화적으로 형성된 특정 민족 집단에

---

1) 네이버 백과사전에 따르면 코시안은 1997년 외국인 노동자 문제를 연구하는 시민단체들이 처음 사용한 용어이다. 한국인(Korean)과 아시아인(Asian)을 합성해 만든 조어로 넓게는 일본인과 중국인을 제외한 아시아 전체를 가리키지만 좁게는 한국인과 동남아시아인 사이에서 태어난 2세를 가리키는 말로 쓰인다.

대한 자기정체성'인 것이다(김왕배, 2003). 따라서 단순히 생물학적 요소나 물리적 요소로 환원되는 것이 아니라 동일한 언어와 생활관습, 그리고 가치체계를 공유하는 과정 속에 형성된다. 흔히 혼동하는 국가와 달리 민족(민족정체성)은 개인이 가지는 일종의 소속감인 것이다. 민족이 자기인식적인 문화공동체(self conscious cultural community)인데 반해 국가는 한 영토 안에서 폭력을 독점하는 정치조직(political organization with a monopoly of violence in some territory)을 가리킨다는 구분(Motyl, 1992 정호영, 2005에서 재인용)에서도 민족정체성의 특징을 살펴볼 수 있다.

따라서 민족정체성은 고정 불변의 것도 아니며 선험적으로 물려받는 결과론적인 것도 아니다. 다른 집단들로부터 자기 집단을 차별화하려는 노력 또는 같은 집단끼리 내적 유사성을 발생시킬 수 있는 다양한 조건들과 상호 작용의 결과로 얻어지는 과정의 산물일 뿐이다. 민족정체성을 형성하기 위해 신화, 전설과 같은 상징이나 활자와 인쇄 미디어와 같은 학습 기제들이 동원되는 것도 이 때문이다.

민족정체성이 경험과 학습을 통해 구성되는 '과정의 산물'이라는 사실은 해외 이주민의 경우 더욱 뚜렷이 확인할 수 있다. 조상으로부터 물려받은 영토 안에 거주하지 않지만 엄연하게 스스로를 한국인으로 규정하는 해외 한인들의 정체성이야말로 과정의 산물로서 민족 정체성의 면모를 드러내 보이고 있다.

이와 같은 '과정의 산물로서 민족정체성' 관점을 수용할 때 세계 각지에 분산돼 있는 한민족을 하나의 민족정체성으로 묶어낼 수 있는 기반은 동일한 민족정체성 형성에 기여하는 '한민족의 문화'가 될 것이다.[2]

---

2) 스미스(Smith,1991)는 민족정체성을 형성하기 위해서 필요한 몇 가지 조건을 제시하고 있다. 첫째 역사적 영토 또는 조국 땅을 실제로 소유해야 한다. 둘째 공동의 신화와 역사적 기억을 가져야 한다. 셋째 공동의 대중화된 문화를 가져야 한다. 넷째 공동의 법률적 권리와 의무체계를 가져야 한다. 다섯째 영토 안에서 자유로운 이동이 보장되는 공동의 경제를 가져야 한다.

문화란 경험과 가치를 공유할 수 있는 무형의 감정적, 인식론적 자산이기 때문이다.

언론은 이러한 한민족 문화를 매개하고 전승하는 과정에 가장 중요한 수단이 된다. 특히 모국어로 제작되는 한인 언론은 이산민족3)(디아스포라)이 동일한 경험을 공유하고 공동의 대중화된 문화를 가질 수 있도록 절대적인 영향력을 발휘함으로써 디아스포라적 아이덴터티 형성에 주도적인 역할을 수행하고 있다. 언론이 민족구성원들이 정보를 얻고 유지하는 데 기여함으로써 민족의식을 향상시키고 공동의 민족 소속감을 가질 수 있도록 해주는 일종의 문화공동체 발전의 인프라로 기능하고 있다는 것이다.

전 세계 한민족 자원을 하나의 공동체로 묶어 한민족의 역량을 극대화 하는데 앞장서야 할 정부입장에서 보면 해외 한인 언론을 적극 활용해야 한다는 것이다. 재외한인은 고국을 떠난 사람이 아니라 우리 민족과 문화를 세계에 전파하고 재생산하는 인적 자원으로서 우리와 동반 발전을 추구해야할 민족 공동체의 일원이다. 일제 강점기라는 역사적 상황 때문에 모국을 떠나야만 했던 이주 1세대들과 달리 다양한 경제적, 문화적 이유로 한국을 떠나는 최근의 이민자들을 하나의 민족 자산으로 묶어내기 위해 노력하고 있는 한국 정부의 노력들도 이와 궤를 같이 하는 것들이다. 해외동포를 한민족의 인적 자산으로 평가하고 활용하여 이데올로기적 대립이 소멸한 신 국제 사회 속에서 한민족 공동체의 발전적인 방향을 모색해보자는 것이다.

---

3) 세계대전 이후 전 세계에 흩어진 유대인을 설명하기 위해 사용된 디아스포라는 국외로 추방된 소수집단 공동체를 의미하였다. 그러나 1990년대 이후 해외 거주민에 대한 연구가 활발해지면서 이주민, 국외로 추방된 난민, 초빙 노동자, 망명자 공동체, 소수 민족 공동체를 포괄하는 넓은 의미로 사용되고 있다. 따라서 디아스포라는 민족 성원들이 세계 여러 지역으로 흩어지는 과정 또는 분산된 동족들과 그들이 거주하는 장소와 공동체를 가리키는 개념으로 사용되기도 한다. 이들 이산민족의 정체성을 디아스포라적 아이덴터티라고 한다. 자세한 내용은 (윤인진, 2003) 참조.

그럼에도 불구하고 그동안 해외 한인 언론에 대한 연구는 미답의 영역으로 남아있었다. 연구 대상이 물리적으로 먼 거리에 위치하고 있어 연구자들의 관심에서 벗어나 있다는 것이 일차적 원인이다. 그러나 해외 한인언론에 대한 연구가 미진한 것은 해외 교포에 대한 일반인들의 무관심과도 관련이 없지 않다. 그간의 연구는 해외 교포들의 언론 현황을 살펴보는 수준의 연구가 대부분이었다. 해외 교포가 많은 미국 LA 지역의 한인 언론현황을 살펴보는 연구(예를 들어 김원태, 2002) 또는 한민족 강제이주 100주년이 되는 1990년대 중반 이후 활발해진 중앙아시아, 극동아시아 지역의 한인 언론 연구가 해당된다(예를 들어 양원식·김병학, 2001; 주현남, 2001; 서병욱, 2002; 안종목, 2002). 요컨대 그간의 연구는 현황을 보고하는 수준에 그치고 있을 뿐 해외 한인 언론에 대한 심층적인 분석은 아니었다.

그러나 모두에 설명한 것처럼 세계화 시대 한민족 공동체 형성에 있어 언론의 역할과 기능은 핵심적이다. 중국과 이스라엘의 예에서 보듯이 해외에 정착하고 있는 해외동포는 급변하는 세계화 질서 속에 한민족의 발전과 안정에 필요한 중요한 인적 자산이 됨은 물론 우리 민족의 당면과제인 남북 분단의 해소와 경제성장에도 기여하는 바가 많을 것이기 때문이다.

해외 동포에 대한 새로운 평가와 인적 자산으로 활용하기 위한 첫걸음은 이들이 한민족 공동체 구성성원이라는 민족정체성을 유지하고 발전시키는 일이며, 언론은 이를 위한 핵심 열쇠가 될 것임은 주지의 사실이다. 따라서 이 연구는 디아스포라적 아이덴터티 형성에 개입하는 해외 한인 언론과 언론인의 위상과 역할을 살펴보고 발전적인 한민족 네트워크를 형성하는 데 바람직한 해외 한인언론과 정부의 상호 관계를 검토해 보고자 한다.

연구는 미국과 중국, 일본 등 해외 한인언론 중 한글로 제작되는 신문과 방송을 중심으로 문헌조사와 설문조사, 포커스 그룹인터뷰(FGI),

심층면접 등을 유연하게 병행해 실시하였다. 해외 한인 언론은 크게 현지어로 발행되는 언론과 모국어로 제작되는 언론으로 구분 지을 수 있다. 이 중 현지어로 제작되는 언론의 경우 민족정체성의 형성과 확립에 개입하는 언론의 역할을 살펴보고자 하는 연구의 목적에 부합하지 않아 연구 대상에서 제외하였다.

2. 해외 한인 언론 연구 동향

언론 연구의 여러 영역 중 해외 한인 언론 연구는 양적으로나 질적으로 부족한 편이다. 대부분의 연구가 현지 한인 언론의 분포나 현황을 고찰하는 수준에 그치고 있다. 해외동포가 많이 거주하고 있는 미주지역과 중국 조선족, 중앙아시아 등에서 운영되고 있는 한인 언론사의 현황을 중심으로 소개하는 정도의 연구에 불과한 것이다. 지역별 주요 해외 한인 언론연구는 다음과 같다.

첫째, 미주지역의 경우 '한국어방송의 기능과 영향에 관한 연구: 라디오 코리아를 중심으로(김원태, 1993)', '재미 한인사회의 한인방송에 관한 연구(김원태, 2002)', '미주 한인과 한인신문(장원호, 1991)'을 들 수 있다. 김원태의 연구는 이민 1세대인 하와이 교포신문 탄생부터 현재에 이르는 미주 한인 언론 발전사를 라디오 방송을 중심으로 소개하고 있다. 장원호는 이주 한인들이 현지 사회에 적응하는 과정에 언론이 어떤 역할을 하고 있는지를 고국사회에 대한 정보취득과 현지 적응에 필요한 정보 획득이라는 두 가지 기능에 초점을 맞추어 제시하고 있다. 이밖에 최기영(1998)과 김삼오(2005)의 연구도 재미 한인사회의 언론 현황과 역할, 기능을 기술하고 있는 연구들이다.

논문과 단행본 이외에 미주지역 언론사가 주관해 실시한 연구보고서도 한인관련 연구로 구분 지을 수 있다. 예를 들어 미주 한국일보가 지난 1992년에 실시한 '남가주 한국일보 독자들의 정치·사회문제에 대한 인식과 매스미디어 수용실태' 조사는 한인교포들의 언론 수용현황을 밝히고 있다는 점에서 기존 연구와 차별점을 갖는다. 연구보고서에 따르면 한인 교포들은 정보추구와 교육, 연예오락 등의 목적을 위해 신문을 읽고 있으며 열독률 시간은 오후 8시부터 10시 사이가 가장 높았다. 또 주로 읽는 뉴스 종류에 있어서 남녀 성별에 따른 차이를 보여 남자의 경우 경제뉴스를, 여자들은 자녀교육과 건강 관련 기사를 많이 읽고 있는 것으로 조사되었다. 또 미주 중앙일보가 2003년 실시한 '남가주 지역 한인의식 소비패턴조사' 역시 해외 한인들의 미디어 접촉 실태에 대해 분석하고 있다.

두 번째로 중국지역은 다른 해외동포 집단에 비해 지리적으로 가까운데다 남북통일 이후 사회통합을 위한 시험무대가 될 수 있다는 정치적 상황 때문에 1990년대 후반 들어 연구가 활발히 진행되고 있다. 예를 들어 '중국 조선족의 언론문화에 관한 연구(김원태, 2002)'를 비롯해 '중국 조선족 동포의 우리말 신문방송에 관한 연구(김원태·최상철, 1992)', '중국의 언론(목정균, 1998)', '중국의 언론과 사회변동(박용수, 2002)', '중국 조선족의 정체성 위기와 언론의 역할(서병욱, 2002)', '중국 흑룡강성 조선족 언론의 현황과 역할(주현남, 2001)', '중국 조선족의 언론과 문화(채백·이재현, 1995)', '중국 연변자치주 언론 현황과 조선족 사회 발전방안(최호, 2001)' 등이다. 이 중 채백과 이재현의 연구는 한중 수교 이후인 1995년 조선족 사회의 언론매체 이용실태와 문화적 변화 상황을 가늠하기 위해 처음으로 실시된 현지 조사라는 점에서 의의를 갖는다. 이 연구를 통해 중국 내 연변족의 신문과 방송, 잡지 등 매스미디어 전반에 대한 이용 실태와 조선족들의 사회 실상을 가늠해볼 수 있었다. 이후 조선족과 국내 연구진 사이의 교류가 활발해지면서 국내 학계에 유학 온 연구자들을 중심으로 조선족 사회의 언론 현황과 수용구조를 밝히는 연구가 소개되는 등 연구주제와 범위가 다양해지고 있다. 이들을 통해 중국 동북 3성의 조선족 집거지역 대부분에서 조선어 신문과 방송이 활발히 발행되고 있으며 이들 지역에서 한국의 위성방송이 거의 무제한적으로 접촉할 수 있다는 현실을 확인할 수 있었다.

그 중 조선족을 한국 매스미디어의 수용자로 간주한 연구들은 국내에서 제작된 미디어 콘텐츠의 확산 가능성을 예측해 볼 수 있다는 점에서 눈길을 끌고 있다. 예컨대 '중국 연변지역 조선족의 무궁화위성방송 수용사례(권순우, 1999)' 연구와 '초국적 수용자의 미디어 이용과 효과: 연변 조선족 대학생의 한국 위성방송 이용을 중심으로(주지혁, 2002)'는 한국어를 사용하는 연변지역 조선족의 한국 위성방송 수용 상황을 탐구함으로써 디아스포라적 민족정체성 형성에 개입하는 언론의 역할 등을 가늠해 볼 수 있는 연구이다.

그러나 이들 연구는 사회주의 체제 권에서 이뤄지는 연구라는 제한점 때문에 다양한 내용이 충분히 다뤄지지 못했다는 한계를 갖고 있다.

세 번째로 중앙아시아 지역은 김영삼 정부의 세계화 담론 이후 한민족 정체성의 뿌리를 고찰하려는 분위기 속에서 강제이주 이전 한인들의 생활상과 언론현황을 살펴본 것들이 해당된다. '러시아 고려인 사회 발전을 위한 언론의 역할(강 니꼴라이, 2001)' '우즈베키스탄 고려신문의 현황과 역할(김부르트, 2001)' '구 소련지역 고려인 언론과 민족정체성(김영기, 1998)' '부자유속에 태어난 신문: 고려일보의 어제와 오늘(양원식, 1996)' 등이 해당된다.

3. 연구의 방법

1) 연구대상

이 연구는 해외 한인 언론인의 네트워크 현황을 파악하고 디아스포라적 민족정체성 형성에 개입하는 언론의 역할과 한국정부의 홍보 방안을 전반적으로 고찰해보고자 하는 것이다. 이를 위해 연구대상 지역은 미국, 중국, 일본 지역을 대상으로 선정하였다. 세부 지역별로는 미국의 경우 로스앤젤레스(Los Angeles)와 뉴욕(New York), 워싱턴 D.C(Washington D.C) 등 3개 지역을 대상으로 선정하였고 이들 지역에서 발행되는 신문과 방송 등에서 근무하고 있는 언론인 150명을 대상으로 하였다. 중국은 연변과 심양, 요녕 등 동북 3성을 대상으로 선정한 뒤 역시 신문과 방송에서 근무하는 언론인 150명을 대상으로 실시하였다. 이들 지역이 해외 동포 수가 많고 이민사회가 형성된 역사가 오래되기 때문에 한인 언론 역시 다른 지역에 비해 활발할 것으로 판단하여 선정하였다.

일본은 재일 동포수가 많이 분포한 동경과 오사카지역을 대상으로 하였다. 일본은 해외 한인이 많음에도 불구하고 역사적 사회적 이유로 해외 한인언론활동이 다른 지역에 비해 미진한 국가이다. 주지하다시피 일본은 지리적으로 한국과 가까운데다 역사적 이유로 이민을 떠났던 이민 1세대와 최근 이주해 간 새로운 이민세대(뉴커머)들 간의 성격 차이가 뚜렷하고 이에 따라 언론 활동에도 상당히 구분되는 현상을 나타냈다. 이민 1세대들을 대상으로 하는 언론이 일본어로 제작되는 반면, 뉴커머들의 언론은 생활정보지 수준을 벗어나지 못하고 있었다. 또 인터넷의 발달로 신문과 방송 등 전통 매스미디어의 활동이 매우 미약한 상태이다. 따라서 디아스포라적 민족정체성과 언론의 역학 관계를 파악하고자 하는 연구의 성격상 일본이 주요 연구 대상으로 부각하지 못하였다. 이에 따라 일본은 심층면접으로 연구를 진행하였다. 면접은 동경과 오사카 지역에서 활동하고 있는 주요 언론인을 대상으로 하였다. 러시아지역 또한 한인언론 활동의 흔적만이 남아있을 뿐 한국과 네트워크를 형성하고 있거나 또는 현지 언론인들 사이의 교류가 거의 없는 상태였다. 이에 러시아 지역은 문헌연구를 중심으로 연구를 수행하였다.

2) 연구 방법 및 절차

연구방법은 문헌조사와 설문조사, 포커스그룹인터뷰 등을 병행해 실시하였다.

우선 설문조사는 이 연구의 중점적인 연구 방법으로 미국과 중국 지역 한인 언론인을 대상으로 실시하였으며 설문문항은 사전 조사를 통해 완성하였다. 미국의 경우 로스앤젤레스와 뉴욕, 워싱턴에서 현직 기자로 활동 중인 연구자들을 대상으로 사전조사를 실시하여 설문을 완성하였다. 중국도 같은 과정을 거쳤으며 미국과 기본적인 질문은 비슷하나 사회주의 체제라는 점을 감안해 몇몇 설문 항목을 추가하거나 삭제하였다. 설문조사는 해당 지역별로 면접원을 선정해 2006년 3월 한 달동안 자기기입식 방법과 면접원 활용 방식을 겸해 실시하였다. 미국은 로스앤젤레스(Los Angeles)와 뉴욕(New York), 워싱턴D.C(Washington D.C) 각 지역별로 면접원을 선정했고, 중국은 서옥란 연변대 교수를 감독원으로 선정한 뒤 대학생 5, 6명을 조사원으로 활용해 동북 3성을 대상으로 조사하였다. 면접원은 이메일을 통해 사전에 설문내용을 충분히 파악하고 응답자들의 질문에 대비할 수 있도록 사전 교육을 실시하였다. 설문이 모두 수거된 것은 미국이 5월 14일, 중국은 4월 8일이었다.

이와 함께 이 연구에서는 설문조사 또는 사전 조사를 통해 확보된 정보를 심화 발전시키는 단계로 심층면접과 텔레포커스방법을 실시하였다. 이를 통해 현지 한인 언론인들이 형성하고 있는 네트워크의 질과 현황, 활용 정도 등 설문조사에서는 파악할 수 없었던 심층적인 네트워크 현황을 알아보았다. 심층면접은 중국과 일본을 대상으로, 텔레포커스는 미국을 대상으로 시행하였다. 면접 일정은 중국의 경우 2006년 4월 2일부터 8일까지 5박 6일 동안 연변과 흑룡강 지역에서 주요 언론인을 대상으로 실시하였고 일본은 4월 17일부터 21일까지 4박 5일 동안 동경에서, 그리고 10월 19일 오사카에서 주요 언론인을 대상으로 실시하였다. 연구방법에 대한 구체적인 내용은 다음과 같다.

(1) 문헌조사

각종 논문과 서적, 연구보고서 등을 참고하여 해외 한인언론의 현황과 특징 등 각종 자료를 수집하고 분석하였다. 재외한인언론에 대한 현황과 기초 통계자료는 『재외한인언론의 역사와 현황 기초연구』(2006)과 『세계한국어방송』(2006), 『미주한인 100년사』 등을 통해 수집하였다. 또 재외한인관련 논문 20여 편과 연구보고서 10여 편을 수집, 분석하였다.

(2) 설문조사

설문조사는 재외 한인 언론인의 네트워크와 한국정부와의 네트워크 현황 등을 알아보기 위해 실시한 연구방법 중 가장 핵심적인 방법이었다. 설문조사는 현재의 상황이나 태도가 어떤 것인지를 기술(describe)하고 왜 그렇게 되어있는가를 설명할 수 있는 가장 경제적이고 효율적인 연구방법이다. 해외한인언론인 연구의 경우 연구자가 직접 모든 응답자들을 통제하기 어려운 해외지역을 대상으로 한다는 점을 감안해 설문은 심층적인 자료를 확보하기 어렵다는 한계에도 불구하고 설문조사방법을 중요한 연구방법으로 활용하였다. 언론인에 대한 심층적인 자료는 포커스그룹인터뷰와 심층면접을 통해 보강하였다.

분석도구는 SPSS 12.0을 사용하였으며 주요 방법은 빈도분석과 교차분석, ANOVA, 상관관계 등을 활용하였다.

(3) 포커스그룹인터뷰(FGI)

해외 한인 언론인의 행위와 태도를 이해하기 위해 포커스그룹인터뷰(FGI)를 병행하였다.

FGI는 6명에서 12명의 사람을 동시에 면접하면서 핵심 주제에 대해 상대적으로 자유롭게 토론하는 형태를 띠게 된다. 보통 한 사람의 사회자(연구자)가 토론을 진행하는 형식으로 응답자들을 이끌면서 응답자들이 주위 사람들의 눈치를 보거나 자신의 의견이 남과 다를 때 의견을 표출하지 않으려는 문제를 막아주는 역할을 맡는 것이다. 따라서 FGI는 대개 일대일 면접 인터뷰보다 제약을 덜 받고 심층적인 자료를 확보할 수 있는 연구방법으로 평가받는다(Wimmer & Dominick, 1994: pp. 183-187). 한 응답자가 언급한 것을 듣고 다른 응답자가 앞서 발표한 사람의 생각과 자신의 생각을 더 발전시켜 의견을 성숙시킬 수 있다는 것이다. 그러나 누군가 대화를 독점해 다른 참가자들에게 의견을 강요하거나 지배적 분위기가 형성되면 오히려 자신의 의견을 표출하지 않으려는 단점을 갖고 있다. 이로 인해 단독 연구방법으로 사용되기보다 심층인터뷰나 설문조사 등 연구의 주요 조사방법을 보조하는 기법으로 많이 활용되고 있다. 또 연구 대상자들을 선정한 뒤 사전에 미리 설문지를 배포해 자신의 입장을 밝히지 않으려하거나 다른 사람의 의견에 지배당하지 않도록 훈련을 시킬 수도 있다.

그러나 FGI는 연구 대상자들을 한 자리에 모아야 한다는 어려움이 있다. 예컨대 전문직 종사자를 대상으로 하는 연구의 경우 이들을 한 장소에 모아야 하는 어려움에 직면하게 된다. 이 경우 텔레포커스(telefocus) 방법을 적용할 수 있다. 이 방법은 기본적으로 전화를 매개로 이루어지며 한 나라의 여러 곳에 흩어져 있는 개인을 대상으로 행해지는 것이 보통이다(Wimmer&Dominick, 앞의 책).

이 연구에서는 미국 LA와 뉴욕, 워싱턴 세 지역의 현직 언론인들을 동시에 접촉하기 어려웠기 때문에 지역별로 1-2인 정도 모두 5명의 전현직 언론인을 텔레포커스 대상으로 선정하였다(〈표 I-1〉).

〈표 I-1〉 텔레포커스그룹 인터뷰 대상자 현황

지 역	대상자	성 별	인터뷰 일시
로스앤젤리스	박○○(해럴드 경제신문 기자)	남자	2006년 3월 28일, 4월 4일
로스앤젤리스	백○○(전직 기자)	여자	2006년 3월 11일
뉴욕	김○○(한국일보 기자)	남자	2006년 3월 13일, 18일
뉴욕	이○○(YTN 프리랜서 기자)	여자	2006년 2월 14일, 4월 25일
워싱턴	이○○(한국일보 기자)	남자	2006년 4월 8일, 21일

인터뷰는 전화를 기본으로 하되 추가 질문은 이메일을 주고받았다. 전화의 경우 LA 지역 언론인이 2006년 3월부터 5월까지 모두 3차례, 뉴욕이 4차례, 워싱턴 2차례 등 모두 9차례 수행하였고 이메일은 필요에 따라 수시로 실시하였다.

(4) 심층면접

심층면접은 일대일 면접과 유사한 것으로 일반적으로 적은 수의 표본을 이용, 연구자가 의도한 대로 상세한 답변을 구할 수 있다는 점이 장점이다. 서베이 방법과 비교해볼 때 민감한 사회문제에 대한 정확한 답변을 얻어내거나 공개적으로 말하기 곤란한 내용, 설문 응답만으로 파악할 수 없는 심층적인 이야기를 얻어낼 수 있다. 또 응답자와 연구자 간에 친밀함을 통해 다른 조사방법에서는 시도하지 못하는 내용까

지 다룰 수 있다. 적은 표본으로 일반화시키기에 어렵다는 점, 그리고
면접 자체가 표준화되어 있지 않다는 점이 약점이기는 하지만 어떤 집
단들은 심층면접을 통해서만 조사가 가능하기도 하다. 예를 들어 미국
상원의원들의 미디어 접촉 습관을 연구하는 것은 설문지를 돌리거나
다른 연구방법을 동원해 파악할 수 있는 자료가 아니다. 이 연구에서는
중국과 일본 현지 언론인을 대상으로 심층면접을 실시하였다. 설문조사
를 통해 기본적인 유형을 파악한 뒤 기자들의 네트워크 구성 욕구 네트
워크 현황, 한국 정부에 희망하는 사항 등을 알아보기 위해 실시하였다.

<표 I-2 > 심층면접 대상자 현황

지 역		대상자	성 별	인터뷰 일시
중국	연변일보	김천 주필	남자	2006년 4월 2일
	연변방송	남철 국장	남자	2006년 4월 3일
	연변TV	남명철 국장	남자	2006년 4월 3일
	길림신문	김영자 지사장	여자	2006년 4월 4일
	흑룡강 방송	장석주 국장	남자	2006년 4월 5일
	흑룡강신문	박일 부사장	남자	2006년 4월 5일
일본	동경	배철은 민단신문 편집장	남자	2006년 4월 18일
	오사카	김효황 제민일보 코리아뉴스 회장	남자	2006년 10월 19일

3) 조사내용

연구 출발단계에서 중점적으로 분석하고자 했던 것은 해외 한인언론
인의 네트워크에 대한 심층적인 정보였다. 한인 언론인들이 형성하고
있는 네트워크의 질과 종류는 어떠한 것이며, 또 네트워크 형성과정에
정부의 역할과 기능은 무엇인지 파악하고자 했다. 이를 통해 디아스포
라적 민족정체성을 구축하고 발전시키는 데 한인 언론인과 한국 정부
의 기능, 역할을 모색해보고자 했다. 그러나 사전 조사를 통해 해외 한

인언론인들의 네트워크가 매우 초보적인 단계라는 것을 확인할 수 있었다. 조사지역에서 공통적으로 한국(정부와 민간단체 포함)과 유기적인 네트워크를 형성하고 있는 경우는 드물었고 현지 언론인 사이에서도 교류가 매우 미비했다. 이에 따라 연구 내용을 해외 한인 언론인의 네트워크 구축과 발전을 도모할 수 있는 간접적인 내용으로 바꾸었다. 자세한 내용은 그림에서처럼 한인언론인들의 사회자본과 민족정체성 사이의 상관관계를 살펴보는 것이다. 이론적 논의에서 상술하겠지만 사회자본은 개인이 활용할 수 있는 자원의 총합을 가리킨다. 연구에서는 한인언론인의 네트워크 현황과 한국 정보를 취득하는 매체의 종류와 활용 정도 등을 포함하는 개념으로 사용하였다. 민족정체성은 선행연구를 토대로 개인이 특정 민족 구성원의 일원으로 생각하는 정도를 가리키는 민족의식과 해당 민족에 대해 어느 정도 알고 있는지를 묻는 민족지식을 포함하는 개념으로 설정하였다. 즉 해외 한인언론인의 사회자본의 크기와 민족정체성 사이에는 상관관계가 존재한다는 가설과 확인을 통해 한인언론인의 네트워크 형성이 디아스포라 민족정체성 구축에 선결조건임을 분석하고자 했다. 예컨대 사회자본이 풍부한 한인언론인과 그들의 민족정체성 사이에 상관관계가 존재한다는 것을 확인함으로써 한인언론인을 매개로 해외 동포의 디아스포라적 민족정체성을 구축할 수 있는 길을 모색해 볼 수 있을 것이다.

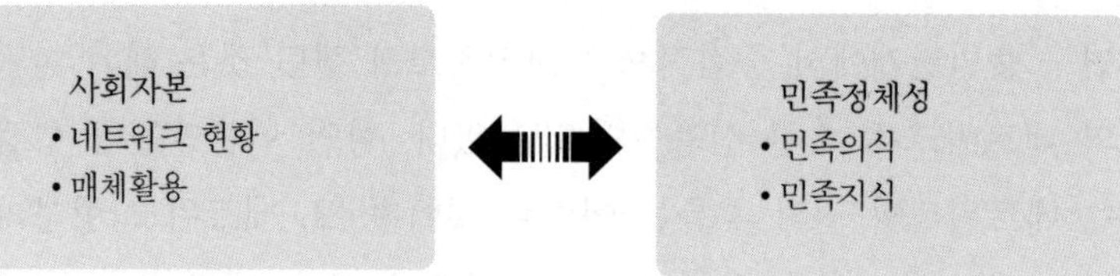

연구에서 해외 한인언론인을 대상으로 조사한 구체적인 내용은 표에서 제시된 바와 같다(〈표 I-3〉).

〈표 I-3〉 한인언론인 네트워크 현황 설문과 인터뷰 개요

구 분	설문개요(미국, 중국)	인터뷰개요(중국, 일본)
조사내용	• 인구사회학적 배경 - 성별, 연령, 교육수준 - 이민세대, 근무경력	• 인구사회학적 배경 - 현지 한인언론 현황
	• 네트워크 현황 - 한국취재경험 - 현지 언론사 공동보조 여부 - 한국과 교류현황 - 한국정보 습득방법 - 네트워크 선호 형태	• 네트워크 현황 - 한국과 교류 현황 - 현지 동포사회와 교류현황 - 현지 언론사와 교류현황
	• 민족정체성 - 민족지식 - 자아정체성 - 민족의식	• 기타 - 운영상 어려움 - 정부의 재정적 제도적 지원방안
	• 사회자본 - 인터넷 활용여부 - 인터넷 활용의 질	

구체적으로는 조사 대상자의 인구사회학적 배경을 비롯해 한국 관련 취재경험여부와 현지 언론사와 네트워크 구성 현황 등을 파악해보기 위한 네트워크 현황부문, 그리고 조사대상자의 민족정체성을 가늠해볼 수 있는 민족정체성 부문 등이다. 해외 한인의 네트워크 현황은 한국과의 네트워크, 그리고 현지 언론사끼리 네트워크를 알아보는 두개 부문으로 나뉘어 조사하였다. 한국과 네트워크는 취재경험 여부, 한국과 교류현황 등을 물었고 현지 언론사 네트워크는 동료 언론인들끼리 교류현황과 가상의 네트워크를 구성하고자 할 때 선호하는 네트워크 방법 등을 묻는 것으로 하였다. 민족정체성 부문은 선행연구(김진영, 2003; 윤인진, 2003; 전병호, 2003; 최영표, 2004 등)를 토대로 민족의식과 민족지식, 자신의 민족정체성 등 세 부분으로 나누어 질문하였다. 자신을

한민족의 일원으로 생각하고 있는지 여부를 알아보기 위한 민족의식 부문, 한민족 관련 내용을 얼마나 정확히 알고 있는지에 대한 민족지식 부문, 그리고 마지막으로 자신의 자아정체성을 살펴보는 부문 등이었다. 세부 항목별로 크론바흐(Cronbach)의 알파계수를 측정해 하위개념으로 신뢰도가 어느 정도 높은지도 함께 측정하였다. 민족의식은 한민족 소속감과 자긍심, 전통 가치의 계승 여부 등 10여 개 항목으로 질문하였으며 민족지식은 한국의 정치 경제 사회 문화 전반에 대해 어느 정도 알고 있는지를 개방형 질문으로 응답하게 하였고 자아정체성은 스스로 규정하는 민족성과 혈통유지 등에 대한 항목으로 구성되어 있다.

한편 심층면접은 설문 결과를 토대로 네트워크를 구성하고자 할 때 정부와 해외한인의 역할에 초점을 맞추어 진행하였다. 설문이 실시되지 않은 지역에서는 네트워크 현황을 묻는 질문을 기본으로 하였다.

4. 책의 구성

연구는 다음과 같이 구성되어 있다. 제Ⅰ장 머리말에 이어 제Ⅱ장에서는 디아스포라적 민족정체성과 한인언론과의 역할구도, 그리고 네트워크 사회에 있어 국정 홍보의 방향을 살펴보았다. 해외 한인언론은 한인사회의 여론과 각종 정보를 담고 있기 때문에 한인사회를 가장 쉽고 정확하게 알아볼 수 있는 거울이다. 또 한인언론은 해외 한인들이 한국과 교류할 수 있는 중요한 커뮤니케이션 수단이다. 한민족으로서의 일체감과 동질감을 촉진시킬 수 있는 효과적인 도구이며 해외 한인들이 한민족으로서의 자긍심과 민족정신을 유지할 수 있도록 해주는 매개 역할을 하고 있다. 요컨대 해외 한인언론은 디아스포라적 민족정체성을 구축하고 한상 네트워크를 심화 발전시키는 촉매제 구실을 한다는 것이다. 제Ⅱ장에서는 이와 같은 해외 한인언론의 역할을 디아스포라적 민족정체성의 확립과 발전의 연장선에서 고찰해 보았다. 또 세계화의 한 축을 담당하고 있는 네트워크 사회의 출현과 한인언론의 역할, 그리고 한국정부의 관계 등에 대해서도 살펴보았다. 이는 이 연구가 지향하고 있는 세계 한민족 공동체 건설 과정에 필요한 한국정부와 한인언론의 역할을 추론해 보는 이론적 틀거리로 활용하였다. 이어 제Ⅲ장부터 제Ⅴ장까지는 각 국가별 한인 언론인의 네트워크 현황과 민족정체성에 대한 연구수행 결과를 제시하고 있다. 제Ⅲ장은 미국지역 한인 언론인에 대한 결과이고, 제Ⅳ장은 중국지역 한인 언론인에 대한 조사결과이며, 제Ⅴ장은 일본과 러시아 지역 한인언론인에 대한 조사결과이다. 그리고 제Ⅵ장은 국가별 네트워크와 민족정체성의 관계를 비교분석한 것으로 구체적으로는 미국과 중국지역 한인 언론인을 대상으로 수행된 비교 분석에 대해 기술하고 있다. 마지막으로 제Ⅶ장은 연구를 통해 얻게 된 결론 및 디아스포라적 민족정체성 수립에 필요한 정책적 제언을 하고 있다.

II
이론적 논의

1. 디아스포라적 민족정체성과 언론

해외 한인의 민족정체성에 대한 연구는 그동안 이주 한인들이 타향에서 한국인의 정체성을 어떻게 유지하는지에 주목해왔다. 이주 한인들이 미국 사회에서 한국인의 정체성을 유지하고 있느냐에 주목하는 것이다. 민족정체성을 유지한다는 것은 이주 한인들이 이주해 간 현지에 동화되지 않고 민족적 소수자로 살아가는 과정을 뜻한다. 해외 한인들의 민족 정체성 연구가 주로 갈등, 문제, 위기, 생존전략 등의 관점에서 이해돼 온 것이 이 때문이다.

그러나 최근 학계에서는 민족정체성의 문제를 본질적인 것, 태생적인 것, 고정불변의 것으로 이해하던 관점에서 벗어나 두 문화 사이에 존재하는 새로운(혹은 유연한) 정체성으로 간주하는 소위 '디아스포라적 아이덴터티'에 대해 주목하는 경향을 보이고 있다(예를 들어 윤인진, 2003). 윤인진은 이동성이 확대된 현대사회의 민족정체성은 '어느 한 인종이나 집단 성원이 타인종이나 타민족 집단들로부터 격리돼 특정 지역에 거주하거나 특정 직업군에 종사하면서 얻게 되는 구조적 조건들을 통해 확립되고 강화되는 것'이라고 보았다. 모국이라는 자연적 조건에 의해 만들어지고 유지되는 것이 아니라 민족 집단이 처해 있는 상황, 역사적인 계기나 구조에 의해 구성되는 문화적 구성물이라는 것이다(Anderson, 1983). 민족정체성을 혈연적 연속성에 근간을 두고 보편적으로 획득되는 것이라고 생각하던 관점에서 벗어나 출현적이고, 상황적이며, 적응적이고, 정치적 투쟁의 결과로 얻어지는 민족정체성으로 파악하자는 것이다(Yinger, 1985 윤인진, 앞의 글에서 재인용).

이와 같이 탈근대적 민족정체성 개념의 관점에서 보자면 디아스포라적 민족정체성은 '지리적 물리적 장벽을 넘어 특정 민족 집단에 대해 갖는 소속감'으로 확장시킬 수 있다. '같은 집합체 안에서 하나의 집합체로 살아가는 성원들 간에 공유된 인식과 성원들이 자신의 집합체에 대해 갖는 공유된 소속감'이 되는 것이다(정호영, 2001). 정체성이 어떤 대상에 대해 갖는 의미들의 집합을 가리키므로 민족에 대해 동일한 의미들을 갖는 공동체면 어떤 형태이든 동일한 민족정체성을 갖는 것으로 확대될 수 있게 된다는 것이다. 따라서 벽안의 외국인이 한민족의 정체성을 가질 수도 있고, 지구 반대편의 해외 동포가 한민족 집합이 될 수도 있다.

이처럼 디아스포라적 민족정체성은 영토적(공간적) 경계와 인종적, 언어적 한계를 벗어나 다중적이고 여러 문화 사이에 교섭이 가능한 민족정체성을 제시함으로써 계보학적 연속성에 근간을 둔 혈연 중심의 민족정체성보다 세계화시대에 맞는 유연한 민족정체성 개념을 제시할 수 있게 된다. 또 최근 다양한 경제적, 사회 문화적 이유로 한국을 떠나고 있는 젊은 이민자들을 국외자로 간주할 것이 아니라 화교 네트워크처럼 전 세계적인 연결망을 갖는 한민족 자원의 확대로 묶어내자는 최근의 추세와도 자연스럽게 연결될 수 있다.

그러나 디아스포라적 민족정체성은 저절로 형성되는 것이 아니다. 혈연 중심의 민족정체성은 개인이 태어나 성장하는 과정 속에서 자연스럽게 형성되는 것을 가정하지만 이산민족에게 있어 민족정체성은 투쟁이자 교섭의 과정을 통해 형성되는 산물일 뿐이다. 예컨대 디아스포라적 민족정체성은 알튀세가 언급하였던 다양한 이데올로기적 장치[4]들을 통해 만들어지는 것이다. 이 중 언론의 역할, 특히 모국어로 제작되는 한국 언론의 역할은 핵심적이다. 민족정체성은 장기간의 공통된 경험과 기억, 공통된 운명의식, 그리고 이에 바탕을 둔 공통된 정서적 교감과 성향을 포괄하는 것(한국방송개발원, 1997;8-9)이므로 민족 집단이 갖는 고유한 가치와 문화, 자긍심을 유지시키면서 구성원을 통합시킬 수 있는 매스미디어의 이데올로기적 기능과 역할이 중요해 질 수밖에 없게 된다.

특히 한국어로 제작되는 대중매체(신문과 방송)는 이를 수용하는 해외한인들의 민족정체성을 확립하고 유지하는 지렛대 역할을 수행하고 있다. 민족을 구성하는 가장 기초적이고 중요한 요소가 언어인 만큼 민족어로 된 매스미디어는 민족정체성을 확립하고 유지하는 데 밀접한 연관성을 갖는다는 것이다(Fitzgerald, 1991; Van den Bulk & Van Poeke, 1996 김영기, 1999에서 재인용). 민형배(2005)의 연구결과도 해외 한인들의 매체 이용과 민족정체성 사이에 상관관계가 있다는 것을 밝힌바 있다. 재미 한인의 경우 다른 소수민족과 달리 모국어로 제작되는 매스미디어에 대한 신뢰도가 높아 민족정체성 유지에 대중매체의 영향력이 막강하다는 것이다.

'한민족네트워크 공동체란 한마디로 전 세계에 산재한 한민족이 하나의 단일한 커뮤니케이션 공간으로 엮어지는 것을 의미한다'는 김인영(1999)의 주장에서도 디아스포라적 민족정체성과 대중매체(한국어 매체)의 긴밀한 연관관계를 확인할 수 있다. 그는 민족 공동체의 수립에

---

4) 알튀세에 따르면 생산관계의 재생산은 법적, 정치적, 이데올로기적 상부구조에 의해 보장된다. 즉 재생산은 한편으로는 억압적이고 다른 한편으로는 이데올로기적인 국가기구 내에서 국가 권력을 행사함으로써 보장된다. 이 때 억압적 국가기구(repressive state apparatus)는 경찰, 법정, 감옥, 군대 등을 말하며 지배계급에게 노동자 계급에 대한 지배를 보장해 준다. 이데올로기적 국가기구(ideological state apparatus)는 종교, 교육, 가족, 커뮤니케이션, 문화 등을 말하며 대부분은 사적 영역에서 이루어진다. 현대사회일수록 억압적 국가기구보다 이데올로기적 국가기구를 통한 사회통합과 전승이 자연스러워진다(정재철, 2000).

미디어의 발전과 교통망의 확보가 절대적이라는 점을 지적하고 있다. 인쇄매체를 포함한 미디어는 동일한 언어를 사용하는 단일 공동체 사회를 만드는 데 중요한 역할을 해왔다는 것인데 그는 유럽의 제국주의가 남미와 북미에서 건설한 식민국가가 어떻게 다른 형태로 발전해 왔는지를 예로 들어 설명하고 있다. 남미는 식민주의자들이 침범한 이후로도 오랫동안 인쇄매체 및 교통망의 보급이 전 지역에 확산되지 않아 각 지역별로 원주민들의 민족정체성이 유지될 수 있었던 데 반해 북미지역은 식민지의 점령과 미디어의 발전(우편망의 보급)이 동시에 이루어져 원래 소수 민족이 사라지고 하나의 동일한 민족공동체가 형성되고 발전했다고 보는 것이다(Anderson, 1991; 김신동, 1999).

요컨대 매스미디어는 현지사회가 펼치는 강력한 동화 정책에 이민자들이 민족 정체성을 유지할 수 있도록 도와주는 역할을 수행하는 도구이다. 연해주에 거주하던 한인들이 소련의 강제이주 정책과 토착화 정책에도 불구하고 강력한 민족정체성을 유지할 수 있었던 이유는 무엇보다 학교와 언론기관들이 토착화에 저항하며 한인들에게 한글과 민족교육을 시켰기 때문에 가능했다는 분석이 좋은 예이다(윤인진, 1996).

그러나 매스미디어는 이민자들이 현지 사회와 동화되는 과정에 민족정체성을 유지하도록 해주는 것과 정반대의 역할, 즉 현지 사회에 효과적으로 적응할 수 있도록 도와주는 측면에서도 중추적인 역할을 수행하고 있다. 이는 얼핏 매스 미디어가 고유의 민족정체성을 유지하도록 도와주는 기능과 상충되는 역할로 보인다. 그러나 디아스포라적 민족정체성은 이주해간 현지에 민족적 소수자 또는 주변인으로 남는 것을 지향하지 않는다. 모국의 민족정체성을 유지하면서 동시에 효과적으로 현지 사회에 적응하는 것을 지향한다.

결국 국경과 경계가 갈수록 모호해지는 전면적인 세계화, 다민족 사회에서 디아스포라적 민족정체성을 확립 발전시키기 위해서는 민족어로 제작되는 매스미디어가 저항과 협상 과정에 적극적으로 개입, 소수

민족으로서의 민족정체성을 유지하고 동시에 현지 사회에 효과적으로 동화할 수 있는 길을 제공한다고 볼 수 있을 것이다.

따라서 민족정체성의 유지와 현지 사회에 대한 동화라는 매스미디어의 상반된 역할은 디아스포라적 민족 정체성을 형성하기 위한 양면의 전략으로 볼 수 있다. 해외 한인 언론은 이민자들이 속한 현지 주류 사회에 대한 정보를 획득하고 소외감을 해소하는 정치사회화의 주요 도구이자 다른 한편 한민족 정체성을 유지할 수 있는 연결고리의 역할을 수행하는 것이다. 미국 내 현지 한인 언론이 한인사회를 하나로 묶는 구심점 역할을 하고, 모국 관련 소식을 전달하는 창구 기능을 수행하고 있다는 점에서 확인할 수 있다.[5)]

2. 네트워크 사회와 사회자본

1) 네트워크 사회의 출현

디아스포라적 민족정체성이 확립되고 발전되는 과정의 한 축은 인터넷 등 커뮤니케이션 정보기술의 발전에 의존하고 있다. 정보화는 통신기술의 발전이 이룩해낸 사회적 산물이지만 정보화의 기술적 토대 위에 존재하는 경제적, 정치적, 문화적 네트워크의 확립은 물질적인 산물 차원을 넘어 세계를 긴밀한 유대관계를 가진 하나의 촌락(global village)처럼 만들어주는 독특한 사회공간을 형성하기에 이르렀다. 이처럼 정보

---

5) 현지 언론인의 경험담을 통해 이를 확인할 수 있다. 〈미국 한인 사회에서 동포 언론은 한인 사회의 정치력을 신장시키고 세력을 규합해내는 역할을 하고 있다. 경제적으로는 신문이 코리안커뮤니티 구성원들이 돈을 잘 벌게 함으로써 다 같이 부자가 되도록 하는데 주력하고 있다…(중략). 동포신문은 해외이민사회와 한국 사회 중간에서 어떤 역할을 하고 있고 또 해주어야한다. 예를 들어 국내에서는 이민자들이 왜 이름을 미국식으로 바꾸는지 왜 한국 국적을 버리고 미국 시민권을 얻는지를 잘 이해하지 못하는 것 같다(재외동포신문, 2005년 11월 1일 6면)〉.

통신 기술과 이로 인해 파생되는 유연하고 막강한 테크놀로지의 커뮤니케이션 능력에 힘입어 출현한 현대사회를 네트워크 사회(network society)라고 말한다(Castells, 2001:129-132, Wellman, 2002:32-34).

네트워크 사회는 경제, 노동, 미디어, 정치 등 다양한 형태의 네트워크에 둘러싸여 조직화된 사회이다. 또한 이전 사회와는 다른 노동의 방식과 상거래방식으로 인해 개인 또는 개인과 조직 사이의 관계 등 기본적인 사회구조가 변화된 사회를 가리킨다. 즉 네트워크 사회는 사회를 구성하는 단위가 더 이상 소규모 사회조직이나 국가가 아니라는 사실에 기반하고 있다. 네트워크 사회에서 관계를 형성하는 기본 단위는 국가도 사회 조직도 아니다. 그저 정보를 관리하고 통제하는 개인이 기본 단위가 되며 중심에 위치할 뿐이다. 따라서 근대사회에서처럼 도시와 농촌으로 구분되지도 않으며 중심과 변방으로 나뉘지도 않는다.

요컨대 네트워크 사회의 핵심은 개인주의에 바탕을 둔 사회로 변화를 가져왔다고 볼 수 있다. 정보통신기술의 발달은 '개인'을 보다 가치 있는 존재로 만들어 인터넷 공간에서 우리는 누구나 스스로(주체적으로) 문화를 창조할 수 있게 된 셈이다. 전통사회의 사회관계가 비교적 강한 유대감을 중심으로 조직 단위별로 형성된 것이라면 네트워크 사회에서는 커뮤니케이션의 유연한 확장에 힘입어 개별 단위로 쪼개진, 즉 개인의 중요성이 확대된 관계 형성과 유지에 강조점을 두고 있다는 것이다. 이를 두고 연결된 개인주의(networked individualism)라는 개념으로 설명하기도 한다(Castells, 2001). 그는 개인이 중심이 된 새로운 시스템의 사회 출현을 강조했다. 사회구조 구성체 사이의 관계를 제1차적인 관계(가족과 공동체에 구현된)에서 제2차적인 관계(제휴로 구현)로 이행한 후 정보사회에서 나타날 새로운 지배적인 유형은 자기중심(개인)적 네트워크로 구축된 제3차 관계가 될 것이라고 전망한 것이다. 카스텔스와 유사하게 웰만(Wellman) 역시 '개인화된 공동체들'이란 개념을 제시한 바 있다. 각 개인의 역량이 부각됨과 동시에 개인이 네트워크의 중심이 되어 다른 사람들과의 관계를 형성하는 현상을 가리킨다.

그러나 연결된 개인주의는 사회적 유형이지 고립된 개인들의 집합체가 아니다(카스텔, 2004:180). 개인들은 자기들의 관심사항, 가치관 등을 근거로 온라인에서 상호작용을 하고 이러한 사회적 상호작용은 전체 사회 조직 속에 영향을 미치기 때문이다. 이렇게 연결된 개인주의는 새로운 유형의 사회적 상호작용을 가리킨다는 점에서 인터넷 등장 초창기에 주로 이루어졌던 가상공동체의 논의와 일맥상통하고 있다. 그러나 연결된 개인주의는 가상공동체 논의가 여전히 과거 사회학자들이 도시화 과정을 연구하면서 주목했던 것처럼 공간(place)에 의존하고 있는 데 반해 연결된 개인주의는 물리적 장소와 공간을 뛰어넘는다는 점에서 차별성을 갖는다. 그래서 연결된 개인주의는 특별한 관심사를 중심으로 뭉치는 '특화된 공동체' 형태를 만들어내는데 중요한 역할을 할 수 있다. 연결된 개인주의의 개인은 고립된 개인들의 집합체가 아니라 복잡하고 다층적이며 수시로 변화 가능한 개인들이 필요에 따라 연결된 집합체이기 때문이다.

그런데 네트워크 사회는 개인의 커뮤니케이션 능력을 극대화시킬 수 있는 물적 조건이 충족되어 있어야 한다. 예를 들면 인터넷을 비롯해 휴대전화 등 정보통신능력을 향상시킬 수 있는 뉴 테크놀로지가 안정적으로 확보되어 있어야 한다. 그 중 인터넷은 과거 사회에서 관계를 유지하기 위해 필요로 했던 각종 방법들을 변화시키고 대체해 줄 새로운 형태의 자원으로서 효과적인 대체수단이 될 수 있다. 인터넷은 또 네트워크 사회에서 연결망(네트워크)을 구축하기 위해 필요로 하는 각종 자원의 집약체로서 사회구성원들에게 일종의 사회 간접자본 역할을 담당하고 있다.

네트워크 사회는 물적 조건이 충족되어야 한다는 전제와 더불어 사회 구성원이 그 자원을 충분히 활용한다는 의미도 포함하고 있다. 물적 조건으로서 인터넷이 구축되어 있어야 할 뿐 아니라 구성원이 이를 적극 활용해야 한다는 것이다.

이상 네트워크 사회의 특성을 이 연구와 관련지어 보면, 인터넷을 비롯해 다양한 이데올로기적 장치를 활용하는 개인들의 경우 물리적 시공간을 넘어 동일한 민족정체성(또는 특화된 공동체)을 형성, 발전시켜 나갈 수 있다고 말할 수 있다. 또 디아스포라적 한민족 공동체를 건설하는데 인터넷을 효과적으로 적용해야 한다는 의미이기도 하다.

2) 네트워크 사회와 사회자본

사회자본에 대한 설명은 학자들마다 저마다의 강조점에 따라 다르게 해석하고 상이한 맥락에서 사용하고 있다(Hasse & Wellman, 2002). 사회자본이란 개념이 아직 성숙단계에 있기 때문에 개념을 정확히 측정하는 것도 제시하는 것도 어렵다고 진단하는 경우도 있다(손동원, 2002).

사회자본 개념이 등장하기 시작한 것은 현대사회의 복잡한 역학관계나 개인의 행위를 설명하는데 있어 맑스의 계급결정론 또는 경제환원주의 만으로는 부족하다는 회의에서 출발했다. 부르디외(Bourdieu)가 사용하고 있는 자본 개념이 기본적으로 맑스의 개념에서 가져온 것이지만 그것보다 훨씬 광범위하고 다양한 의미를 갖고 있는 것에서 알 수 있다(Calhoun, 1993).

> 자본은 그것이 행위자 또는 행위자 집단에게 사적이고 배타적으로 승인될 때 그들 안에 물화되거나 살아있는 노동의 형태로 사회적 에너지를 충당하도록 해주는 축적된 노동력(구체화하거나 살아있는 노동력 형태)이다.

위의 인용에서 알 수 있는 것처럼 부르디외는 자본을 '개인이 소유한 속성들(properties)의 가치와 유효성 혹은 사회적 에너지'라고 보았다. 즉 자본이란 개인의 현재 행위를 설명해줄 수 있는 것은 물론 미래의 행동을 예측하고 다른 사람들과 맺는 관계와 역할 구조에 영향을 미치고 통제할 수 있는 가능성의 총 크기를 가리키는 것이다. 따라서 부르디외의 자본 개념은 경제적인 것과 비경제적인 것, 그리고 유무형의 모든 사회적 원료들로 해석하는 경향이 있다. 부르디외 자신도 자본개념을 크게 세 가지로 분류해 제시하고 있다. 그 중 사회자본은 '친근감이나 상호 인지적 관계가 제도화된 덕택에 혹은 지속적인 연결망의 덕택에 개인이나 집단이 실제적 혹은 가상적으로 얻게 되는 이점이나 기회의 '총합'을 가리킨다(Bourdieu, 1986 p. 248). 행위자가 특정 집단에 소속되거나 특정한 개인과 관계를 획득함으로써 전유하여 도구적으로 동원할 수 있는 자원의 총합을 사회적 자본으로 보고 있는 것이다.

부르디외의 학문적 토양을 이어받아 버트(Burt, 1992), 앤하이어 등(Anheier, Gerhards & Romo, 1995), 린(Lin. 1999a/1999b), 플랩과 복스만(Flap & Boxman, 2001), 에릭슨(Erickson, 2001), 페르난데스와 카스틸라(Fernandez & Castilla, 2001), 마르스덴(Marsden, 2001) 등은 사회자본 개념을 활용해 사회 내 계층연구를 수행하고 있다. 이들은 자본개념을 사회적 자원의 배타적인 전유와 그것의 재생산을 합법화시키려는 전략으로 파악하고 있기 때문에 부르디외의 문제의식을 이어받고 있다고 평가받는다. 개인이 가진 다양한 자본의 총합과 비율이 개인을 타인과 구분 짓는 기준점이 되며 개인의 행위에 영향을 미칠 뿐 아니라 장기적으로는 세대를 거쳐 세습되고 재생산된다는 것이다.

이에 반해 콜만(Coleman, 1988)은 부르디외의 개념을 사용하면서 동시에 '공적 자산'의 개념을 사회자본 안에 추가하였다. 콜만의 시도는 결국 사회자본이라는 동일한 개념 아래 상이한 이데올로기적 성향을 가진 연구들이 혼재하는 양상을 초래하게 만들었다. 즉 콜만 이후 미국의 사회자본 연구자들은 자본주의 사회 내에서 계급이나 계층적 차별이 은밀하게 재생산되는 역학구조를 설명하기 위해 고안된 사회자본이라는 개념을 정반대로 자본주의 사회를 안정적으로 유지, 발전시켜 나가기 위해 요구되는 통합의 기제로 변용시켜 버린 것이다.

그렇지만 이 연구에서는 콜만의 연장선에서 사회자본을 파악하고자 한다. 계급불평등의 재생산과 관련된 논의가 아닌 연결망 공동체가 출현하고 있는 최근의 정보사회 변화를 담아내고 정보교환과 정치교류 등 다양한 유형과 내용의 상호작용을 설명하는 데 콜만의 확장된 정의가 더 적절하다고 판단하였기 때문이다.

한편, 네트워크 사회와 사회자본 사이에는 상호 의존적인 관계가 존재한다. 한 사회 내에 유통되고 소비되는 정보의 질과 양이 사회자본 구성에 중요한 역할을 수행하기 때문이다. 일례로 네트워크 구현이 확장된 정보사회에서는 커뮤니케이션의 내용이나 상대가 전적으로 행위자의 능력에 좌우된다. 여기서 행위자의 능력, 좀 더 구체적으로 정보처리 능력은 컴퓨터를 조작하는 능력이 아니라 상대방을 파악하고 커뮤니케이션 할 수 있는 능력을 말한다. 따라서 가장 기초적인 언어적 능력을 비롯해 문화적 이해력과 사회성, 지식의 수준, 커뮤니케이션 가능성 등이 모두 정보처리 능력에 해당될 수 있다(김신동, 2004). 그런데 면대면 상황을 통해 상대방을 파악하고 관계를 구축하던 것과 달리 네트워크 사회에서는 물리적 시공간을 초월해 얼마든지 신뢰관계를 형성할 수 있기 때문에 규모나 질적인 면에서 과거와는 비교할 수 없을 정도로 다른 정보처리 능력을 보유할 수 있게 되었기 때문이다.

이 연구와 관련해서는 인터넷을 많이 활용하거나 현지 언론인과 활발한 교류가 이뤄지고 있는 재외 한인의 경우 더욱 뚜렷한 민족정체성을 갖고 디아스포라적 민족정체성을 확립 발전시킬 수 있다고 볼 수 있을 것이다. 해외 한인 언론이 동원할 수 있는 자원의 양과 민족정체성의 확립이나 발전 사이에는 상관관계가 존재한다고 볼 수 있는 셈이다.

3. 네트워크 사회의 국정 홍보

현대 정부는 정치·경제·사회 등 광범위한 영역에서 자국민에 대해 보호·지원·규제·봉사 등을 담당하고 있다. 또 정부에 대한 국민의 요망 역시 날로 증가하고 있다. 특히 복잡성과 이동성이 증가하고 세계화가 발달된 현대 사회의 정부는 관할 영토 안에 있는 국민뿐 아니라 해외에 거주하는 자국민, 나아가 같은 민족에 대해서도 동일한 요구에 직면하고 있다. 국가 내 자국민에 대한 보호나 지원에 머물던 소극적인 기능에서 벗어나 전 세계에 흩어져 있는 한민족의 자원을 하나로 묶어 역량을 극대화해야 한다는 시대적 요구이기도 하고, 이를 통해 국가 경쟁력을 극대화하려는 정부의 새로운 역할모델에서 비롯된 것이기도 하다. 이유가 무엇이든 현재 정부는 대민(對民) 행정과 서비스의 대상 범위를 확장할 수밖에 없는 환경에 놓여 있다.

또한 현대사회에서는 국민 모두가 사회적 문제에 관심을 갖기 어렵다. 자신의 이익과 결부된 일이 아니면 무관심해지기 쉽다. 결국 집단 간, 지역 간에 이해충돌이나 갈등이 야기되었을 때 해결을 위한 설득과 합의도출이 쉽지 않게 된다. 동일한 영토 안에 거주하고 있는 경우에도 이러한데 물리적 영토권을 벗어난 한민족 공동체로 범주를 확장하면 상황은 더욱 어려워진다. 한민족 네트워크를 형성하는 데 필수적인 사회적 합의와 공동체적 소속감 등을 확립하기 위해 정부가 주도적인 역할을 수행해야 하는 것도 이 때문이다.

정부가 국민의 지지와 이해, 합의를 도출하기 위해 펼치는 활동은 행정 PR로 요약될 수 있다. 행정 PR이란 PR 활동의 주체가 정부인 경우로서 행정기관이 시책이나 계획을 관계 주민들의 협조와 참여 속에 효율적으로 집행, 달성하기 위해 해당기관의 시책이나 방침과 관련된 각종 정보를 사전에 전달하고 이에 대한 반응을 흡수하여 정책에 반영하도록 하는 제반 커뮤니케이션 활동으로 파악할 수 있다. 행정 PR은 정부홍보,6) 행정홍보, 또는 공보 등의 표현으로 사용되기도 하며 지구상의 모든 국가와 모든 국민에게 다양한 매체를 이용하여 한 국가에 관한 구체적인 정보를 전달해 지지와 신뢰를 획득하는 정부의 모든 활동을 가리킨다. 이런 발전적인 개념을 받아들인다면 정부의 홍보 활동은 비단 영토권내 대국민을 상대로 하는 것은 물론 해외 거주 한민족까지도 PR 활동의 대상이 될 것이다.

정부의 PR 활동에 있어서 언론의 역할은 아주 중요하다. 오늘날 국민의 대다수는 언론을 통해 국내외 사건들과 정부활동에 대해 알게 된다. 사회의 각 체계들은 상호간의 직접적인 정보교환이나 체험보다는 뉴스보도를 통해 공공 정보를 얻고 교류하게 된다. 언론이 사회 구성원 사이의 의사소통을 매개하는 역할을 하게 된다는 것이다. 특히 공공의 문제에 관한 의견을 형성하고 정책을 제안하거나 대내외적 합의를 도출하고 민족정체성을 확립하는 것에 관한 한 언론이 매개하는 공적 의사소통 또는 사회적 의사소통은 매우 중요해진다. 언론은 송신자로서든 수신자로서든 공적 의사소통에 참여한 사람들의 즉각적이고 특수한 개인적 이익을 넘어서 더 넓은 사회의 정보적 문화적 사회적 이익에 기여하기 때문이다. 언론의 이러한 공익성은 다른 한편 언론의 생존을 위해 절대적으로 필요한 기능이기도 하다. 민주사회에서 국민들은 유능하게 수집된 정확하고 유용한 정보 그리고 공공의 문제에 관한 의견과 해석을 언론에 기대하는데 언론은 국민의 이런 기대에 부응할 때만 생존할 수 있는 것이다(이효성, 1999).

---

6) 홍보를 공보와 PR을 종합한 개념으로 파악하거나(정규태, 1996) 홍보를 PR과 같은 개념으로 쓰기도(신호창·이두원, 2002) 하지만 행정홍보는 행정기관이 행하는 방침이나 사업에 관한 정보를 주민에게 전달하여 주민을 설득하고 주민의 신뢰와 이해를 얻도록 노력하는 계획적이고 계속적인 과정으로써 정보를 제공하는 것(강영기, 1983)이라는 의미가 강하다. 즉 홍보라는 말은 광고, 선전 등의 의미를 강하게 내포하는 개념인만큼 행정이 갖는 포괄적이며 동태적인 의미를 정확하게 나타낼 수 있는 적합한 표현은 아니라고 하겠다(언론연구원, 1993).

예컨대 언론은 국민이 필요하다고 생각하는 것을 파악하여 보도하고, 국민은 또한 언론의 보도를 통해 한 사회의 중요한 이슈가 무엇이고 그 사회의 구성원들이 어떤 생각을 하고 있는가를 알 수 있게 된다. 오늘날과 같은 대의 민주정치 제도 하에서 언론은 국가권력을 감시하고 비판할 수 있을 뿐만 아니라 그것을 통해 국민의 정치참여를 가능케 해주기도 한다. 바깥세상의 일을 일반 국민들에게 인지시키고 무엇이 중요하고 논의해야할 문제인가를 알려주는 의제설정의 기능처럼 정치 사회화의 기능은 물론 문화적 사회화, 사회 통합의 기능 등을 수행하는 가장 중요한 이데올로기적 장치가 되는 것이다.

그런데 정부와 언론의 관계는 상황조건에 따라 변화하는 역동적인 관계이다. 때로는 적대적일 수도 있고 견제를 필요로 하는 관계이기도 하며 공생 또는 유착적, 일체적 관계라는 다양한 스펙트럼 속에 맥락과 필요에 따라 변화하는 관계이다. 언론이 기본적으로 정부를 감시하고 비판하는 견제 역할을 수행하는 것이 사실이지만 때에 따라 정부와 협조적 공생관계를 형성할 수도 있다. 정부의 정책을 국민 생활에 큰 영향을 미치고 또한 정부는 언론을 통해 정책을 홍보하고 지지여론을 형성하며 반대여론을 막을 수 있기 때문이다. 영토권을 벗어나 하나의 민족정체성을 확립하고 유지하며 공동의 이익을 위해 발전적인 관계를 정립하기 위해서는 정부와 한민족 모두 언론의 공생적 관계를 기대할 수밖에 없어지는 것이다.

네트워크 사회의 출현은 정부와 언론 사이의 관계 변화를 비롯해 기존 미디어 환경의 변화를 초래하였다.

즉 인터넷의 발달은 개인적, 사회적, 국가적 차원에서 많은 변화들을 가져오고 있으며 국가 홍보의 전략과 방향도 변화시키고 있다. 인터넷은 특히 쌍방향 커뮤니케이션이 가능하고 다양한 정보를 전달할 수 있기 때문에 국가와 기업들에게 효율적인 홍보도구가 될 수 있을 것이다. 인터넷 홍보의 효율성 증가 때문에 수년 내에 오프라인 매체를 제치고 가장 효과적인 통합매체로 성장할 것으로 전망하기도 한다(한상필, 2000).

III
재미 한인 언론인의 네트워크와 민족정체성

1. 재미 한인 사회와 언론

1) 미주지역 한인 사회

로스앤젤레스가 위치한 남캘리포니아는 한반도의 약 2배 면적에 해당하며 미국전체에서 가장 많은 한인이 살고 있는 지역이다. 이 지역에 형성된 한인사회는 1904년 떠돌이 노동자를 위한 합숙소를 낸 도산 안창호가 주도하여 조성되었다. 안창호는 남 캘리포니아 리버사이드에 농장 노동자를 위한 캠프를 마련한 뒤 노동자들과 함께 일하며, 이들을 위한 권익 증진에 앞장서면서 초기 한인사회 형성에 구심점 역할을 수행하였다. 안창호가 주도적으로 이끌었던 공립협회와 대동보국회는 이후 한인 사회를 이끌어주는 주요 조직체로 활동하였다.

로스앤젤레스 지역에 현재처럼 많은 한국인이 거주하게 된 것은 1972년 대한항공 여객기가 취항하면서부터이다. 이후 수십 만 명의 한인들이 이주해 삶의 터전을 마련했으며 월셔와 올림픽가, 버몬트와 웨스턴 애브뉴를 중심으로 코리아타운을 형성, 로스앤젤레스의 중요한 상권과 문화권으로 자리잡아가게 되었다.

일본 식민지 시대에 유학생들로 시작된 뉴욕 한인사회는 1955년 이민법 개정 이후 한국이민자들의 주요 정착지가 되었다. 미국의 최대 도시 중 하나인 뉴욕은 교육과 문화, 금융 산업의 총집결지이며 유럽과 남미 여러 나라에서 미국으로 이민하는 관문 역할을 하고 있다. 그러나 뉴욕지역에 한인 사회가 형성된 것은 비교적 최근인 이민법이 개정된 이후부터이다. 1960년만 하더라도 뉴욕-뉴저지 지역에 거주한 한인 수는 400명에 지나지 않았으며 그나마 이들 대부분이 동부지역 대학에 다니는 유학생들이었다. 즉 1965년 새 이민법이 제정되기 이전 뉴욕의 한인 사회는 유학생들이 선구자 역할을 하였다. 그러나 이민법 개정 이후 한인사회 인구가 기하급수적으로 증가해 현재 뉴욕-뉴저지 일대에는 15만 명 정도의 한인들이 거주하고 있는 것으로 추산되고 있다. 이는 로스앤젤레스와 오렌지카운티를 연결하는 남부 캘리포니아 지역에 이어 미국에서 두 번째로 큰 한인사회를 구성하는 것이다. 이 지역의 한인 사회는 1970년대 형성된 맨해튼 브로드웨이, 1980년대 형성된 퀸스 플러싱 그리고 1990년대의 뉴저지 브로드애비뉴 등 세 개의 지역을 말한다.

워싱턴 D.C는 미국의 수도로 정치적 동맹사이인 한미 관계의 중심도시이다. 초기 워싱턴 지역의 한인 이주는 독립운동의 중심지였다. 서재필, 이승만과 같은 지도자들의 활동무대가 바로 워싱턴이었다. 해방 이후 1949년 한국대사관이 설립되었으며 초기 워싱턴 지역의 한인사회는 주미 한국대사관을 중심으로 이루어졌다. 워싱턴 D.C의 한인사회 역시 1965년 이민법 개정과 함께 유학생 중심에서 이민자 중심으로 변화하면서 활발해졌다. 워싱턴 지역은 워싱턴 D.C와 버지니아주 북부의 페어팩스카운티, 알렉산드라시, 프린시 윌리엄카운티, 라우든 카운티와 메릴랜드 주의 몽고메리카운티, 프린스 조지스 카운티를 포함한다. 워싱턴-볼티모어 메트로폴리탄으로 불리는 이 지역의 한인 인구는 2000년 센서스 결과 7만 4천여 명으로 집계돼 미국에서 로스앤젤레스 지역과 뉴욕-뉴저지 지역에 이어 세 번째로 많은 지역이다.

2) 미주지역 한인언론

이민 초기 해외 한인들의 정보욕구를 해소하고 하나의 공동체로 결집시켜 준 것은 한인 교회와 더불어 매스미디어였다. 교포 언론이 국내 언론과 다른 점은 한국과 이민 현지사회를 연결해주는 중재자 역할을 수행한다는 점이다. 해외 한인언론은 이민 초기부터 사회 부조리를 견제하고 감시하는 언론 고유의 역할보다 한인 사회의 공동 이익을 대변하고 집결시키는 역할을 기대 받고 수행하였다. 물론 지금은 역사가 오래되면서 한인사회에 대한 비판과 견제라는 언론 본연의 임무를 수행하고 있지만 아직도 여전히 한인 사회의 공동이익을 대변하고 한국 정부와 중개역할을 기대하는 것이 일반적 상황이다. 미주지역 한인 언론이 가장 어려움을 겪었던 때는 1992년 LA 흑인 폭동이 일어났을 때이다. 폭동이 일어난 3일간은 신문으로서의 역할을 다할 수 없었을 뿐 아니라 주류 언론들이 폭동의 원인을 흑백문제보다 한·흑 갈등으로 몰고 갔기 때문이다. 이를 계기로 미주지역 한인 언론들은 한인사회의 공동이익을 위해 결집체를 마련해야 한다는 점에 주목하기 시작했다. 현재 미주지역 한인언론은 지난 1969년 한국일보 미주판이 언론의 닻을 올린 이래 한국일보와 중앙일보가 미주 한인언론의 양대 축을 형성하고 있다. 이밖에 동아일보, 한겨레, 세계일보, 스포츠 서울, 조선일보, 기독교 단체 신문 등이 발행되고 있으며 헤럴드 경제 등 한인들의 경제활동을 돕는 신문이 발행되는 등 양적 성장인 면에서 많은 성장을 이룩한 상태다. 경제관련 신문으로는 주간 한인경제신문, 자동차 뉴스 NY 등이 있고 각 지역별로 생활정보 신문인 벼룩시장과 교차로 등이 활발히 발행되고 있다. 이들은 대체로 주간에 타블로이드 판형으로 발행되고 있다.

미국 한인 방송은 본격적인 미주 교포사회가 형성되던 1972년 워싱턴에서 시작되었다(《표 Ⅲ-1》). 80년 초까지 로스앤젤레스에는 세 개

〈표 III-1〉 미주지역 주요 신문사 현황

신문사	소재지	형태구분	비 고
한국일보	LA, 뉴욕, 워싱턴	일간지	지사형태의 로컬지
중앙일보	LA, 뉴욕, 워싱턴	일간지	지사형태의 로컬지
헤럴드 경제	LA	일간지	지사형태의 로컬지
스포츠뉴스 USA	LA	주간지	현지신문
선데이저널	LA	주간지	현지신문
코리아나뉴스	LA	주간지	현지신문
서울타임즈	샌프란시스코	주간지	현지 신문
선데이타임즈	워싱턴	주간지	현지신문
주간연예	워싱턴	주간지	현지신문
선데이토픽	필라델피아	주간지	현지신문
주간동남부 The Korea Southeast News	애틀랜타	주간지	현지신문
주간연합	콜로라도	주간지	현지신문
주간 중남부 (The Korea id-South News)The	달라스	주간지	현지신문
코리안 저널	미전역	월간지	현지신문

의 텔레비전 방송국이 설립되어 고국의 텔레비전 방송을 보여줌으로써 교포들의 애환과 향수를 달래주는 역할을 하고 있다. 그러던 중 1980년 말 한국에서 내려진 언론 통폐합 조치의 여파가 미국지역에까지 미쳤다. 1975년부터 미국방송의 채널을 빌려 고국의 텔레비전 방송을 보여주던 미구한국방송(KTB)과 미주 중앙방송이 미주한인방송(KTE)로 통합된 것이다. 또 지난 1980년 언론통폐합 조치 이후 한국의 방송인들이 대거 미국의 교포사회를 진출하면서 활기를 띠기도 하였다.

그 후 성격이 다른 한미 TV 케이블방송이 1985년 말에 개국되었는데 미국 현지 케이블 텔레비전으로부터 시간을 얻어서 사용하는 방식을 채택한 방송이었다. 이 방송을 통해 로스앤젤레스 시청자들은 매주 월요일부터 금요일까지 가입자에 한해 하루 12시간씩 방송을 시청할 수 있게 되었다. 이 밖에도 현재 미국에는 워싱턴, 뉴욕, 로스앤젤레스, 호놀룰루, 애틀랜타, 시애틀, 포틀랜드, 시카고 등에서 한인방송이 운영되고 있다.

〈표 III-2〉 미주지역 주요 방송사 현황 (※보기: R은 radio, T는 TV 약자)

방송사 이름	소재지	구 분
미주 복음방송	LA	R
라디오한국	LA	R
라디오코리아	LA	R
기독료방송	LA	T
미주한국방송	LA	T
미주문화방송	LA	T
한미케이블 TV	LA	T
KTAN-TV	LA	T
TV 코리아	LA	T
워싱턴 미주방송	워싱턴	R
워싱턴 주앙방송	워싱턴	R
볼티모어 기독교방송	워싱턴	R
한인 기독교 방송	워싱턴	R
워싱턴 한국 TV	워싱턴	T
기독교 세계방송	워싱턴	T
한국케이블	워싱턴	T
뉴욕문화방송	뉴욕	T
대한 TV 방송	뉴욕	T
한국CATV 방송	뉴욕	T
미주중앙방송	뉴욕	T, R
한국기독교방송	뉴욕	T
한국방송	뉴욕	T, R

한국어방송	앵커리지	T
한인기독교 TV 방송	하와이	T
KBFD-TV 독립방송	하와이	T
한미 CATV	하와이	T
한미 TV방송	시애틀	T
한인문화방송	시애틀	T
한국 TV	시카고	T
한국 CATV	시카고	T

이처럼 미국 전역에서 방송이 운영되고는 있지만 몇몇 방송국을 제외하고는 방송 인력과 설비가 부족하고 경영난 등으로 영세성을 면하지 못하고 있는 실정이다. 다음은 미주지역의 대표적인 신문사와 방송사에 대한 개략적 설명이다.

(1) 미주 한국일보

한국일보 미주 본사의 역사는 미주 한인 이민사를 대변할 정도다. 미주지역 한인언론 중 가장 오래된 역사를 갖고 있으며 영향력 또한 막강하여 미주 중앙일보와 양대 산맥을 형성하고 있다.

한국일보 미주판이 처음으로 발행된 것은 노스 할리우드 스튜디오시 (11638 Ventura Blvd.)의 월세 150달러에 불과한 작은 사무실에서였다. 로스앤젤레스에 한인사회가 형성되기 이전인 1969년 6월 9일 처음 발행돼 한인 사회 구심점 역할을 하며 오늘에 이르고 있는 것이다. 미주판이 정식으로 발간되기 4년 전인 1965년에 로스앤젤레스의 유태희 씨 아파트를 보급소 삼아 한국의 신문을 받아 보급할 정도로 한국일보는 미주 한인언론의 선구적 역할을 수행하였다. 항공편으로 공수된 한국의 본지 6면 중 4면을 복사해 발행한 것이었다. 4페이지 신문을 낱장씩 인쇄하면 일일이 한 장씩 접어서 발송하는 원시적 과정이 반복되었지만 한인 사회에 고국 소식을 전달해주는 창구 역할을 충분히 하였다.

이후 1970년 2월 26일 〈미국소식〉 제 1호가 발행되면서 한국일보 미주판이 본격적으로 선을 보이게 되었다. 이는 비록 주 1회 한 페이지에 불과한 것이었지만 미주 한국일보를 한인사회에 알리는 신호탄으로 평가받고 있다. 이후 미주 한국일보는 LA 지사 운영이 성공적이라는 평가를 받으면서 사세확장이 가속화돼 1970년 샌프란시스코와 워싱턴 D.C에 지국이 문을 열었다. 이후 시카고, 토론토, 브라질, 하와이 등으로 확장되었다. 이 시기 미주 한국일보의 위상을 알려주는 에피소드가 있다. 1970년 4월 7일 제 42회 아카데미상 시상식이 열렸던 다운타운 뮤직센터에 턱시도 차림에 카메라를 맨 세 명의 한국인 기자가 나타났는데 아카데미 역사상 처음으로 한국인이 현장에서 취재를 한 한국일보 취재진이었다.

1972년 개설 2주년을 기념해 〈미국소식〉의 편집진용을 보강하고 지면제작에 변화를 가져오면서 한국일보는 빠르게 성장해 나갔고 1975년 일간지로서 본격적인 궤도에 오르게 된다. 1989년 3월3일부터는 조 석간으로 발행, 하루에 두 번씩 신문을 제작했다. 또한 우편배달과 가판대를 통해 배달되던 것을 1986년부터는 직접 배달하는 체제로 바꾸면서 보다 빠르고 신속한 소식을 전달할 수 있는 시스템을 갖추게 되었다.

한국일보 미주판은 한인사회를 위한 한글판은 물론 1971년부터 영문판도 병행해 발행하기 시작했다. 1971년 초에는 서울에서 발행되는 'The Korea Times'의 한 면을 복사해서 배포하다가 1976년부터는 로스앤젤레스의 주요 미국 소식을 발췌해 서울에서 제작한 뒤 배포하는 시스템으로 영문판을 발행하고 있는 것이다. 또 1991년 8월 미주 언론계에 오랫동안 몸담았던 이경원 기자가 초빙돼 미주 한국일보 〈미국소식〉과 별도로 제작되고 일간지에서 주간지로 성격이 바뀌게 되었다가 다시 1993년에는 격주간으로, 1994년에는 월간으로 발간되고 있다.

(2) 미주 중앙일보

미주 중앙일보는 현재 미국 12개 지역에서 현지판을 발행하고 있는데 시작은 로스앤젤레스 중앙일보가 창간된 1974년 11월 18일로 거슬러 올라간다. 중앙일보 미주본사는 LA에 있으며 뉴욕, 시카고, 샌프란시스코, 워싱턴 D.C 등 5개 도시에 자회사를 직영하고 있고 각 자회사에서는 지국 지사를 운영하고 있다. 또 시애틀, 하와이, 댈러스, 밴쿠버, 브라질, 아르헨티나 등 7개 지역에 프랜차이즈 지사를 두고 매일 신문을 발행하고 있다.

중앙일보 미주본사가 보유하고 있는 매체로는 중앙일보 신문을 비롯해 주간중앙, 여성중앙, 일요 서울 그리고 미주 최대의 인터넷 한글 사이트인 www.joonganusa.com과 미주 한인들에게 큰 인기를 끌고 있는 골프 코스가이드, 여행가이드, 업소록, 레스토랑 가이드 등의 단행본도 발행하고 있다. 중앙일보 미주 현지판은 본지가 창간된 9년 후인 1974년 미주에서 한인이 가장 밀집해 살고 있는 로스앤젤레스에서 처음 발간되었다. 중앙일보는 미주지역 발간 이유를 '해외로 뻗어가기 시작한 동포들에게 고국 소식을 전달하고 현지에 빨리 적응할 수 있는 기회를 제공하기 위한 것'이라고 밝히고 있다. 1974년 6월 1일 설립준비에 들어가 8월 21일 1116웨스트 올림픽 가에 지사를 설립하였다. 중앙일보 한국 본사에서 파견된 관리, 편집, 식자요원들과 기자 경력이 있는 현지인들이 합세해 같은 해 11월 18일 현지판을 창간했다.

중앙일보의 시작은 한국일보 미주판보다 5년 정도 늦게 시작한 것이다. 본국지와 미주 현지판을 합쳐서 8면, 월요일부터 토요일까지 주 6일 발행하고 있다. 지면은 주중에는 미주판 섹션, 본국지 섹션, 스포츠 섹션, 요일별 특집섹션, 안내광고 섹션 등 5개 섹션을 발행하고 주말판 토요일자는 매일 섹션에 타블로이드판 주간 중앙과 일요 서울을 합해 6개 섹션을 발행하고 있다. 지면 수는 주중 120-140면, 주말 200-240면을 발행하고 있다. 배달체계는 독자들의 가정으로 직접 배달하는 시스템을 이용하고 있으며 LA, 오렌지, 사우스베이, 밸리, 샌버나딘, 시미밸리, 샌디에고, 라스베가스 등 LA 반경 120마일 지역까지 운영되고 있다. 또한 이 일대 1천여 군데에 가판대를 갖추고 있다.

미주판 섹션은 미국의 정치·사회·경제와 LA, 캘리포니아 뉴스 그리고 LA 주변의 한인들이 사는 지역의 로컬 뉴스 등 주로 스트레이트 기사를 다루며 광고 페이지를 합쳐 만들어지고 있다. 미주 특집 섹션은 사전 제작되는 기획기사와 문화, 레저, 연예 면으로 구성되는데 요일별로 주제를 정해 제작되고 있다. 월요일은 교육특집, 화요일은 레저특집, 수요일은 건강특집, 목요일은 경제 부동산 특집, 금요일은 문화 연예특집, 그리고 통일은 여성 가정 특집이다.

미주 중앙일보는 처음부터 미국 커뮤니티 페이퍼 형식으로 시작돼 한국 소식보다 한인 사회 주변의 이야기와 미국 로컬 정부의 뉴스가 더 크게 다루어졌다. 특히 새로 이민 오는 한인들이 정착하는데 필요한 생활정보를 주로 제공하고 있다. 이를 반영하듯 미주 중앙일보 LA 판에서 장기 기획기사로 가장 인기를 끌었던 시리즈는 1985년 〈미국의 프랜차이즈 현황〉 시리즈였다. 맥도널드 햄버거부터 각종 프랜차이즈 업소들을 소개하고 프랜차이즈 권리를 어떻게 획득할 수 있는지 등을 차례로 소개해 사업을 시작하려는 독자들에게 많은 도움을 준 것으로 평가받고 있다.

(3) KTE

미주 동포사회에 텔레비전 방송시대를 열어준 것은 미주한국방송(Korean Television Enterprises: KTE)으로 1983년 4월 개국하였다. 한국 KBS의 자회사로 시작한 KTE는 '미주 동포를 대상으로 방송을 통해 한국의 역사 문화 교육 정보를 전달하고 한인 2세에 대한 뿌리의식을 고

취’ 하기 위해 설립되었다. 대리제작, 위성송출, 편집기 등을 갖춘 방송사로 지상파 방송은 UHF 채널 KXLA 44로 방송되고 있다. 방송시간은 월요일부터 금요일까지는 저녁 7시 30분부터 3시간 동안 방송하고 있다. 편성은 자체 제작한 프로그램과 KTE 뉴스, 건강 365일, KBS 프로그램, KBS 뉴스 9 등으로 구성되어 있다.

KTE는 로스앤젤레스 한인 사회에서 본격적인 한국어 방송을 시작한 방송으로 아메리칸 드림을 이루어가는 이민자들에게 한국의 뉴스는 물론 미주 소식을 알림으로써 텔레비전 방송의 위상을 정립시켜 왔다. 1980년대 재정적 어려움이 있었지만 현재 남가주지역에서는 UHF 채널 62를 통해 유일하게 매일 방송하고 있다.

KTE는 1992년 LA 폭동사태로 한인사회 경기가 급락하면서 광고시장의 위축과 분할이라는 어려움을 겪으면서 위기를 맞았으나 자체 제작 프로그램을 개발하고 한국 KBS가 제작한 인기 프로그램을 편성함으로써 시청자 저변확대를 통해 수입을 증대하고 북미주지역의 대표 한인 텔레비전 방송자로 위상을 튼튼히 하였다. 그러나 2000년 말 KTE의 송출채널이 매각돼 18년간 사용해왔던 KSCI 채널 18을 변경하기에 이르렀다. 채널을 변경한 후 KTE는 방송시간을 확장해 주 7일 방송 체제를 갖추게 되었으나 전파 사용료 급증으로 재정 부담을 안게 되었다. 이후 2001년 6월 TV 코리아의 위성방송을 또다시 설립하고 북미주 한인동포를 대상으로 하루 24시간, 주 7일 위성방송을 시작했다. KTE가 미주 한인방송 처음으로 위성방송을 시작한 것이다.

KTE는 1983년부터 KBS 프로그램을 비디오로 제작해 미주의 LA, 뉴욕, 시카고, 워싱턴 DC 등 주요 도시에 공급해 왔다. 또 캐나다 밴쿠버 및 토론토 등 모두 13개 지역 총판을 통해 600여 개 비디오 대여점에 월 200시간 분의 KBS 프로그램을 공급하고 있다.

(4) KTAN-TV

KTAN은 Korean Television American Network의 약자이다. KTAN은 순수한 미주한인 자본으로서 설립되었다는 점이 다른 방송사와 비교해 가장 큰 의의이다. 한국일보 장재구, 장재민 회장의 주도로 1991년 4월 1일 로스앤젤레스 코리아타운의 한국일보 사옥 옆 건물에서 문을 열었다. 현재 종합뉴스, 기획특집, 문화, 오락, 영화 등의 프로그램이 방영되고 있으며 1991년 6월 15일 포르투칼에서 개최된 세계청소년축구대회와 7월 말레이시아 쿠알라룸푸르에서 열린 올림픽 참가 아시아축구 최종 예선전을 위성 중계하기도 했다.

창립 초창기에는 수신용 안테나를 설치하고, 수신료 없이 프로그램을 볼 수 있도록 해 당시로서는 아주 독특한 시청방법을 채택하였다. 24시간 영화와 한국의 MBC 프로그램을 방영하였으며, 자체제작 프로그램으로 로컬 뉴스와 종교방송, 타운이벤트나 쇼의 녹화방송이 있었다. 1992년 LA 폭동 때는 폭동의 현장을 24시간 전한 것을 계기로 로칼 뉴스를 강화하기도 했다. KTAN은 방송 설립 후 약 2년 동안 수신 시스템 안테나의 판매 마케팅을 통해 방송 운영비가 상대적으로 적은 방송시스템을 선택했고 시청자나 광고주들에게 돌아가는 부담을 줄이는 체제로 운영을 시도했다. 그러나 수신용 안테나 설치 가정만이 KTAN 프로그램을 볼 수 있도록 한 방영시스템의 제한으로 인해 공중파 방송으로의 전환이 불가피해졌다.

이에 KTAN은 1993년 UHF 채널 62로 공중파 방송으로 전환했다. 안테나 설치의 불편과 방송장비의 지속적인 혁신, 무엇보다도 시청지역 확대를 위해서였다. 저녁 프리미어 시간대 9시부터 11시 반까지 2시간을 리스해서 남가주 전역에 본격적인 한인 TV 방송을 내보내게 되었다. 이와 함께 한국의 MBC 인기 프로그램을 한인에게 공급하고 급속한 성장을 이룩하면서 방송시간도 오후 9시에서 11시 반까지 하루 2시간 반동안 주 7일을 방영하였다.

KTAN은 미 주류 언론에 한인사회를 알리는 매개체 역할을 수행하면서 채널 7 KABC, 채널 2 KCBS, 채널 4KNBC, 채널 9 KCAL은 물론 CNN도 KTAN 방송을 한인사회 뉴스 소스와 창구로 인정하였다.

(5) 라디오코리아

1989년 가수 이장희와 김병우가 공동 투자해 설립한 라디오 코리아는 프로그램 전체를 현지에서 자체 제작하고 있으며 로스앤젤레스 지역에 설립된 첫 번째 정규 한국어 방송국이다. 뉴스, 희망곡, 좌담회, 한인사회 생활정보 등 현실감 있는 방송으로 현지 한인방송으로는 유일하게 미국 방송의 공식채널을 확보하고 있다. 라디오 코리아 태동 이전에도 로스앤젤레스 지역에서 라디오 방송국이 운영되었지만 단순 정보 제공 역할에 제한되었고 1-3시간 안팎의 짧은 송출시간으로 물리적 한계가 있었다. 이런 배경에서 1989년 2월 1일 호출부호 KAZN AM 1300을 통해 라디오 코리아가 24시간 생방송을 목표로 첫 방송을 시작한 것이다. 더구나 순수한 동포자본으로 설립된 것이기에 외부의 압력이나 이익에서 자유로웠고 한인 이민사회의 입장에서 동포들의 눈과 귀가 될 수 있었다.

개국 당시에는 6명의 국원들이 근무하던 미니 방송국이었으나 현재는 하루 24시간 종일 방송을 하며 미국의 한인사회 발전에 중요한 역할을 수행하는 언론사로 자리 잡고 있다. 사장이자 설립자인 이장희는 한국에서 가수로 활동하던 사람으로 80년대 초기에 이민 간 이후 미국 한인사회에 뉴스가 필요함을 절감하고 방송국을 세우게 되었다. 초창기 라디오 코리아 시절에는 그가 직접 DJ와 프로듀서로 근무하기도 했다. 라디오 코리아는 광범한 뉴스와 공공정보, 연예오락 프로그램을 주로 방영하고 있는데 미국 한인사회에서 80%의 청취율을 기록할 정도로 인지도 면에서나 청취자 확보 면에서나 활발하게 움직이고 있다.

방송국을 설립할 당시에는 이미 한국어 일간지와 텔레비전 방송국이 있었다. 당시의 임원들이 조사한 바에 따르면 남가주 지방은 라디오 방송이 성공할 수 있는 잠재성이 큰 것으로 나타났다. 항상 맑은 날씨와 긴 출퇴근시간 동안 한인들은 라디오를 들을 시간이 많았기 때문이다. 또한 당시 한인사회의 경제현황을 살펴보면 코리아타운에 2천 개, 남가주 지역에는 8천 개의 한국인 상점이 있었다. 한인들의 업종 중 세탁소, 편의점, 구멍가게, 슈퍼마켓 등은 라디오를 틀어 놓고 영업을 한다. 즉 라디오를 많이 청취할 수 있는 여건을 갖추었고 라디오 코리아가 성공할 수 있었다는 것이다.

이장희 씨는 한 달에 13만 불 정도가 운영자금으로 필요하였지만 잠재시장이 넉넉하여 손해를 보지는 않을 것이고 점차로 수익이 생길 것으로 판단, 방송국을 개국했다고 회고했다. 그는 방송인을 모집하고자 했을 때는 100여 명의 전문 방송인들이 모여들 정도로 한인 사회에 방송국의 인기와 기대가 많았다고 했다.

라디오코리아는 1990년 10월 1일부터는 하루 8시간 해오던 방송시간을 13시간으로 연장하였다. 91년 3월 10일에는 KWIZ FM 96.7을 통한 방송을 시작하여 AM과 FM을 동시에 갖추게 되었고 92년 3월 1일에는 FM 96.7과 AM 1,300을 AM 1,580으로 병합하고 하루 24시간 방송체제를 확립하였다. 성장을 거듭하던 라디오 코리아는 93년 4월 1일을 기해 케이블 텔레비전인 'TV 코리아'를 설립하여 컨티넨탈 케이블 채널 28을 통해 하루 4시간씩 자체 제작 프로그램과 한국 MBC 프로그램을 방송하기 시작했다. 93년 4월 20일부터는 오레곤 포틀랜드에 위성을 통하여 24시간 방송을 실시하고 있다.

(6) 라디오 서울

라디오서울은 로스앤젤레스에 자체 방송국인 AM 1650㎑를 비롯해 워싱턴 DC에 AM 460㎑, AM 1480㎑, AM 1520㎑ 세 개의 방송국을 소유하고 있다. 그리고 미주 서울방송, 하와이에 AM 1520㎑를 소유하고 있는 하와이 라디오 서울과 함께 미주지역 하닌 사회의 방송문화를 선도하고 있는 최대의 전파매체이다.

라디오 서울은 한국어 라디오 방송이 생소했던 1970년대 초 LA에서 매주 토요일 오전 30분 방송이라는 조그마한 씨앗에서 시작했다. 1974년 10월 12일 AM 라디오 방송인 코리아(현재의 라디오코리아와 별개)가 개국되었다. 매주 토요일 오전 11시 30분부터 30분간 뉴스와 한국 가요 등을 방송한 것이었는데 이것이 라디오 서울의 첫 출발이다. 같은 해 12월 16일에는 KVST-TV(채널 68)을 통해 매일 저녁 7시부터 30분간 방영되는 'TV 코리아'가 개국되었다. 이 두 방송국의 탄생은 한국일보가 종합 매스컴 센터를 건립한다는 목표에 따라 이뤄진 것이었지만 당시의 여건이 여의치 않아 이루어지지 못했다. 90년대 초 라디오 서울은 본격적인 방송 문화를 열어나가기 시작하는데 90년대 초 한인사회의 경제력이 성장하여 상업방송 시대를 맞이할만한 여건이 성숙되었기 때문이다. 1974년 개국한 라디오코리아는 1992년 2월 28일 '라디오 한국'으로 변신, AM 1300을 통해 제 2의 전파를 송출한다. 개국 2개월여 만에 발생한 LA 폭동과 1994년 노스리지 지진 보도를 신속하게 보도하면서 라디오 기능에 익숙하지 않았던 한인들에게 라디오기능을 인식시켜 주었다. 당시 라디오 한국은 한국일보라는 신문매체를 최대한 활용할 수 있었기에 신속, 정확한 보도를 발휘할 수 있었다.

라디오 필요성이 한인사회에 전파되면서 라디오 한국은 보다 많은 청취자 확보와 서비스 강화를 위해 1993년 9월 15일 KCB 미주 한인방송을 인수해 FM 93.5에 새둥지를 틀면서 라디오 서울 시대에 접어든다.

(7) 위성방송 TAN-TV

하와이 한국의 소리(KBFD-TV) 방송은 1986년 3월 24일 설립되었다. 본토의 방송사들이 채널을 임대해서 방송하는데 반해 독자적인 채널을 갖고 있는 유일한 방송이다. KTE 방송은 2000년 채널을 확보하지 못해 채널 18번을 다른 방송사에 넘겨야 했고, 2004년 초 라디오코리아가 갑자기 인상된 채널 임대료를 내지 못해 방송을 중단했다가 결국 방송국과 채널을 다른 사람에게 양도한 일이 있지만 하와이 한국의 소리방송은 자체 채널을 소유하고 있기 때문에 재정적으로 안정되어 있는 방송사이다.

KBFD-TV는 1991년 9월 17일 미국 전 지역과 알래스카, 하와이를 위시해 캐나다 멕시코 파나마 등 많은 지역을 시청권으로 방송되는 위성방송 TAN-TV의 첫 전파를 발사했다. TAN-TV는 로스앤젤레스 할리우드에 있는 CNN 방송사 건물을 공동으로 사용하고 있다. 최신식 방송장비로 설치된 스튜디오에서 하루 24시간 2채널 위성방송을 실시하고 있으며 각 가정 직접 수신 방식인 DTH 방식과 케이블 방송인 Time Warner를 통해 수신하는 방식을 병행해 운영하고 있다. 방송내용은 한국의 KBS, MBC 텔레비전 프로그램과 뉴스 전문프로그램인 YTN 프로그램을 선별해 방송하고 있다. 지난 2004SS 4월 16일부터는 한국의 광주민방인 KBC, 대구민방, 삼척 MBC, 제주 민방 등 지역방송사와 프로그램을 교류하기 시작했다.

2. 재미 한인 언론인 네트워크와 민족정체성

조사대상은 재외 한인동포가 많이 거주하고 있는 지역인 로스앤젤레스(Los Angeles)와 뉴욕(New York), 워싱턴D.C(Washington D.C) 등 3개

지역의 한인 언론인으로 선정하였다. 구체적인 연구대상은 〈표 III-3〉과
같다.

〈표 III-3〉 미국 조사대상 지역 및 언론사

지 역	언론사	
	신 문	방 송
로스앤젤리스	한국일보(일간)	라디오코리아
	코리아나뉴스(주간)	라디오서울
	중앙일보(일간)	TV K 24
	스포츠서울 USA(일간)	한미 TV
	해럴드 경제(일간)	KTAN
	선데일저널(주간)	
뉴욕	한국일보(일간)	
	중앙일보(일간)	
	뉴욕일보(일간)	
워싱턴	한국일보(일간)	VOA
		기쁜소리방송
		WK-TV
		RFA

　　연구대상은 일간지와 주간지, 방송 등 현지에서 활동 중인 언론사의
기자(방송의 경우 피디포함)들만을 대상으로 하여 모두 140부의 설문을
배포하였고 이중 103부의 설문이 수거되었다. 지역별로는 로스앤젤레
스가 66명(64.1%), 뉴욕 23명(22.3%), 워싱턴 14명(13.6%)이었으며 수
거율은 약 74%였다.

〈표 III-4〉 미국지역 조사대상 언론사 현황

조사대상 언론사	빈 도	퍼센트
한국일보	33	32.0
중앙일보	17	16.5
헤럴드 경제	9	8.7
코리아나 뉴스	3	2.9
뉴욕일보	2	1.9
선데이저널	2	1.9
스포츠서울 USA	4	3.9
한미 TV	2	1.9
KTAN	2	1.9
TV K 24	11	10.7
WK-TV	1	1.0
RFA	1	1.0
라디오서울	5	4.9
라디오코리아	4	3.9
기쁜소리방송	1	1.0
KISB	3	2.9
합계	103	100.0

조사 대상자의 성별은 남자 62명으로 61.4%, 여자는 39명으로 38.6%였다. 학력은 대졸이 80.0%, 대학원졸 이상이 20.0% 로 나타나 조사 대상자 모두가 대졸 이상이 학력을 갖고 있었다. 전문직이라는 직업특성 상 고학력자들이 많았다(〈표 III-5〉).

<표 III-5> 미국지역 조사대상자 성별

성 별	빈 도	퍼센트
남자	62	61.4
여자	39	38.6
합계	101	100.0

<표 III-6> 미국지역 조사대상자 학력

학 력	빈 도	퍼센트
대졸	80	80.0
대학원졸 이상	20	20.0
합계	100	100.0

<표 III-7> 미국지역 조사대상자 연령대

연 령	빈 도	퍼센트
20대	22	21.4
30대	50	48.5
40대 이상	31	30.1
합계	103	100.0

나이는 23세부터 50세까지 고르게 분포되어 있었지만 54.7%가 35세 미만으로 나타나 젊은 편이었다. 연령대별로 다시 구분해보면 30대가 전체 조사대상자의 절반가량인 48.5%로 나타났고 20대가 21.4%, 40대 이상이 30.1%였다. 즉 미국에서 활동 중인 저널리스트의 평균적인 모습은 대졸 이상의 학력을 가진 30대 남자들이었다.

1) 재미 한인언론인의 인구학적 특성

재미 한인언론인들의 인적 구성상 특징은 '한국에서 언론사 등에 근무하다 미국으로 이민을 간 후 현재 언론사에 취직한 이민 1.5세대 미만, 30대의 남자 언론인'으로 요약되었다. 현지에서 대학을 졸업한 후 현재 언론사에 취직한 경우보다 한국에서 언론사를 비롯해 다른 직장 경험을 한 뒤 미국으로 이민을 가 언론사에 취직하게 된 경우가 더 많았다는 것이다(〈표 Ⅲ-8〉).

〈표 III-8〉 미국지역 조사대상자 취업흐름도

취업흐름도	빈 도	퍼센트
한국에서 언론사 이외 직장에 근무한 뒤 현재 언론사에 입사	10	11.0
한국에서 언론사에 근무하다 미국으로 이민 와서 현재 언론사에 입사	38	41·.8
한국에서 학교 다니다(초중고대 포함) 이민 온 뒤 미국에서 학교를 마쳤고 현재 언론사에 입사	43	47.3
합계	70	100.0

취업 흐름도를 파악하기 위해 현재 언론사에 취업하게 된 경위를 묻는 질문의 경우 '한국에서 대학(대학원 포함) 졸업 후 언론사에 근무하다 미국에 건너와 현재의 언론사에 취직했다'는 응답자가 41.8%, '한국에서 언론사 이외의 직장에 근무하다 미국에 건너와 현재 언론사에 취직했다'는 응답자가 11.0% 등 약 53%의 응답자가 한국에서 직장 경험을 하고 온 사람들이었다. 특히 한국에서 언론사에 근무했던 경험이 있는 사람들이 이민을 간 뒤 현지 언론사에 취직하는 경우가 42% 가량을 차지해 눈길을 끌었다. 물론 단일 응답으로는 미국 현지에서 학교를 마무리한 뒤 현지 언론사에 취직했다는 응답자가 47.3%로 가장 많았지만 언론사 등 한국에서 직장 경험이 있었다고 응답한 사람(53%)보다는 적

었다.

이를 체류 형태와 연결 지어 비교해보면 재미있는 결과를 예측해볼 수 있다. 우선 체류 형태별로는 이민 1세대가 44.0%, 이민 1.5세대가 20.0%로, 64.0%의 언론인들이 이민 1.5세대 미만의 비교적 초기이민자들이었다. 여기서 주목할 것은 이민 2세대 이상이 한인 언론사에 근무하는 경우가 단 한 명도 없었다는 점이다(〈표 III-9〉).

〈표 III-9〉 미국지역 조사대상자 체류형태

체류형태	빈 도	퍼센트
이민 1세대	44	44.0
이민 1.5세대	20	20.0
이민 2세대 이상	0	0
유학생 또는 배우자	26	26.0
주재원	1	1.0
기타	9	9.0
합계	100	100.0

이를 취업흐름도와 연결 지어 보면 미국 현지의 언론인들은 한국에서 직장 경험을 갖고 있는 초기이민자들이 미국 현지 한인언론의 저널리스트로 활동하는 경향이 높다고 추정해볼 수 있었다. 또한 유학생 또는 그 배우자라고 응답한 사람도 26.0%로 나타났는데 유학생 또는 그 배우자의 비율이 높게 나온 것은 조사 대상자 중 한국일보와 중앙일보를 제외한 소규모 신문과 방송의 경우 유학생(또는 배우자) 등 단기 체류자들이 현직 언론인으로 활동하는 경우가 많기 때문으로 풀이되었다.

조사대상자들의 언론사 근무경력은 평균 5.48년이었고, 6년 미만인 응답자가 약 70%에 달했다. 체류기간은 평균 8.78년이었고 10년 미만인 응답자가 70%정도였다(〈표 III-10〉).

<표 III-10> 미국지역 조사대상자 근무·체류 기간

기 간	언론사 근무경력	미국 거주기간
1	22(22.2%)	2(1.9%)
2	11(11.1%)	6(5.8%)
3	8(8.1%)	5(4.9%)
4	9(9.1%)	7(6.8%)
5	9(9.1%)	21(20.4%)
6	7(7.1%)	5(4.9%)
7	6(6.1%)	10(9.7%)
8	1(1.0%)	8(7.8%)
9	2(2.0%)	2(1.9%)
10	8(8.1%)	4(3.9%)
11	1(1.0%)	4(3.9%)
12	3(3.0%)	3(2.9%)
13	3(3.0%)	2(1.9%)
14	0(0%)	5(4.9%)
15년	2(2.0%)	3(2.9%)
15년 이상	5(5.0%)	16(15.6%)
합계	99(100.0%)	103(100.0%)

재미 한인 언론은 한국일보와 중앙일보처럼 한국에 본사가 있고, 지사 형태로 운영되는 로컬언론사와 미국 현지의 소유주와 경영진에 의해 운영되는 현지 언론사 등 두 가지 형태가 있다. 이를 이민 형태별 유형과 교차분석해 보면 유의미한 결과가 나오는 것을 확인할 수 있다. 즉 이민 1세대와 1.5세대 등 단기 이민자 집단과 유학생(또는 그 배우자)처럼 단기 체류자 집단으로 구분한 뒤 이를 언론사 형태와 교차분석하면 단기 체류자의 경우 현지 언론인에 근무하는 경우가 높았고 이민자 집단은 로컬 언론사에 근무하는 경우가 많았다.

〈표 III-11〉 미국지역 조사 대상 언론사 형태별 현황

언론사 구분	빈 도	퍼센트
로컬 언론사	50	48.5
현지 언론사	53	51.5
합계	103	100.0

〈표 III-12〉 언론사 구분형태와 체류형태 교차표

	체류형태		전 체
	단기 이민자	단기 체류자	
로컬 언론사	39(60.9)	7(26.9)	46(51.1)
현지 언론사	25(39.1)	19(73.1)	44(48.9)
전체	64(100.0)	26(100.0)	90(100.0)

x2=8. 561, df=1, p<.05

이러한 설문조사 결과는 포커스그룹인터뷰 등에서도 확인할 수 있었다.

"미국에서 활동 중인 언론인은 크게 두 가지로 분류됩니다. 보통 로컬기자라고 불리는 중앙일보, 한국일보 기자단과 현지에서 운영되는 현지 언론인으로 나뉘지요. 로컬기자단도 마찬가지이지만 현지 언론인은 특히 한국에서 최근 이민 온 젊은 사람들이 주축을 이룬다고 보면 될 것입니다. 한국에서 무엇을 하였든 미국에 오면 자격증이 없는 한 별로 할 것이 없습니다. 보통 이민자들이 많이 하는 식료품 가게나 세탁소 등도 포화상태에 한계에 다다랐고 언론사의 경우 한국 엘리트들에게는 상당한 구미가 당기는 직장이죠. 현지 언론사에 몇 년 정도 근무하면 시민권이나 영주권을 받는 것이 유리하기 때문에 박봉에도 불구하고 기자생활을 하고 있다는 것이 공공연한 비밀일 정도입니다(이○○)."

"이쪽 언론계의 특징 중 하나는 이직률이 높다는 점입니다. 신문사나 방송사를 옮기는 이직도 많고 아예 다른 직업으로 이직하는 경우도 있죠. 이민 초기 미국 사회에 정착하기 위해 필요한 인맥이나 정보를 확보하기 위해 언론계로 들어오는 사람도 있고, 또 한국에서 비슷한 곳에 종사했기 때문에 편하게 언론계에 들어오는 사람도 있습니다. 아주 드물기는 하지만 특파원 형식으로 나와 있다가 아예 이곳에 머무는 경우도 있는데 이때도 시작은 이곳 언론계에서 하게 되죠(박○○).”

또한 재미 한인 언론인들의 취재 활동을 살펴본 결과 예상과 달리 취재영역과 활동범위가 한인 공동체만을 대상으로 하지는 않았다. 취재할 때 주로 만나는 취재원이 누구냐는 질문에 ‘한국인과 현지 미국인 모두 절반씩’이라고 응답한 사람이 43.8%라는 점에서 확인할 수 있었다. ‘한국인만 또는 한국인 위주’라고 응답한 사람을 합한 결과가 46.3%로 한인과 미국인 모두라고 응답한 사람보다 조금 많았지만 현지 미국인들 또한 취재 대상에 포함된다는 것을 보여주는 결과였다.

〈표 III-13〉 재미 한인 언론인 취재원 다양도

취재원 다양도	빈 도	퍼센트
한인만	26	32.5
한인 위주	11	13.8
모두 다	35	43.8
현지 미국인 위주	1	1.3
현지 미국인만	7	8.8
합계	80	100.0

이를 반영하듯 취재할 때 주로 사용하는 언어가 무엇이냐고 물어본 것에서는 한국어 위주라는 응답자와 영어와 한국어 모두라고 응답한 사람이 같은 비율로(42.9%) 나타나 차이를 보였다(〈표 III-14〉).

<표 III-14> 미국 한인 언론인 취재 시 사용 언어

취재할 때 사용하는 언어	빈 도	퍼센트
한국어만	10	14.3
한국어 위주	30	42.9
모두 다	30	42.9
합계	70	100.0

그러나 한인 언론인들이 평소 가장 편안하게 사용하는 언어와 가정에서 사용하는 언어는 한국어였다. 예를 들어 가정에서 가장 편안하게 사용하는 언어는 83.2%가 한국어라고 응답했고, 한국어와 영어 둘 다 편안하게 사용하고 있다고 응답한 사람은 16.8%였다(<표 III-15>). 또 가정에서 사용하는 언어 역시 76.2%가 한국어라고 응답했고 한국어와 영어라고 답한 사람은 19.8%, 영어라고 응답한 사람은 4.0%였다(<표 III-16>).

<표 III-15> 재미 한인 언론인 평소 사용 언어

평소 사용하는 편한 언어	빈 도	퍼센트
한국어	84	83.2
둘 다	17	16.8
합계	101	100.0

<표 III-16> 재미 한인 언론인 가정 사용 언어

가정에서 사용하는 언어	빈 도	퍼센트
한국어	77	76.2
영어	4	4.0
둘 다	20	19.8
합계	101	100.0

또 재미 한인언론인들이 한인 사회 구성원들과 교류하는 이유를 물어본 결과, 정서적 동질감을 느끼기 때문이라고 응답한 사람이 가장 많았으며 현지에 적응하기 위한 정보를 획득하기 위해서(17.5%)가 두 번째였다. 조사대상자 중 교류하지 않는다고 응답한 사람은 2명에 불과해 대부분의 한인언론인들은 한인 사회와 교류하고 있다는 것을 알 수 있었다(〈표 III-17〉).

〈표 III-17〉 한인 사회와 교류하는 이유

한인사회와 교류 이유	빈 도	퍼센트
현지 적응하기 위한 정보 얻기 위해	18	18.0
정서적 동질감을 느끼기 때문에	79	79.0
경제적 도움을 얻을 수 있으므로	1	1.0
교류하고 있지 않다	2	2.0
합계	100	100.0

이상의 결과를 요약해 미국에서 활동 중인 해외 한인언론인의 평균적인 모습은 다음과 같다. 한국에서 언론사 등 직장에 근무하다 미국으로 이민 온 대졸 이상의 30대 초기 이민자들이며, 취재의 범위가 한인에 국한되지 않아 한국어와 영어를 모두 사용하는 경우가 있었으나 가장 편안하게 사용하는 언어는 한국어이었고 정서적 동질감을 느끼기 때문에 대다수의 한인 언론인들은 한인사회와 활발한 교류를 펼치고 있었다.

2) 네트워크 현황 및 구성 욕구

인간은 사회적인 네트워크 속에서 사고하고 행동하게 된다. 네트워크 안에 속하면 이전에 가질 수 없었던 정보를 얻을 수 있고 다른 사람들로부터 정서적 지지를 받을 수도 있다. 개인이 소유하고 동원할 수 있는 자본의 양이 많아지는 것이다. 또 확보한 자본의 양과 개인의 태도, 행동은 일정한 상관관계를 유지하게 된다. 따라서 개인이 소유한 자본의 크기가 어떠한지 살펴보는 것은 개인의 현재 행동을 이해하고 미래 행동을 예측하는 기초 자료가 될 수 있다.

재미 한인언론인의 네트워크 현황과 자본의 양을 살펴보는 것 역시 이들이 디아스포라적 민족정체성을 수립하고 발전시키는 과정에 어떤 중개자 역할을 수행할 수 있는지 예측해볼 수 있는 자료를 제공할 것이다. 재미 한인언론인들은 앞서 이론적 논의에서 살펴본 것처럼 디아스포라적 민족정체성을 발전시키는 매개자 역할을 수행하고 있다. 전 세계에 흩어진 한민족의 역량과 가능성을 극대화할 수 있도록 협력해야 할 한국정부와 이산민족을 연결해주고 있기 때문이다. 따라서 이들이 어떤 네트워크 속에 있는지 그리고 한국정부와 어떤 관계 속에 있는지 확인해 볼 필요가 있었다.

(1) 재미 한인 언론인들의 심리적 네트워크 현황

재외 한인 언론인들은 스스로를 한민족과 공동운명체라고 생각하는 등 한국에 대해 갖는 심리적 네트워크는 대단히 강한 연결망을 형성하고 있었다. 스스로의 자아 정체성을 어떻게 생각하고 있는지를 물은 결과, 표에서처럼 전적으로 한국인이라고 응답한 사람이 81.6%였고, 12.6%가 3분의 2정도는 한국인이라고 생각하고 있다고 응답했다.

〈표 III-18〉 재미 한인 언론인의 자아 정체성

자신의 민족정체성	빈 도	유효 퍼센트
나는 100% 한국인이다	84	81.6
나는 75% 한국인이다	13	12.6
나는 절반은 한국인이고 절반은 미국인이다	6	5.6
합계	103	100.0

비슷하게 한국을 조국이라고 생각하고 있는 사람도 80.4%에 이르렀다. '나의 조국은 역시 대한민국이다'는 질문에 응답하게 한 결과 '매우 그렇다'고 생각하는 사람은 43.1%였고. '그렇다'고 생각하는 사람은 37.3%였다. '보통'이라고 생각하는 사람은 17.6%였으며 '전혀 그렇지 않다'고 생각하는 사람은 없었다. 한국과 한인사회를 동동운명체라고 생각하는 사람도 91%에 이르렀다(〈표 III-19〉).

<표 III-19> 재미 한인 언론인의 조국관

	나의 조국은 한국이다	한국과 한인 사회는 공동운명체이다
매우 그렇다	44(43.1%)	17(16.8%)
그렇다	38(37.3%)	42(41.6%)
보통이다	18(17.6%)	33(32.7%)
아니다	2(2.0%)	7(6.9%)
거의 아니다	0(0%)	2(2%)
합계	102(100.0%)	101(100.0%)

이는 앞서 재미 한인 언론인들의 인구학적 속성에서 살펴본 것처럼 이민 1세대 나 1.5세대처럼 초기 이민자들이 전체 응답자의 64%였고,

<표 III-20> 재미 한인 언론인의 소속감

	미국 언론에서 좋지 않은 한국소식을 접할 때 수치심을 느낀다	나는 한국인이라는 사실이 자랑스럽다
매우 그렇다	31(30.4%)	25(24.5%)
그렇다	42(41.2%)	51(50.0%)
보통이다	22(21.6%)	25(24.5%)
아니다	6(5.9%)	1(1.0%)
거의 아니다	1(1.0%)	0(0%)
합계	102(100%)	102(100%)

단기 체류자인 유학생이나 그 배우자가 26%에 달하는 것으로 조사돼 재미 한인 언론인들의 90% 가량이 비교적 한국을 떠난 지 얼마 되지 않은 사람들로 구성돼 있기 때문으로 해석할 수 있었다. 따라서 이들은 '미국 언론에서 좋지 않은 한국소식을 접할 때 수치심을 느낀다'거나 '나는 한국인이라는 사실이 자랑스럽다'에서처럼 스스로를 대한민국의 일부로 생각하고 있었다(〈표 III-20〉).

이와 같은 재미 한인언론인들의 강한 심리적 연결망을 반영하듯, 2006년 독일 월드컵에서 한국팀과 미국팀이 시합할 경우 어느 팀을 응원할 것인가에 대한 질문에 88% 가량이 한국팀을 응원할 것이라고 응답했다(〈표 III-21〉).

〈표 III-21〉 재미 한인 언론인의 월드컵 응원팀

2006 독일 월드컵 응원팀	빈 도	퍼센트
한국팀만	53	52.0
한국팀 위주로	37	36.3
두 팀 다	12	11.8
합계	102	100.0

또 가족의 결혼상대가 어떤 사람이어야 하는지를 물어본 응답에서도 80% 정도가 '가능하면 한국인이었으면 좋겠다'고 말했다.

〈표 III-22〉 재미 한인 언론인 가족 결혼상대 선호도

가족의 결혼상대	빈 도	퍼센트
반드시 한국인	31	30.4
가능하면 한국인	51	50.0
한국인이 아니라도 상관없다	20	19.6
합계	102	100.0

이상에서 살펴본 것처럼 재미 한인 언론인들은 스스로를 한국인이라고 규정하고 한국과 재외 한인사회를 공동운명체로 받아들이는 등 민족정체성 면에서 강한 유대감을 유지하고 있는 것으로 드러났다.

(2) 한국관련 취재 및 접촉창구

다음으로 한인 언론인들이 업무를 수행하는 과정에 한국과 어떤 형태의 네트워크를 구성하고 있는지 조사한 결과 형식적으로는 네트워크망이 구축돼 있는 것으로 조사되었다.

우선 재외한인들이 지난 1년 동안 취재하면서 한국관련 내용을 취재한 적이 있었는지 물어본 결과 79.5%가 한국관련 내용이 포함되어 있었다고 응답했다. 한국관련 내용을 취재한 적이 없었다고 응답한 사람은 20.5%에 불과했다(〈표 Ⅲ-23〉). 전체 취재 기자 중 5분의 4가량이 취재하고 기사를 작성하는 업무를 수행하면서 한국관련 내용을 취재해 반영했다고 응답한 것이었다.

〈표 III-23〉 한국관련 내용 취재경험

한국 관련 취재경험	빈 도	퍼센트
있다	62	79.5
없다	16	20.5
합계	78	100.0

또 재외한인 언론인들이 모국 소식을 접하는 빈도는 예상대로 아주 높았다. '한국관련 소식을 거의 매일 듣는다'고 응답한 사람이 92.2%에 이르렀으며 '적어도 일주일에 2, 3회 정도는 한국 소식을 듣는다'고 답한 사람이 99%에 달할 정도로 외형적으로는 재미 한인 언론인 사이에 한국관련 정보가 원활히 유통되고 있었다. 이는 조사 대상자가 재외 한

인 언론인에 국한돼 있다는 모집단의 특성이 반영돼 있는 것이기도 했고, 조사 대상자들이 단기 체류자나 초기 이민자 등 한국과 연고가 남아있는 사람이 많아 한국 관련 소식을 자주 접할 수밖에 없었던 것으로 풀이되었다.

> 병역법이라든지 꼭 재미동포들에게 이해가 반영된 일이 생겼을 때만 한국 관련 내용을 취재한다고 보기는 어렵습니다. 한국의 중요 정치인, 유명인사가 올 때도 있고……. 하지만 이건 그리 중요한 것은 아니고요. 이민 온 사람들 대부분이 가족 중 일부가 한국에 있는 경우가 많습니다. 그게 아니더라도 기본적으로 한국관련 소식에 관심도가 높을 수밖에 없지요. 로컬기자단(한국일보나 중앙일보처럼 한국에 본사가 있는 신문사를 이렇게 표현했다)이 아니고서야 직접 한국관련 소식을 직접 취재해야 한다고 볼 수 있죠(백○○).

언론계에 종사하는 직업 특성 상 취재와 직접적인 관련이 없는 경우라 하더라도 한국소식을 꾸준히 듣고 있었다.

> 저도 그렇지만 여기 이민 온지 5년 안된 기자들이 의외로 많습니다. 나이도 젊고요. 아직 고국 소식에 대한 관심이 많을 때이지요. 여기서 하는 일이 한국 소식이 필요한 경우는 물론이고, 평소에도 한국 정보는 꾸준히 접하고 있습니다. 번거로운 일도 아니고 회사에 나오면 인터넷이 있는데 자유롭고 간단하게 할 수 있는 일이지요(박○○).

따라서 취재하는 동안 한국관련 정보가 얼마나 필요한 정보였는가를 묻는 질문에서도 절반이상이 54.5%가 필요한 정보라고 응답했다(〈표 Ⅲ-24〉). 이중 '매우 필요하다'고 응답한 사람은 15.6%, '필요한 편'이라고 응답한 사람은 39%였다. 반면, '필요하지 않은 편'이라고 답한 사람은 10.4%, '전혀 필요하지 않다'고 말한 사람은 1.3%였다.

<표 III-24> 한국정보 필요 정도

한국정보 필요 정도	빈 도	퍼센트
매우 필요하다	12	15.6
필요한 편이다	30	39.0
보통이다	26	33.8
필요하지 않은 편이다	8	10.4
거의 필요하지 않다	1	1.3
합계	77	100.0

다음으로 재외한인 언론인들이 한국관련 소식을 취재할 때 주로 사용하는 방법에 대해 물었다. '한국 정보를 취재할 때 사용하는 방법을 많이 이용하는 순서대로 두 가지를 선택해 달라'고 물은 결과 예상한대로 가장 많은 응답자들(94.5%)이 인터넷을 꼽았다. 재외공관이나 영사관에서 배포한 자료라고 응답한 사람은 47.3%였다(<표 III-25>).

<표 III-25> 한국정보 취득할 때 주로 사용하는 방법(복수응답)

한국정보 취득 방법	빈 도	퍼센트
재외공관배포자료	26	47.3
서울본사기자	2	3.6
인터넷 수집	52	94.5
모국정부배포자료	10	18.2
취재원 접촉 자료	16	29.1
기타	4	7.3
합계	110	200.0

재외공관을 이용하는 것과 비슷한 방법인 한국 정부가 팩스나 인터넷을 이용해 배포한 자료라고 응답한 사람도 18.2%에 달했다. 즉 재외공관이나 한국 정부를 직접 활용해 취재를 하는 경우도 생각보다는 많았다. 그러나 이는 취재를 위해 일차적으로 접근하는 정보이기보다 인

터넷을 통해 수집한 정보를 확인하거나, 재외공관이 공식 발표하는 자
료를 이용하기 위한 것이었다.

> LA만 하더라도 재외공관을 비롯해 한국문화원, 재외동포 재단 등이
> 있습니다. 재외공관에서는 기본적으로 정부기관에서 배포되는 정책 관련
> 자료를 모두 나누어주니까 재외공관을 이용하는 경우가 많습니다. 그리
> 고 기사의 속성상 전문가 또는 정부기관 담당자의 인터뷰를 실어야하는
> 경우가 많은데 이 때 재외공관을 활용하는 경우가 많지요. 공관이 재미
> 언론계에서 제일 규모가 큰 출입처이기도 하고, 또 아무래도 정부기관
> 홈페이지를 이용한다 하더라도 원하는 정보를 모두 얻을 수는 없으니까
> 재외공관을 많이 활용하게 되는 것 같습니다(박○○).

복수응답 결과를 우선순위 별로 비교해 보면 이러한 차이를 좀 더 분
명하게 확인할 수 있다. 한국관련 소식을 취재할 때 가장 많이 이용한
1순위 방법은 역시 인터넷이 62.5%로 가장 높고, 재외공관을 이용한다
는 언론인은 21.9%이다(〈표 III-26〉). 그러나 두 번째 순위로 취재하는
방법을 물은 결과 인터넷과 재외공관 이용 차이가 많이 줄어든 것을 확
인할 수 있다.

〈표 III-26〉 한국정보 취득할 때 주로 사용하는 방법(1순위)

한국정보 취득할 때 사용방법	빈 도	퍼센트
재외공관 배포자료	14	21.9
서울본사기자	0	0
인터넷 활용 직접 수집	40	62.5
정부기관배포자료	2	3.1
한국 취재원 통해 직접 수집	7	10.9
기타	64	1.6
합계	76	100.0

아래 표에서처럼 2순위 정보취득 방법은 인터넷이 30.9%로 여전히 가장 높았지만 재외공관 이용률이 25.1%로 인터넷과의 차이가 좁혀졌다. 즉 재외 한인 언론인들은 한국관련 소식을 취재할 때 일차적으로 인터넷 등을 통해 관련 정보를 사전 취합한 후 정부기관의 공식 입장을 듣는 방법으로 취재원을 활용하는 방식이라는 것을 확인할 수 있었다.

〈표 III-27〉 한국정보 취득할 때 주로 사용하는 방법(2순위)

한국정보 취득할 때 사용방법	빈 도	퍼센트
재외공관 배포자료	14	5.5
서울본사기자	2	3.6
인터넷 활용 직접 수집	17	30.9
정부기관배포자료	9	16.4
한국 취재원 통해 직접 수집	10	18.2
기타	3	5.5
합계	55	100.0

이와 같이 재외공관은 정보를 취득하기 위한 일차 공간이었다기 보다는 기사를 작성하면서 형식상 필요한 정부기관 관계자의 공식 인터뷰를 작성하기 위해서나 공관에서 정기적으로 배포되는 자료를 이용하는 이차적, 간접적 정보획득 공간으로 활용되는 것이었다.

취재 이외에 한국 소식을 접하는 방법에서도 재외한인 언론인들은 주로 인터넷이 포함된 온라인 방법을 사용하고 있었다. 응답자의 97% 가량이 온라인을 주로 활용한다고 답했고, 3%만이 오프라인을 주로 활용하고 있었다. 이는 지리적 여건 상 접근성과 편리성이 뛰어난 인터넷을 한국정부 취재원으로 활용하고 한국 소식을 접하는 창구로 이용하고 있다는 것을 반영해 주는 것이었다. 인터넷이 광범위하게 활용되고 있다는 것을 반영하듯 이용 현황 면에서도 조사대상자들의 99%가 인

터넷을 활용하고 있다고 응답했다. 또 한국으로부터 정보를 수집하고자
할 때 이용할 수 있는 방법 중 가장 선호하는 방법 역시 인터넷을 활용
하는 것이었다.

〈표 III-28〉 한국관련 정보 수집할 때 선호하는 형태

한국정보 취득할 때 선호하는 방법	빈 도	퍼센트
재외공관 활용	5	5.3
필요한 정부기관과 핫라인 설치	3	3.2
인터넷 활용	77	81.1
정부기관에서 배포하는 자료	9	9.5
기타	1	1.1
합계	95	100.0

한인언론인들의 인터넷 평균 이용시간 역시 평균 310(6시간 10분)분
이었는데 이는 우리나라 일반인들의 인터넷 이용시간 297분(4시간 57
분)보다 높은 수치였다(정보통신정책연구원, 2006).

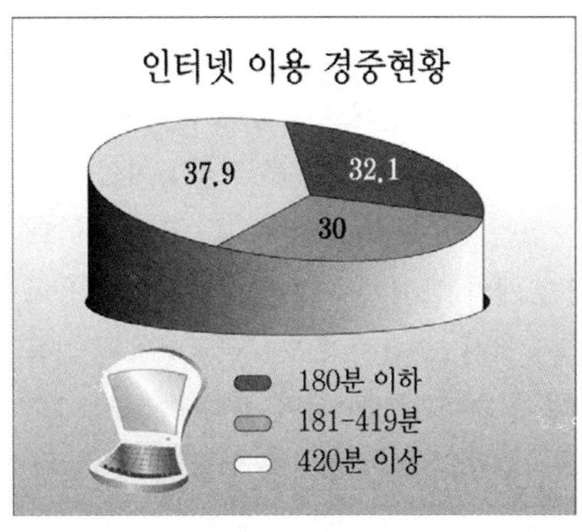

〈그림 1〉 인터넷 이용 경중현황

　구체적인 이용 시간대별 현황은 180분 이하인 경이용자가 전체 응답자의 32.0%였고, 하루 14시간 이상 인터넷을 이용하는 이용자도 37%에 달했다.

　이들이 인터넷으로 한국 소식을 접하는 방법 중 가장 많이 활용하고 있는 방법은 포털 사이트였다. 온라인 방법 중 주로 이용하는 것을 물은 결과, 언론사 홈페이지나 정부기관 홈페이지처럼 개별 홈페이지를 이용하기보다는 이들을 모두 한꺼번에 접할 수 있는 포털 사이트를 이용한다고 응답한 사람이 58.6%로 가장 높았다(〈표 III-29〉).

〈표 III-29〉 한국뉴스 접촉할 때 사용하는 온라인방법

한국뉴스 접촉 온라인방법	빈 도	퍼센트
한국 신문사 홈페이지	6	6.1
한국 방송사 홈페이지	29	29.3
정부기관 홈페이지	4	4.0
포털 사이트	58	58.6
기타	2	2.0
합계	99	100.0

　방송사 홈페이지가 두 번째로 높은 것은 드라마 다시보기 등 뉴스 이외의 소식을 접하는 창구로 활용하기 때문이었다.

　한국정보를 취득하는 온라인 방법 중 포털 사이트가 높았다는 점에서 주목할 것은 재외 한인 언론인들의 인터넷 활용이 활발하다고 해서 이것이 상호작용적이고, 심층적으로 한국정보를 취득하는 방법은 아니었다는 점이다. 인터넷의 일반적인 매체 속성은 다른 매스미디어와 달리 상호작용적이고 심층적인 정보를 얻을 수 있다는 것이다. 그러나 재외 한인 언론인들이 한국 소식을 접하고, 취재하는 과정에 인터넷을 활용한다는 조사 결과는 해외 언론인들이 정부기관과 심층적이고 상호작

용적인 과정을 통해 한국 정보를 얻고 취재하는 것은 아니라는 뜻이었
다.

> 저 같은 경우엔 포털 사이트를 많이 이용하는 편인데요. 뉴스가 한데
> 모여 있기도 하고, 일반인들의 정서를 읽을 수도 있어서 좋지요. 정부기
> 관의 홈페이지를 이용하는 경우는 아주 드물다고 봅니다. 정부기관에 자
> 료를 요구하는 것도 생각보다 활발하지 않은 편이구요, 그냥 인터넷에
> 있는 자료를 활용한다는 편이 맞을 거 같아요(박○○기자).

언론사 여건이 열악한 일부 언론사의 경우 한국 정보를 취재하기보
다 인터넷에 유통되는 관련 자료를 스크랩한 뒤 재가공해 보도하는 경
우마저 있는 것으로 확인되었다. 인터넷이 일상화된 시점에서 재외 한
인 언론인들을 디아스포라적 민족정체성을 확산시키기 위한 창구로 활
용하기 위해서 정부가 구체적으로 수행해야 할 역할이 무엇인지 시사
해주는 대목이었다.

한편, 한국소식을 듣는 오프라인 방법 중에는 신문사 지면(38.1%)을
이용한다는 응답이 가장 높았으며 다음은 재외공관에서 배포한 자료
(25.4%), 타사 신문사의 지면(20.6%) 순서였다(〈표 Ⅲ-30〉).

〈표 Ⅲ-30〉 한국뉴스 접촉할 때 사용하는 오프라인방법

한국뉴스 접촉 오프라인방법	빈 도	퍼센트
재외공관 배포자료	16	25.4
자사 신문사 지면	24	38.1
타사 신문사 지면	13	20.6
한국정부 배포자료	6	9.5
한인방송	3	4.8
기타	1	1.6
합계	63	100.0

이 결과를 재미 한인들의 매체이용실태를 조사한 2차년도 결과와 비교해보면, 일반 수용자들이 한국어 신문(44%)과 한국어 텔레비전(43%)을 비슷하게 이용하고 있는 것과 대조를 이루었다. 근무 형태별 신문사 구분을 없애고 신문과 방송만으로 구분하면 언론인들이 한국소식을 듣는 창구는 신문사 지면이 58.7%로 방송을 통해 듣는 경우(4.8%)보다 훨씬 높았다. 재미 한인 언론인의 경우 방송과 신문을 비슷하게 이용하는 일반인들과 달리 한국관련 소식을 접할 때는 주로 신문을 이용하고 있다는 것이다. 이는 조사 대상자의 절반가량이 미주 한국일보와 중앙일보에 근무하고 있기 때문이기도 하였지만 언론인들이 뉴스를 접하는 창구는 방송보다는 신문을 더 많이 이용한다고 조심스럽게 풀이할 수 있는 대목이었다.

또 신문사를 자신이 근무하는 신문사와 그렇지 않은 신문사로 구분할 경우, 미주 한국일보와 중앙일보 등 로컬 기자들이 오프라인에서 한국 소식을 접하는 것은 자신이 근무하는 신문의 지면을 통해 한국 소식을 듣는다는 사람이 많은데 비해(91.7%) 현지에서 발행되는 기자들의 경우 자사 신문사와 타사 신문사를 이용하는 비율이 비슷하게 나왔다. 현지 언론사 집단과 로컬 언론사 집단 사이에 오프라인으로 한국 소식을 듣는 방법을 비교한 교차 분석한 결과 유의미한 결과가 나왔다(〈표 III-31〉).

〈표 III-31〉 한국정보 취득 오프라인 방법과 언론 형태 교차표

	로컬 언론사(%)	현지 언론사(%)	전 체
자사 신문사 지면	11(91.7)	13(52.0)	24(64.9)
타사 신문사 지면	1(8.3)	12(48.0)	13(35.1)
합계	12(100.0)	25(100.0)	37(100.0)

x2=5.598, df=1, p<.05

즉 로컬 기자들은 자신이 근무하는 언론사의 신문을 통해 한국소식을 듣는 경우가 많았으며 현지 기자들은 자기 신문사와 다른 신문사를 이용하는 비율이 비슷했다. 한국일보와 중앙일보 기자들의 경우 한국소식을 주로 자신이 근무하는 신문에서 얻고 있으며, 기타 현지 언론사와 방송사 언론인들은 자신의 신문사와 다른 신문사의 지면을 활용하는 경우가 비슷했다는 것이다.

이상 오프라인 접촉 방법결과가 가리키는 것을 요약하면 재외 한인 언론인들은 방송보다는 신문에 의존해 한국 소식을 듣고 있으며 그중에서도 한국일보와 중앙일보 등 국내에 본사를 두고 있는 로컬 신문에 의존해 한국 소식을 접하고 있다고 말할 수 있었다. 이는 자칫 일부 언론사의 시각이 여과 없이 유포될 수 있다는 우려를 내포하고 있었다. 일반인들보다 신문에 대한 의존도가 높았고, 일부 언론사의 점유율이 높은 상태에서 일방향적인 의견이 지배적일 수 있다는 점이었다. 해외 한인 언론인들이 인터넷을 활용하는 상황이 정부기관과 적극적으로 정보를 주고받는 상호작용적인 과정이 아니었기 때문에 더욱 그러한 우려를 갖고 있었다.

재외 한인 언론인들이 네트워크 구성과 참여욕구는 어느 정도인지 알아보았다.

〈표 III-32〉 재미 한인언론인이 생각하는 한국정보 필요정도

취재 시 한국정보 필요 정도	사례수	퍼센트
매우 그렇다	13	13.1
그런 편이다	40	40.4
보통이다	33	33.3
아니다	10	10.1
거의 아니다	3	3.0
합계	99	100.0

  우선 재외 한인 언론인들이 한국 소식을 듣고 이용하는 정도, 그리고 업무를 수행할 때 한국 정보가 얼마나 필요한지 것인지를 조사한 결과, 재외 한인 언론인들은 한국 정보에 매우 많이 노출돼 있었고 이들 정보를 활용하는 정도 역시 매우 높게 나타났다. 한국정보는 재외 한인언론인들이 취재할 때 매우 필요한 내용이었다(평균값=3.51). 이를 지난 1년 동안 한국 관련 취재경험이 있는 사람과 그렇지 않은 사람 두 집단 사이에 차이가 있는지 비교해보기 위해 평균검증(T 검증)을 실시하였다. 그 결과 매우 유의미한 집단 간 차이가 나타났다(〈표 III-33〉).

〈표 III-33〉 취재경험 유무에 따른 한국정보 필요정도 평균 검증

구 분 취재경험 유무	N	한국정보 요정도 평균	표준편차	평균의 표준오차
있다	78	3.67	.848	.096
없다	19	2.79	1.084	.1249

F=1.871, p<.01

  표에서 가리키는 것처럼 한국관련 내용을 취재했던 집단이 느끼는 한국정보의 필요정도와 한국관련 내용을 취재하지 않았던 집단이 느끼는 한국정보 필요정도는 매우 유의미하게 차이를 나타냈다. 그러나 성별에 따라 한국정보를 필요하다고 생각하는 정도의 차이는 유의미하지 않았다. 또 근무하는 언론 형태(신문과 방송사), 언론의 구분(현지 언론사와 로컬 언론사), 그리고 조사 대상자의 체류형태(초기 이민자 또는 단기 체류자)에 따른 집단 간 평균 차이 역시 나타나지 않았다. 인터넷 이용 정도에 따른 집단 간 평균 차이도 없었다. 다만 조사대상자들의 성향 파악을 위해 인터넷 이용 정도를 평균적인 중간 집단을 제외하고 양쪽 집단을 대상으로 비교한 결과에서는 어느 정도 경향성을 보여주었다. 인터넷을 많이 이용하는 집단은 한국 정보가 필요하다고 생각하

고 있었고, 그렇지 않은 집단은 필요하다고 생각하는 정도의 평균이 더 적었다. 그러나 결론적으로 재외 한인 언론인들이 한국정보의 필요정도에 대해 생각하는 정도의 차이는 기본적인 인구학적 속성이나 체류형태 등에 따라 다르게 나타나지 않았다. 취재 활동에 한국정보의 필요성이 대체로 높았기 때문이다.

다음으로 한국정부가 참여하는 네트워크를 구성할 때 참여할 의사가 있는지 질문하였다. 조사결과 87.4% 정도가 네트워크 참여 의사가 있다고 응답했으며 12.6%는 참여 의사가 없다고 응답했다. 선호하는 네트워크 형태는 가상공간을 활용하는 방법과 오프라인 방식인 기자협회를 이용하는 방법 두 가지가 비슷하게 나왔다(〈표 III-34〉).

〈표 III-34〉 재미한인 언론인이 선호하는 네트워크 형태

선호하는 네트워크	사례수	퍼센트
가상 공동체	44	47.8
재외 한인기자협회	48	52.2
합계	92	100.0

이는 인터넷 이용 정도, 한국정보 이용방식 등을 종합해본 결과와 사뭇 다른 양상의 결과였다. 응답의 패턴으로 보아 가상공동체 형태의 네트워크를 훨씬 선호할 것 같았으나 집단 간 차이가 유의미하지 않았을 뿐 재외기자협회 형태의 네트워크 구성을 더 선호했기 때문이다. 응답자들이 재외 한인기자협회를 구성해야 한다고 생각하는 것은 재외 한인언론인들이 자신들의 이익을 대변해주고 역량을 결집할 수 있는 조직체를 희망하고 있다는 증거였다.

여기 있는 언론인들에 대해 중요한 역할을 한다, 한국과 이민자들 사이에 가교역할을 한다, 말은 많은데 실제 우리들의 위상이나 한국정부가

생각하는 정도는 아주 낮은 것 같습니다. 실제로 그런 예가 많죠. 예를 들어 한국에서 중요한 정치인이 온다면 이곳에서도 중요한 기삿거리가 됩니다. 당연히 모두가 취재를 하러 나가지요. 그런데 정작 취재하러 가 보면 로컬기자 현지 기자 할 것 없이 모두 뒷전입니다. 한국에서 기자단이 동행하기 때문에 기자회견 자리조차 제대로 못 잡을 때가 있지요. 또 이쪽은 한국과는 상황이 달라서 출입처가 있거나 기자들끼리 한 데 모일 그런 기회가 적을 수밖에 없어요. 그러다보니 기자들끼리 만나거나 공동 보조를 취하는 경우가 별로 없습니다. 여러 가지 면에서 구심점 역할을 해줄 조직이 필요하다고 봅니다(워싱턴 이○○).

특히 가상공동체 못지않게 재외기자협회를 희망하는 연구결과가 시사하는 바는 컸다. 인터뷰 결과에서도 확인할 수 있었지만 재외한인 언론인들이 자신들의 권익을 대변해줄 수 있고, 상호작용적인 직접 교류의 장을 희망한다는 것이었다.

한국정보에 접촉하는 것은 인터넷만 있으면 우리나 일반인이나 차이가 없습니다. 다들 바쁘니까 서로 교류가 없는 탓도 있지만 지금은 장이 마련돼 있지 않은 면도 있습니다. 인터넷에서 수집하는 자료는 어찌 보면 일방향적이죠. 정보에 그냥 노출이 되는 것이지, 그 정보원과 상호작용적이고 심층적인 정보를 주고받는다고 보기는 어렵습니다. 네트워크란 게 시간을 두고 신뢰를 쌓고 정보를 교류하는 것이라면 지금 우리가(재미 언론인) 형성하고 있는 네트워크는 진정한 네트워크는 아닌 것 같습니다. 뭔가 다른 게 필요해요(백○○).

네트워크 선호 형태는 몇 가지 사항에서 집단 간 차이를 나타냈다. 우선 현지 언론사와 로컬 언론사 등 언론사의 구분과 네트워크 선호 형태를 살펴본 교차분석에서는 유의확률이 정확히 의미 있는 값은 아니었지만(p=0.076) 경향성을 나타냈다. 로컬 언론사의 경우 가상공동

체를 더 선호했지만 현지 언론사의 경우 재외 한인기자협회를 더욱 선
호했다.

<표 III-35> 언론사 구분과 네트워크 선호형태 교차표

	로컬 언론사(%)	현지 언론사(%)	전 체
가상공동체	24(57.1)	20(40.0)	44(47.8)
재외한인 기자협회	18(42.9)	30(60.0)	48(52.2)
합계	42(100.0)	50(100.0)	92(100.0)

x2=2.688, df=1, p=0.076

또 조사 대상자들의 체류 형태를 초기 이민자(이민 1세대＋이민 1.5
세대)와 단기 체류자(유학생 또는 배우자)로 구분한 뒤 선호하는 네트워
크 형태를 분석한 결과에서도 집단 간에 유의미한 차이를 나타냈다. 초
기 이민자들의 경우 가상공동체 형식의 네트워크를, 체류자들은 재외
한인기자협회 형태를 더 선호하는 것으로 분석되었다. 이 결과 역시 조
사대상자의 체류 형태에 따른 차이이기보다는 이민세대들이 비교적 로
컬 기자단으로 활동하고 있는데 반해 유학생 등 단기 체류자들은 현지
언론사에 근무하는 경우가 많기 때문으로 풀이되었다.

<표 III-36> 한인언론인 체류형태와 네트워크 선호형태 교차표

	초기 이민자(%)	단기 체류자(%)	전 체
가상공동체	30(51.7)	6(28.6)	36(45.6)
재외한인 기자협회	28(48.3)	15(71.4)	43(54.4)
합계	58(1000.0)	21(100.0)	79(100.0)

x2=2.688, df=1, p=0.076

그러나 언론형태별(방송과 신문) 구분이나 성별, 근무경력 등에 따라
선호하는 네트워크가 무엇인지 분석한 것에서는 유의미한 차이가 나타

나지 않았다.

네트워크 선호 형태결과가 의미하는 바는 재외 한인 언론인들이 한인사회 공동 이익을 위해 오프라인 성격의 기자협회를 희망하고 있다는 것으로 해석할 수 있었다. 언론사 상호 교류하고 권익을 대변해 줄 단체가 필요하다는 것이다.

네트워크 구성에 대한 욕구도 상당히 컸다. '기회가 주어진다면 한국에서 연수기회를 갖고 싶다'고 물어본 결과 '매우 그렇다'고 답한 사람이 36.6%, '그런 편이다'고 응답한 사람이 48.5%에 달했다. 전체의 81.5%가 연수기회를 희망하고 있는 것이었다. 연수자체를 희망하지 않는 응답자는 없었으며 그럴 의사가 없다고 응답한 사람은 14% 가량이었다. 예상과 달리 미국 현지 언론인들이 기회가 주어진다면 한국에서 연수를 받고 싶어 한다는 결과였다. 같은 맥락에서 한국의 언론인이나 언론인 단체와 교류가 필요하다고 생각하느냐고 물어본 결과 88%정도의 응답자들이 교류가 필요하다고 응답했다.

〈표 III-37〉 재미 한인 언론인 교류희망 정도

	한국에서 연수기회를 갖고 싶다	한국의 언론인 단체 등과 교류가 필요하다
매우 그렇다	37(36.6)	30(29.1)
그런 편이다	49(48.5)	57(55.3)
보통이다	10(9.7)	10(9.7)
아니다	5(4.9)	2(1.9)
거의 아니다	0	1(1.0)
합계	101(100.0)	100(100.0)

또 재미 한인사회의 언론사끼리 공동보조를 취해야 하는지를 물어본 결과 약 80% 정도의 응답자가 공동보조를 취해야 한다고 생각하고 있었다. 조사대상 지역별로는 로스앤젤레스 지역의 언론인들이 네트워크

구축과 관련해 좀 더 적극적인 의사를 표명하고 있었다. 예컨대 LA, 뉴욕, 워싱턴 세 개 집단을 대상으로 현지 언론사끼리 공동보조를 취해야 하는지 물어본 결과, 유의미한 차이를 나타낸 것이다. 평균차이로는 로스앤젤레스 지역의 응답자들이 4.27로 가장 높았고, 다음은 뉴욕(3.82), 워싱턴(3.57) 순이었다.

〈표 III-38〉 지역별 현지 언론사와 공동보조 희망정도 일원변량분석

	평 균	표준편차	사례수
로스앤젤레스	4.27	.672	64
뉴욕	3.57	.852	14
워싱턴	3.82	.907	22
합계	4.07	.795	100

	제 III 유형 제곱합	자유도	평균제곱	F	유의확률	R2
수정모형	7.324	2	3.662	6.437	.002	.117
절편	1025.179	1	1025.179	1801.959	.000	.949
지역	7.324	2	3.662	6.437	.002	.117
오차(error)	55.186	97	.569			
합계	1719.000	100				
수정합계	62.510	99				

한편, 네트워크 구성 욕구에 대한 차이는 없었다. 성별이나 근무경력, 체류형태 등에 따라 다르지 않았으며 현지 언론사나 로컬 언론사 사이에도 차이가 없었다. 이는 조사 대상 모집단이 언론사 종사자로 비교적 동일한 집단이기 때문에 성별이나 교육수준, 소득수준에서도 차이가 나지 않았다. 또 현지 언론사이든 로컬 언론사이든 네트워크를 구성하고자 하는 희망정도는 유사했기 때문이다.

3) 사회자본과 민족정체성

개인이 소유한 사회자본이 많고 적음에 따라 개인의 행동과 태도에 영향을 미친다는 것을 이론적 논의에서 살펴보았다. 예를 들어 재외 한인언론인의 경우 사회자본의 양이 클수록 민족정체성이 크다는 가설을 세울 수 있을 것이다. 여기서 사회자본의 양은 개인이 소유하고 동원할 수 있는 자원의 총량을 가리킨다. 개인이 이용하는 미디어의 종류, 이용시간, 취재원의 다양도, 현지 언론인들과의 네트워크 형성 여부, 한국정부 취재원 소유 여부 등이 재외한인 언론이이 소유한 사회자본에 포함될 수 있을 것이다. 이 연구에서 활용한 사회자본의 조작적 정의는 한국관련 취재 경험이 있는지의 여부와 인터넷 이용시간의 경중, 그리고 민족지식 점수 등을 표준 점수화하여 계산한 뒤 정의하였다. 만약 사회자본의 양과 민족 정체성 사이에 정적인 상관관계가 도출된다면, 디아스포라적 민족정체성을 확립하고 발전시켜 나가는데 한국정부의 역할이 좀 더 분명해질 것이다.

먼저 조사 대상자들의 민족정체성에 대한 일반적인 분석결과는 다음과 같다. 민족정체성은 크게 세 부문으로 나누어 조사하였다. 자신을 한민족의 일원으로 생각하고 있는지 여부를 알아보기 위한 민족의식 부문, 한민족 관련 내용을 얼마나 정확히 알고 있는지에 대한 민족지식 부문, 그리고 마지막으로 자신의 자아정체성을 살펴보는 부문 등이었다. 민족의식 부분의 10개 항목은 크론바흐(Cronbach)의 알파계수가 .804로 나타나 내부 신뢰도가 매우 높았다.

조사대상자들의 인구학적 속성과 심리적인 네트워크 현황에서 밝혀진 것처럼 해외 한인언론인들의 민족정체성, 자아 정체성은 대체로 높았다. 스스로를 한국인으로 규정하고 있을 뿐 아니라 소속감도 컸고 한인사회와 한국을 공동운명체라고 생각하는 경향도 높았다.

우선 민족의식의 경우 세부적으로 10가지 항목의 진술문을 제시한 뒤 자신의 의견이 가까운 항목에 체크하도록 5점 척도로 물어본 결과 한민족에 대한 소속감, 한국과 한인사회가 공동운명체라고 느끼는 정도, 민족에 대한 자긍심, 한국의 전통가치에 대한 태도 등의 항목에서 모두 비교적 높은 민족의식을 보여주었다(〈표 III-39〉). 그중에서도 '나의 조국은 역시 대한민국이다'는 항목과 '한국에는 세계에 내놓아도 손색없는 유물이나 문화가 있다'는 두 가지 항목의 민족의식이 특히 높게 나왔다.

〈표 III-39〉 재미 한인 언론인들의 민족의식 점수

	민족의식1 (수치심)	민족의식2 (자긍심)	민족의식3 (조국관)	민족의식4 (소속감)	민족의식5 (한국문화 호기심)
사례수	102	102	102	101	102
평균	3.94	3.98	4.22	3.90	3.87
최빈값	4	4	5	4	4

	민족의식6 (공동운명체)	민족의식7 (문화소개 의사)	민족의식8 (세계적 유물)	민족의식9 (전통가치 설날)	민족의식10 (전통가치 경조사)
사례수	102	102	102	101	102
평균	3.64	3.71	4.05	3.71	3.97
최빈값	4	4	4	3	4

이들 민족의식 세부 10가지 항목에 대해 연령이나 성별, 체류형태, 언론사 근무형태, 언론사 구분 등을 평균 검증(T 검증)해 보았으나 아무런 유의미한 결과가 나오지 않았다. 조사대상자들이 모두 높은 민족의식을 보여주었기 때문이다.

<표 III-40> 성별에 따른 민족의식 합계 평균 검증

구 분 성 별	N	민족의식 합계평균	표준편차	평균의 표준오차
남자	61	3.836	.5247	.0672
여자	39	3.979	.5207	.0834

F=.152, p=.184

또 조사대상자들이 한민족 관련 내용을 얼마나 알고 있는지 알아보기 위해 정치·경제·사회·문화 각 분야에 대한 시사상식과 역사적 내용을 선별, 11개 항목의 개방형 질문지를 만든 뒤 조사대상자들에게 답하도록 했다. 조사결과 민족지식 점수가 평균 9.77로 상당히 높게 나왔으며, 조사대상자의 절반가량(46.7%)이 질문 11개 항목의 정답을 정확히 기술하는 등 한민족 관련 정보에 대해 상당히 정확하게 알고 있었다.

민족정체성의 세 번째 구성부문인 자아정체성과 관련해서는 역시 스스로를 한국인이라고 생각하는 경향이 높았다. 다만 체류 형태별 분석에서는 이민자들보다는 단기 체류자들의 자아정체성이 좀 더 한국인에 가까운 것으로 나왔다. 두 집단 사이의 평균차도 유의미하게 분석되었다.

<표 III-41> 체류형태에 따른 자아정체성 평균검증

구 분 자아정체성	N	자아정체성 평균	표준편차	평균의 표준오차
초기 이민자	64	4.67	.619	.077
단기 체류자	26	4.96	.196	.038

F=30.195, p<.05

유학생들 중심으로 구성된 단기 체류자들의 자아정체성(스스로 한국인이라고 생각하는 정도)이 이민자들보다 좀 더 높은 것으로 나온 것이다. 그러나 성별이나 언론사 구분 형태별 평균차는 검증되지 않았다. 전반적인 인구학적 속성이 자아정체성에 큰 영향을 주지는 않지만, 이미 이민을 간 집단과 한국에 돌아갈 것이지만 잠시 미국에 머무르고 있는 집단 사이에서만 유의미한 평균 차이가 나왔을 뿐이었다.

또 한국교회나 절에 참석하고 있느냐고 물어본 것에서는 57.4%가 참석하고 있다고 응답, 초창기 한인사회의 구심점 역할을 수행했던 교회의 역할이 상당히 줄어든 것으로 나타났다. 이것이 일반인과 언론인 사이의 차이 때문인지 아니면 환경 변화 때문인지에 대해서는 추후 연구의 몫으로 남겨두겠다. 성별로는 여자보다 남자들이 더 많이 교회에 참석하고 있었다(〈표 III-42〉).

〈표 III-42〉 한인교회 참석여부와 성별 교차표

	성 별		전 체
	남 자	여 자	
한인 교회 참석 한다	41(66.1%)	17(43.6%)	58(57.4%)
한인 교회 참석 안한다	21(33.9%)	22(56.4%)	43(42.6%)
전체	62(100.0%)	39(100.0%)	101(100.0%)

x2=4.975, df=1, p<.05

또 가족의 결혼상대자가 어떤 사람이어야 하는지에 대한 질문에서는 80% 정도가 가능하면 한국인이기를 희망했다. 대체로 혈연 중심의 한민족 혈통을 유지하고 싶어 하는 성향이 나타나기는 했지만, 조사대상자의 20% 가량이 상관없다는 반응을 보이고 있어 혈통중심의 민족정체성이 많이 희미해지고 있다는 것을 보여주었다.

〈표 III-43〉 가족의 결혼 상대자에 대한 생각

	사례수	퍼센트
반드시 한국인	31	30.4
가능하면 한국인	51	50.0
상관없음	20	19.6
합계	102	100.0

그러나 자아정체성을 제외하고 민족의식과 민족 지식 부문에서는 조사 대상자들이 대체로 높은 민족정체성을 형성하고 있는 것으로 분석되었다. 요컨대 조사대상자들의 민족정체성은 유학생처럼 잠시 한국을 떠나있는 조사대상자와 현지에 이민을 간 사람들 사이에서만 자신을 한국인으로 규정하고 있는 정도의 차이가 드러났을 뿐 대체로 모든 항목에서 비교적 높은 한민족 정체성을 갖고 있는 것이라고 요약할 수 있었다.

다음은 민족정체성과 사회자본 사이의 상관관계, 그리고 민족정체성과 네트워크 구축 의사 등에 대해 상관관계를 분석하였다. 분석 결과 먼저 사회자본의 양과 민족정체성에 상관관계가 있을 것이라는 가설은 채택되었다(〈표 Ⅲ-44〉).

〈표 Ⅲ-44〉 사회자본과 통합 민족의식 상관관계

		사회자본	통합민족의식
사회자본	Pearson 상관계수	1	.242*
	유의확률 (양쪽)		.050
	N	167	66
통합민족의식	Pearson 상관계수	.242*	1
	유의확률 (양쪽)	.050	
	N	66	102

*상관계수는 0.05수준(양쪽)에서 유의합니다.

즉 사회자본과 민족정체성의 하부 항목인 민족의식, 민족지식 사이에는 상관관계가 나타났다. 세부항목별로는 민족의식 구성요소인 수치심과 관련해 사회자본의 양과 상관관계가 있었다. 미국에서 좋지 않은 한국소식을 접할 때 수치심을 느낀다고 응답한 한인언론인과 사회자본의 양 사이에는 유의미한 정적인 상관관계가 존재하고 있었다.

<표 III-45> 사회자본과 민족의식(수치심) 상관관계

		사회자본	민족의식(수치심)
사회자본	Pearson 상관계수	1	.260*
	유의확률 (양쪽)		.035
	N	67	66
민족의식 (수치심)	Pearson 상관계수	.260*	1
	유의확률 (양쪽)	.035	
	N	66	102

* 상관계수는 0.05수준(양쪽)에서 유의합니다.

또 아래 표에서처럼 사회자본과 민족지식 점수 사이에도 상관관계가 존재하고 있었다. 인터넷을 많이 활용하는 사람일수록 사회자본의 양이 크고, 이에 따라 민족지식 점수도 높게 나타난 것이라고 풀이할 수 있었다(<표 III-46>).

<표 III-46> 사회자본과 민족지식 상관관계

		사회자본	민족지식
사회자본	Pearson 상관계수	1	.264*
	유의확률 (양쪽)		.031
	N	67	67
민족지식	Pearson 상관계수	.264*	1
	유의확률 (양쪽)	.031	
	N	67	103

* 상관계수는 0.05수준(양쪽)에서 유의합니다.

이와 함께 민족정체성과 네트워크 구축 의사 사이에도 의미 있는 상관관계가 존재했다. 먼저 네트워크 구축의사를 알아보기 위해 한국과 교류의사, 연수기회, 제도적 지원책, 현지 언론사와 공동보조 등 4가지 세부 항목별로 5점 척도 질문을 하였다. 이들 항목의 크론바흐 알파계수는 .777로 내부 신뢰도가 높았다. 이들 4개 항목을 민족정체성의 하부 개념인 민족의식, 민족점수 등과 상관분석을 실시하였다. 분석 결과 민족정체성과 네트워크 구축의사 사이에는 상관관계가 나타났다(〈표 III-47〉). 우선 민족정체성의 하부 개념 중 민족의식의 경우 표에서처럼 높은 상관관계를 보여주었다. 그러나 민족지식과 네트워크 구축의사와 는 상관관계가 나타나지 않았다.

〈표 III-47〉 민족정체성과 네트워크 구축의사 상관관계

		민족정체성	네트워크구축의사
민족정체성	Pearson 상관계수	1	.306**
	유의확률 (양쪽)		.002
	N	98	97
네트워크 구축의사	Pearson 상관계수	.306**	1
	유의확률 (양쪽)	.002	
	N	97	102

* 상관계수는 0.01수준(양쪽)에서 유의합니다.

세부항목별로는 한국에서 연수기회를 갖고 싶다는 것과, 한국 언론인 또는 언론단체와 교류하고 싶다는 항목의 상관관계가 높게 나타났으며 현지 언론사와 공동보조를 취해야 한다는 항목에서도 상관관계는 보였 다. 그러나 네트워크 구축에 한국정부의 제도적 지원이 필요하다는 항 목과 민족정체성과는 별다른 상관관계가 도출되지 않았다.

〈표 III-48〉 민족정체성과 한국 연수기회 희망 정도 상관관계

		민족정체성	한국연수기회
민족정체성	Pearson 상관계수	1	.280**
	유의확률 (양쪽)		.005
	N	102	100
한국연수기회	Pearson 상관계수	.280**	1
	유의확률 (양쪽)	.005	
	N	100	101

* 상관계수는 0.01수준(양쪽)에서 유의합니다.

〈표 III-49〉 민족정체성과 한국 언론단체와 교류 필요정도 상관관계

		민족정체성	한국과 교류필요성
민족정체성	Pearson 상관계수	1	.306**
	유의확률 (양쪽)		.002
	N	98	97
한국과 교류필요성	Pearson 상관계수	.306**	1
	유의확률 (양쪽)	.002	
	N	97	102

* 상관계수는 0.01수준(양쪽)에서 유의합니다.

〈표 III-50〉 민족정체성과 현지 언론사와 공동보조 상관관계

		민족정체성	현지언론사공동보조
민족정체성	Pearson 상관계수	1	.248*
	유의확률 (양쪽)		.013
	N	102	99
현지 언론사 공동보조	Pearson 상관계수	.248*	1
	유의확률 (양쪽)	.013	
	N	99	100

* 상관계수는 0.05수준(양쪽)에서 유의합니다.

이상의 연구결과를 종합하면 다음과 같다. 재외한인언론인들은 상당히 높은 민족정체성을 유지하고 있었으며, 민족정체성과 사회자본 사이에는 상관관계가 존재하고 있었다. 이 연구에서 사회자본의 양이 크다는 것은 한국과 취재경험이 있고, 인터넷 이용을 많이 하며, 한민족 관련 지식을 많이 갖고 있는 사람을 가리킨다. 즉 조사대상자들의 심리적 네트워크는 모두 높게 나타났지만 그중에서도 한국관련 취재경험이 있고, 인터넷을 많이 이용하는 사람일수록 민족정체성이 더욱 뚜렷하다고 말할 수 있었다. 또한 민족정체성과 네트워크 구축 의사 사이에도 정적인 상관관계가 존재해서 민족정체성이 뚜렷하면 한국 정부가 참여하는 네트워크 구축 의사에도 더 많은 관심을 갖고 있었다.

네트워크 구축 희망정도와 관련해서는 성별이나 연령, 언론사의 형태, 언론사 구분 등의 요인들이 집단 간 차이를 나타내지 못했다. 재외한인언론인 대부분이 네트워크 구축에 매우 긍정적인 태도를 갖고 있었기 때문이다.

4) 소결론

미국에서 활동 중인 해외 한인언론인의 평균적인 모습은 다음과 같다. 한국에서 언론사 등 직장에 근무하다 미국으로 이민 온 대졸 이상의 30대 초기 이민자들이 주로 활동하고 있었다. 가장 편안하게 사용하는 언어는 한국어였고 정서적 동질감을 느끼기 때문에 대다수의 한인언론인들은 한인사회와 활발한 교류를 펼치고 있었지만 취재의 범위가 한인에 국한되지 않아 한국어와 영어를 모두 사용하는 경우도 많았다. 한국에 대한 이들의 심리적 네트워크는 대단히 강해서 스스로를 한국인으로 규정하고 있는 자아정체성이나 민족지식, 민족의식 등이 높게 나왔다. 또 한국과 교류를 희망하고 기회가 주어진다면 한국에서 연수 기회를 갖고 싶다고 말하는 등 한국과 네트워크 형성에 강한 의욕을 보였다. 이와 함께 한인사회의 공동이익을 위해서는 현지 언론사가 공동보조를 취해야 한다는 생각도 강했다. 다만, 현지 여건상 언론사 또는 언론인과의 교류가 활발한 것은 아니었다.

재외한인 언론인들이 희망하는 네트워크 형태는 가상공동체를 활용하는 방법보다는 재외 한인기자협회 구성과 같이 오프라인의 조직체를 희망하고 있었다. 언론사들의 권익을 대변하고, 공동보조를 취할 수 있도록 구심점 역할을 수행해 줄 조직체를 희망하고 있었다.

한편, 재외한인언론인들은 상당히 높은 민족정체성을 유지하고 있었으며, 민족정체성과 사회자본 사이에는 상관관계가 존재하고 있었다. 연구에서 적용한 사회자본의 양이 크다는 것은 한국과 취재경험이 있고, 인터넷 이용을 많이 하며, 한민족 관련 지식을 많이 갖고 있는 사람을 가리킨다. 즉 조사대상자들 중 한국 관련 취재경험이 있고, 인터넷을 많이 이용하는 사람일수록 민족정체성이 더욱 뚜렷하다고 말할 수 있었다. 다만 현재 인터넷을 활용하는 수준이 상호작용적이고 심층적인 정보를 획득하기 위한 방편으로 활용되고 있지는 않았다. 이는 한국 정부 입장에서 재외 한인 언론인을 디아스포라적 민족정체성을 확산시키는 매개체로 활용하기 위해서 어떤 뒷받침을 해주어야 하는지 짐작할 수 있게 했다.

또한 조사대상자들의 민족정체성과 네트워크 구축 의사 사이에도 정적인 상관관계가 존재해서 민족정체성이 뚜렷하면 한국 정부가 참여하는 네트워크 구축 의사에도 더 많은 관심을 갖고 있었다.

한편, 이번 연구에서 아쉬운 점은 다음과 같다. 재미 한인 언론인들의 연결망을 엄밀하게 분석하지 못하였다는 점이다. 설문은 당초 재미한인 언론인들이 한국과 어떤 연결망을 형성하고 있고, 현지 언론사 구성원과는 어떤 연결망을 구성하고 있는지 파악하기 위한 항목들이 포함되어 있었다. 그러나 설문 수거 결과 이 부분에 대한 무응답률이 지나치게 높았다. 텔레포커스를 통해 확인한 바에 따르면 응답 내용이 사적인 부분이었기 때문에 응답에 거부감을 갖고 있었다는 면도 있었지만 그보다 조사대상자들의 대부분이 이와 같은 연결망에 포함되어 있지 않기 때문으로 풀이되었다. 취재를 위해 한국 내에 연락을 주고받는 취재원을 갖고 있는 경우도 많지 않았으며 현지 언론사와 연결망 역시 극히 일부를 제외하고는 형성돼 있지 않았던 것이다. 현지에서 발간되는 신문사나 방송사의 경우 제한적인 인원으로 언론을 운영하고 있는 경우가 대부분이어서 네트워크 구성이 제대로 형성돼 있지 않았다. 이에 따라 인터넷을 통해 한국관련 소식을 자주 접하고 있음에도 불구하고 전체 응답자의 극히 일부만이 한국 취재원과 지난 한 해 동안 접촉한 사실이 있다고 응답하였다. 도 현지 언론인과 교류하고 있는 언론인 역시 극소수여서 통계처리를 할 수 없었다.

이와 함께 이 연구는 모집단이 기자와 피디 등 언론인을 대상으로 한 것이었기 때문에 모두 고학력자의 20, 30대 젊은 층이었다. 또 비교적 최근에 이민 간 초기 이민자들로 구성돼 있었다. 따라서 통시적 관점에서 세대별 차이나, 한민족 정체성의 변화의 추이를 분석하는 것이 어려웠다.

IV
재중 한인 언론인의 네트워크와 민족정체성

1. 재중 한인사회와 언론

1) 중국지역 한인사회

중국에는 현재 200만여 명의 조선족이 거주하고 있는 것으로 집계되고 있다. 중국의 조선족은 중국 동북3성(길림, 요녕, 흑룡강성)에 주로 거주하고 있는데 특히 연변에 집중적으로 거주하고 있다.

길림성에 속해 있는 연변조선족자치주는 1952년 중국의 소수민족 통합정책의 일환으로 성립되었으나 1949년 중공 연변지위서기와 연변전원공서 전원으로 임명된 주덕해가 조선족 자치주를 주장한 것으로 알려지고 있다(장윤수, 2005). 길림성은 동북 3성의 중부에 위치하며 동쪽으로는 러시아, 동남쪽으로는 북한과 접경하고 있다. 또 남쪽으로는 요녕성, 서쪽으로는 내몽고 자치주, 북쪽으로는 흑룡강 성과 접하고 있는 지역으로 중국 조선족 사회 중 한국과 가장 밀접한 관계를 유지해 오고 있다. 길림성에는 인구 2,627만 명이 거주하고 있으며 조선족이 가장 많이 거주하는 연변조선족자치주의 인구는 약 218만 명에 이르는 것으로 추산되고 있다. 이 중 한족이 가장 많은 인구비율을 차지하고 있으며 한족 이외에 43개 소수민족으로 구성되어 있다. 기타 소수민족으로는 조선족을 비롯해 만족(104만 명), 몽고족(15만 명), 회족(12만 명), 석

백족(0.35만 명) 등이다. 행정구역은 8개 성 직할시와 연길(연변자치주도), 훈춘, 매하구, 도문 등이 있다.

심양은 동북 3성 중 하나인 요녕성에 속해 있다. 요녕성은 중국 동북지역의 남쪽에 위치하며 유럽과 아시아를 연결하는 요충지이다. 총인구 4,231만 명으로 길림성과 마찬가지로 다양한 소수민족으로 구성되어 있다. 한족과 만족, 몽고족, 회족, 조선족 등으로 구성되어 있으며 조선족의 인구는 약 20만 명으로 추산되고 있다. 심양시는 요녕성의 중부에 위치하고 있으며 중국의 개혁개방 이후 많은 조선족들이 이주해와 거주하고 있다.

마지막으로 안중근 의사로 더욱 친숙한 하얼빈은 동북 3성 흑룡강 성에 위치하고 있다. 중국에서 가장 큰 석유 공급기지이며 각종 자원이 풍부한 지역이다. 러시아와 접경하고 있으며 국경무역이 활발한 곳이다. 흑룡강성의 하얼빈에는 현재 15만 명가량의 조선족이 있으며 흑룡강 전체에는 40만 명이 거주하고 있는 것으로 추산되고 있다.

2) 중국지역 한인 언론

연변의 대표적인 신문인 연변일보만이 1948년 창간되었을 뿐 나머지 신문들은 대부분 1980년대 이후에 창간되었다. 중국의 개혁개방 정책이 본격화되면서 조선족 언론도 활성화되었기 때문이다(〈표 Ⅳ-1〉).

〈표 IV-1〉 중국 내 주요 조선어 신문 현황

신문명	창간일	형 태	비고(발행지역)
연변일보	1948.4.1	·일간지 ·조선어판(2만 1,000부) ·주간지 종합신문(1만 4,000부)	길림
길림신문	1985.4.1	·격일, 주 3회 ·화, 목요일판 4면, ·주말판 8면, 매회 5만부 발행	길림
조선족중학생신문	1989.5.1	·주간지(매주 월요일)	연길
종합신문	1997.1.6	·주간지(매주 월요일)	연변
중국조선족소년보	1985.1.3	·주 3간, 4절지, 4면	연길 ≪소년아동≫→≪연변소년보≫에서 제호 변경
동북과학기술신문	1981.9	·반월간	연길 ≪연변과학기술신문≫→≪동북조선족과학기술신문≫에서 제호변경
흑룡강신문	1957.3.1	·주간지(4절지 4면)	흑룡강 ≪목단강일보≫에서 제호변경
요녕신문	1958.10.1	·주간신문, ·타블로이드판 24면 ·매주 금요일 출간	요녕
요녕조선문보	1958.10.1	·주간지(주3회) ·타블로이드판 4면	요녕 ≪요녕일보≫→≪요녕조선문보≫→≪요녕신문≫에서 제호변경
라디오 텔레비신문		·주간지	길림
생활안내		·주간지	길림
스포츠		·주간지	길림
현대가정		·주간지	길림
금일요녕		·주간지	요녕

또 중국 내 조선어방송은 방송 전파 범위를 기준으로 세 차원에서 이루어지고 있다. 전국 어디에서나 들을 수 있는 전국 단위 조선어방송, 성 단위의 조선족 중심방송, 그리고 소지역단위로 지역 소식을 중국어 방송 도중 30-60분 정도 내보내는 방송 등이다(〈표 IV-2〉).

<표 IV-2> 중국 연변 주요 조선어 방송사 현황

방송명	개국일	형 태	비고(가시청지역)
흑룡강조선어방송국	1963.2.20	· FM 96.1MHz-매일 5시간방송 · FM 95.8MHz-매일 6시간방송	흑룡강
연변 TV방송	1977.12	· 텔레비전 · 주 126시간	길림
연길시 R/TV방송	1985.9	· R/TV · 주 157시간	길림
화룡시 R/TV방송	1956.3	· 텔레비전/라디오 · 주 56시간	길림
용정시 R/TV방송	1991.12	· 텔레비전 · 주 73시간	길림
도문시 R/TV방송	1977.2	· 텔레비전/라디오 · 주 113시간	길림
훈춘시 R/TV방송	1979.7	· 텔레비전/라디오 · 주 113시간	길림
왕청현 R/TV방송	1953.7	· 텔레비전 · 주 97시간	길림

다음은 중국내 한인 언론에 대한 개략적 설명이다.

(1) 연변일보

연변일보는 중국 내 조선족 언론 가운데 가장 먼저 생겨난 신문이며 대표적인 언론사이다. 중국 길림성 연변 조선족 자치주 위원회 기관지로 출간되고 있다. 한글판 〈연변일보〉는 1948년 4월 1일에 창간되었고 2000년 이후 4개면 매주 6회를 출간하고 있으며 1만4천여 부를 발행하고 있다. 1958년 1월 1일부터 중국어판 연변일보도 함께 발행하고 있다. 연변일보는 또 1979년 10월 1일부터 한글로 된 〈종합신문〉(시사주간지)을 16개면으로 발행하고 있고 1989년부터는 〈조선족 중학생 신문〉(주간지)도 제작하고 있다. 연변일보는 이처럼 현존하는 중국의 조선족 신문 중 가장 역사가 오래되었고 영향력 있는 대표 신문으로 볼 수 있다. 중국 공산당과 정부의 노선, 방침, 정책을 선전하고 중국 내 200만 조선족들의 정치 경제 문화 교육 등 다양한 분야의 소식을 전하고 있다. 통상 1면은 중요뉴스, 2면은 경제종합, 3면은 사회 교육 공안 체육 등을 다루고 있으며 4면은 국제 면으로 제작되고 있다.

창간 1년 정도가 지난 1949년 4월 1일 동북지역에서 만들어지던 3개 한글신문들인 〈연변일보〉, 〈단결일보〉, 〈민주일보〉를 〈동북 조선인민보〉로 합병하면서 잠시 연변일보의 모습이 사라진다. 이 신문은 중국 연변지역의 기관지로 동북 3성의 조선족 일간지 역할을 하였다. 매주 4개면에 6회 발행하였으며 1954년 12월 31일 정간되었다. 이후 1962년 당시 조은래 총리가 연변을 시찰하면서 관심을 보여 1967년 2월 25일에 연변일보 한글 및 중국어판을 〈신화사 전신〉으로 변경하였다. 한글판은 4개면에 일간지로, 중국어판은 4개면에 매주 6회 발행되었다. 그러다가 1968년 8월 1일 연변일보로 복간되었다.

(2) 흑룡강신문

흑룡강 신문은 1961년 〈목단강일보〉가 폐간되면서 흑룡강 지역에 조선어신문이 사라지게 된다는 현실을 감안해 창간되었다. 주간지로 창간된 흑룡강 신문은 동포 사회에 영향력이 가장 큰 신문으로 1963년부터 주 3회 발행, 그리고 1968년에는 매일 발행하는 체제를 갖추게 되었다. 이후 1983년 성급 독립신문으로 승격하면서 발행체제를 신문대판(2절지) 4면으로 전환했고 2000년부터는 1일 8면 발행체제로 발간되고 있다. 또 주말판 형식으로 일요특간을 발행하고 있는데 일요특간은 56면을 제작하고 있다. 2004년 3월 말 현재 전체 종사자는 128명으로 기자직 종사자는 42명이며 발행부수는 6만 5천여 부에 이르고 있다. 이 가운데 5만 5천부 가량이 유가지로, 나머지 1만부는 무가지로 배포되고 있으며 중국 내 조선어 인쇄매체로는 규모 면에서 가장 큰 것으로 알려져 있다.

흑룡강 신문의 창간초기 신문제호는 흑룡강일보(한글, 주간)로 4절지 4면으로 제작되었다. 1963년부터 매주 2회씩 발행한 데 이어 같은 해 7월부터는 격일간으로 발행하고 있다. 흑룡강 신문은 1979년 12월 12일 중공흑룡강성위 선전부의 동의를 거쳐 〈흑룡강일보(조선문보)〉를 〈흑룡강조선문보〉로 제호를 바꾸었다. 또 성에서는 1981년 6월 1일 흑룡강 조선문보와 별개의 조선문신문사를 설립할 수 있도록 비준했는데 이를 토대로 1983년 7월 흑룡강신문으로 발간되기 시작하였다. 이어 1985년 4월에는 신문사의 활동범위를 넓히고 조선문(조선족)신문을 재정적으로 지지하기 위해 성위 선전부의 비준을 거쳐 한문 경제지 〈치부정보신문〉을 창간하기도 했다. 이와 같은 역사 속에 발전해온 흑룡강 신문은 민족에 대한 보도를 우선하는데 최근 조선족 보도는 1면에 70%, 2-3면은 80-90%에 이르고 있다.

(3) 길림신문

길림신문은 1985년 4월 1일 연길에서 창간된 신문으로 조선족 언론 중에서 젊은 신문이라 할 수 이다. 현재 총 직원 40명 중 취재기자는 20명가량이며 주 3회 발행하고 있다. 길림성의 1백만 조선족을 대상으로 발행하는 성 단위 신문이다. 1954년 말 동북국이 철소되면서 〈동북조선인민보〉가 〈연변일보〉로 바뀌자 길림성에 거주하는 조선족을 대상으로 하는 신문이 없어지게 된 점을 감안해 창간되었다. 2절지 4면 격일간으로 발행되고 있으며 연변 이외 조선족 거주지를 대상으로 하고 있다. 길림신문은 젊은 신문답게 1999년부터 한국인의 중국 생활을 돕기 위해 〈동북저널〉 발행한 데 이어 최근에는 〈중국전지역의 뉴스를 한글로 보여주는 성급 우리말 신문〉을 표방하면서 인터넷판을 개설하기도 했다. 화·목요일판은 4면, 주말판은 8면으로 매회 5만부를 발행하고 있다.

길림성은 연변자치주를 제외한 산재지구에 40만 조선족인구가 거주하며, 길림성 성도인 장춘은 8만 조선족인구가 거주하며 성급 조선족지도자와 한국인 투자자들이 모여 사는 역동적인 곳이며, 농촌에서 도시로 진출한 조선족이 모여드는 곳이다. 그런 분위기에 영향을 받아서 그런지 길림신문은 조선족사회의 내부적인 문제점을 적나라하게 파헤치면서 또 새로운 역동성 보여주는 신문이라는 특징을 보여주고 있으며, 조선족사회 내부에서도 길림신문에 대한 기대가 높아지고 있다.

길림신문은 열악한 재정과 내부문제로 어려움을 겪다가 2005년 4월 남영전 사장 체제가 성립되면서 주변의 경제 기업인들로 구성된 지인들을 한데 모아 힘을 모으고 민족 신문이 살아 움직여야 한다는 필요성에 공감대를 형성하면서 재도약의 기반을 잡아가고 있는 것으로 알려졌다. 민족신문으로 거듭난다는 각오로 길림신문은 특별기획 '새 세기 조선족사회 새 현상'을 연재보도해 변화하는 조선족사회의 문제점을 과감하게 파헤쳐 호평을 받았다.

특히 법무부가 지난해 3·15 '동포귀국지원프로그램 실시' 정책을 펼칠 당시 중국으로 자진 귀국한 불법체류동포를 상대로 중국공안이 공항에서 벌금을 부당하게 부과한 사실을 보도하여 큰 반향을 일으키기도 했다.

창간 당시에는 연변일보사 편집위원회에 귀속돼 있었지만 1987년 3월 5일 연변일보에서 독립, 현재에 이르고 있다.

(4) 조선문보

요녕일보 그룹의 소속 신문 중의 하나이다. 현재 요녕일보그룹 산하에는 요녕일보를 위시하여 료심만보(遼瀋晚報), 반도신보(半島晨報), 북방신보(北方晨報), 시대상보(時代商報), 요녕농민보(遼寧農民報), 요녕법제보(遼寧法制報), 요녕조선문보(遼寧朝鮮文報), 가정과학(家庭科學), 생활도보(生活導報), 기자요람(記者搖籃) 외 인터넷북국(北國罔, http://www.lndaily.com.cn) 등 매체들이 포함되어 있다.

이중 요녕조선문보는 1958년에 창간되었다. 1958년 요녕성 부분 조선족유지인사들이 우리 글 신문을 꾸릴 것을 발기해 창간된 것이다. 당시 정봉규 씨, 강창희 씨 등 2명의 민족출판사(북경) 편집들이 요녕에 전근되어 조선문간행물을 꾸릴 준비사업에 착수했다. 1958년 8월 15일 요녕성의 유일한 소수민족신문인 〈요녕농민보(조선문농촌판)〉 시험호가 발간되었고 같은 해 10월 1일 정식으로 출간되었다. 출판초기 신문은 타블로이드판 4면으로 주 2회(매주 화요일과 금요일 출판) 발행되었으며 발행부수는 약 5천부 가량이었지만 편집내용은 주로 요녕일보를 번역하는데 그쳤다. 이어 1961년 경영난으로 문을 닫았지만 1965년 6월 우철희 씨(당시 요녕성 민족사무위원회 처장) 등 조선족유지인사들의 호소로 1965년 12월 복간되었다. 복간된 신문 제호는 〈요녕일보 농촌판(조선문판)〉으로 하고 판형은 역시 타블로이드판에 4면, 주 2회 출판했다. 내용은 번역을 위주로 하면서 조선족사회의 관련기사를 일부 취재해 실었다.

1968년 8월 이 신문은 문화대혁명의 여파로 다시 폐간되는 아픔을 겪어야 했지만 1979년 1월 요녕일보(조선문판)로 재탄생(주 3회 출간)했다. 이후 1982년 1월 제호를 〈요녕조선문보〉로 고쳤다가 1986년 1월부터 다시 〈요녕신문〉으로 변경했으며 판형은 타블로이드판 4면을 유지했다. 또 1992년 1월부터 판형을 타블로이드 배판으로 늘이고 동시에 컴퓨터식자조판을 실현함으로써 신문발전력사의 새 장을 열었는데 1995년 10월부터 제호를 〈조선문보〉로 고쳐 오늘에 이르고 있다.

(5) 연변텔레비전

연변 텔레비전의 전신격인 연변인민방송국은 1973년 12월 1일 화룡현 방송소에서 1kW의 텔레비전 시설을 갖추고 중국 최초의 조선어 텔레비전 방송을 개시하였다. 이어 1977년 12월 1일 연길텔레비전 중계방송소를 연길텔레비전으로 승격하였고 1981년 12월 16일 연변텔레비전 방송국으로 개칭하였다.

처음에는 중국 중앙TV 방송을 중계하는 역할이 대부분이었으나 1977년 말부터 자체 제작 프로그램을 송출하고 있다. 1983년 방송 송신시설을 건립해 연변주의 70% 가량이 가시청권 안에 들어오게 되었다. 또 1984년부터는 북경과 연길 사이에 마이크로웨이브가 개통되어 북경의 뉴스를 당일 시청할 수 있게 되었다. 그렇지만 대부분의 조선족이 중국어를 알아듣지 못하자 19984년 6월 4일부터는 중앙 TV의 뉴스를 우리말로 번역해 '국내외 뉴스'란 이름으로 방송하고 있다.

(6) 흑룡강 조선어방송

흑룡강조선어방송은 1963년 2월20일에 개국한 중국 내 유일의 성급 조선어방송으로 동북 3성 조선족은 물론 전국 2백만 조선족을 대상으로 방송하고 있다. 현재 중파 873kHz, 단파 5950kHz, FM 96.1MHz 매일 5시간 방송하고 FM 95.8 MHz로 매일 6시간 방송하고 있으며 가시청지역은 중국 흑룡강, 길림, 요녕, 내몽골 등지와 한국, 조선, 일본, 로씨야원동 지역을 포괄하고 있다. 흑룡강조선어방송은 조선족 동포 사회의 합법적인 권익을 신장한다는 기치아래 민족특성과 지방특성을 살릴 수 있는 내용의 방송을 제작 방영하면서 흑룡강성 대외개방의 중요 창구의 하나로 기능하고 있다. 또 한국 KBS에 일주일에 1회씩 정기적으로 방송 프로를 제공하여 한국에 흑룡강성의 인문지리 및 투자환경을 소개하고 있다. 내부 조직도는 보도방송부, 특집방송부, 문예방송부, 일요일생방송부, 종합정보부, 광고부 및 아나운서실을 두고 있다. 프로그램 내용은 매일 60분 동안 국내외, 성내외 뉴스정보를 내보내는 보도프로그램과 조선족사회의 경제, 문화, 교육, 법제 등 생활을 깊이 있게 보도하는 특집프로그램 등이 있다. 특집 방송으로는 〈오늘의 내고향〉, 〈법과 우리 생활〉, 〈도시선률〉, 〈열린교실〉, 〈60청춘 닐리리〉, 〈라디오 한담실〉 등이 있다.

한편, 일요일에는 청취자들의 전화참여로 〈우리 사는 세상〉과 〈음악 렬차〉 두 특설코너를 설치해 90분간 꾸려지고 있다.

2. 재중 한인언론인 네트워크와 민족정체성

중국 조선족 사회는 1992년 한중 수교 이후 한국과의 교류가 확대되어 한국 언론매체에 대한 접촉 기회가 늘면서 한국과 조선족 사회의 관계에 큰 폭의 변화를 경험하고 있다. 또한 중국 정부가 2002년부터 동북공정[7]을 본격적으로 추진하고 있다는 점에서 조선족 한국어 매체 종

---

7) 즉 '東北邊疆歷史與現狀系列硏究工程'을 말한다. 중국은 지난 2002년부터 '동북공정(東北工程)'이라는 프로젝트를 국책사업으로 하여 북경사회과학원 산하의 연구소에서 주도적으로 추진하고 있다. 이 프로젝트는 향후 5년간 우리 돈으로 약 3조원이라는 엄청난 금액을 투자하는 사업으로 이를 통해 현재 중국의 국경 안에서 전개된 모든 역사를 중국의 역사로 편입시키려는 의도를 가지고 있다. 이러한 중국의 논리는 '통일적 다민족국가'의 원리를 통해 고구려사를 비롯하여 고조선사, 발해사를 자의적으로 해석하여 대한민국의 근본 뿌리와 정통성을 갖는 나라들을 자국의 변방의 역사로 편입하려 하고 있다. 고구려는 B.C 2333년 우리나라 최초의 국가인 고조선의 강역과 맥을 이어온 국가이다. 고구려의 활동무대는 만주와 한반도 북부지역으로서 고구려인들은 다물정신을 가지고 수나라와 당나라의 끊임없는 침략을 물리치는 등 그들의 영역을 최후까지 지킨 나라이다. 중국의 주장대로 고구려사가 중국의 역사이면 한강 이북

사자들의 네트워크와 민족정체성을 고찰해보는 작업은 시기적으로도 중요한 의미를 지닌다고 볼 수 있겠다. 재미 한인언론인과 마찬가지로 재중 한인언론인의 네트워크는 한국 사회와 형성하고 있는 네트워크, 현지 언론인 사이의 네트워크 등 두 가지 측면에서 조사되었다.

연구결과, 조선어 TV를 매일 시청한다는 응답자가 88.5%에 이를 정도로 재중 한인들의 한국어 미디어에 대한 의존도가 매우 높은 것으로 확인됐다. 재미 한인언론과 마찬가지로 재중 한인을 대상으로 한 언론은 해당 지역에 대한 정보를 제공하고 문화장벽을 극복하는 데 도움을 줌으로써 현지 정착의 길잡이가 될 뿐만 아니라 한민족 전통문화의 정착과 계승에 기여하는 지렛대 역할을 수행하고 있다는 것을 확인할 수 있었다. 한민족 공동체로서의 공감대를 형성하고 유지하며 이를 토대로 네트워크로 확장시키는 과정에 한국어 언론매체의 중요성이 실증적으로 검증된 셈이다.

1) 조사대상 및 방법

(1) 조사대상 및 방법

중국 조선족은 규모 면에서 최대 재외동포 집단이며 한국어 언론활동 역시 활발한 지역에 속한다. 특히 길림성, 요녕성, 흑룡강성 등 이른바 동북 3성에 조선족의 97%가량이 모여 집거지를 이루고 있으며, 자연스럽게 조선족을 대상으로 하는 신문과 방송 등 언론 활동도 조선어

의 지역은 모두 중국의 역사로 편입되고 우리에게 남은 것은 5,000년의 역사가 아닌 일본의 역사보다도 짧은 2,000년의 역사를 지닌 나라, 강역도 한강 이남으로 축소된 역사와 전통이 없는 보잘 것 없는 민족이 된다. 중국은 과거 일본의 식민주의 사관, 황국사관에 의해 자행된 3차례의 교과서 왜곡파동의 피해를 직접 경험한 당사국이다. 이런 중국이 지금은 패권주의 역사관을 가지고 교섭(투쟁)의 역사인 동북아시아의 역사를 한족(漢族) 팽창의 역사로 만들어 한국을 비롯한 주변 국가들을 중국의 변방국가로 만들고자 하고 있다(이상 출처 네이버 백과사전).

(한글)로 이뤄지고 있다.

이번 연구는 조선족 사회에서 비교적 구독자나 수용자가 많고 전통이 오래 된 신문과 방송을 대상으로 실시됐다. 연구대상은 길림성 연길시에서 발행되는 일간신문 연변일보, 흑룡강성 하얼빈시에서 발행되는 일간신문 흑룡강신문, 요녕성에서 발행되는 일간신문 요녕신문이었고 방송은 연변의 연길TV와 연변TV이 포함되었다. 설문은 모두 150부가 배포되었으며 이중 불성실 응답 2부를 제외하고 최종분석에는 148명이 포함되었다(〈표 IV-3〉).

〈표 IV-3〉 중국 조사대상 지역 및 언론사

지 역	신 문	방 송
길림성	연변일보	연변 TV
		연길 TV
요녕성	요녕신문	
흑룡강성	흑룡강신문	

자료 수집은 구조화된 질문지를 이용하여 자기기입식으로 이뤄졌다. 조사는 연변대학교 교수의 지도 아래 2006년 2월말부터 4월초까지 조선어문학부 학생들이 면접원 역할을 맡아 이루어졌다. 분석은 사회과학통계팩키지프로그램인 SPSS(Ver. 12.0)을 이용하였으며 빈도분석, 교차분석, 상관관계 분석, 일원변량분석(ANOVA) 등을 실시하였다. 이와 별도로 4월초 중국 연변 지역을 직접 방문, 언론계 주요 인사들과 면접조사를 실시하였다.

연구 대상자를 특성별로 보면 성별로는 남자 61.9%, 여자 38.1%였으며, 연령별로는 20대 29.3%, 30대 초반(30세~34세) 31.3%, 30대 후반(35세~39세) 17.0%, 40대 18.4%, 50대 이상 4.1% 등이다. 또 언론사 근무경력이 5년차 이하 45.3%, 10년차 이하 36.5%, 11년차 이상 18.2

%등이며, 교육정도는 고등학교 졸업 이하 8.3%, 대학 졸업 77.8%, 대학원 이상 13.9% 등이다. 종사하는 매체별로는 연길TV 33.1%, 연변TV 27.0%, 연변일보 15.5%, 흑룡강신문 15.5%, 요녕신문 8.1% 등으로 구성됐다. 즉 재중 한인언론인은 20대와 30대 남자가 전체 조사대상자의 77.6%에 해당될 정도로 젊은 층으로 구성돼 있었고 성별로는 여자보다

〈표 IV-4〉 재중 한인 언론인 조사대상자의 특성

		빈 도	%
성 별	남자	91	61.9
	여자	56	38.1
연령대	20대	43	29.3
	30대초	46	31.3
	30대후	25	17.0
	40대	27	18.4
	50대 이상	6	4.1
언론사 근무경력	5년차 이하	62	45.3
	10년차 이하	50	36.5
	11년차 이상	25	18.2
교육정도	대학원 이상	20	13.9
	대학교	112	77.8
	고등학교 이하	12	8.3
소속 언론사	연길TV	49	33.1
	연변TV	49	27.0
	연변일보	23	15.5
	흑룡강신문	23	15.5
	요녕신문	12	8.1
	기타	1	0.7

남자가 많았다. 근무경력 또한 5년 이하 종사자들이 전체의 절반가량을 차지해 비교적 젊은 언론인들이 활동하고 있는 것으로 조사되었다. 또 언론사 종사자라는 직업의 특성상 대학졸업 이상의 학력을 가진 응답자들이 91.7%로 나타났다. 따라서 재중 한인언론인의 전형적인 모습은 대학졸업 이상의 학력을 가진 30대 젊은 남자들로 구성되어 있다고 말할 수 있었다(〈표 IV-4〉).

2) 한국 관련 취재경험과 정보원

조선족의 대표적인 집거지인 연변은 1992년 한중 수교 이후 한국과의 교류가 크게 확대되고 있다. 이를 반영하듯 조사 대상자의 3분의 2 이상이 지난 한 해 동안 한국과 관련된 내용을 취재한 경험이 있었다(〈표 IV-5〉). 조사대상자 가운데 64.2%가 지난 해 한국과 관련해 취재를 한 적이 있다고 응답했다. 성별, 연령대, 언론사 근무경력, 소속 매체의 특성(신문과 방송), 한국 관련정보 접촉 빈도 등과 한국 관련 취재경험과는 관련이 없었으나 한국 관련정보의 필요성과는 관련되어 있었다. 한국 관련 취재 경험이 있는 사람들이 한국 관련 정보가 훨씬 더 필요하다고 느꼈다(〈표 IV-5〉). '지난 한 해 동안 취재할 때 한국 관련 정보가 얼마나 필요한 정보'였는지를 5점 척도(필요하다고 느낄수록 5점에 가까움)로 측정한 결과, 취재경험이 있는 집단이 없는 집단보다 평균값이 훨씬 더 높았다.

〈표 IV-6〉 한국 관련 취재경험

	빈 도	퍼센트
있다	88	64.2
없다	49	35.8
합계	137	100.0

<표 IV-6> 취재경험 유무와 한국 정보의 필요성

한국 취재경험	평 균	사례수	표준편차
있다	3.62	66	1.064
없다	2.98	44	.952
합계	3.36	110	1.064

		제곱합	자유도	평균제곱	F	P
집단-간	(조합)	10.947	1	10.947	10.508	.002
집단-내		112.508	108	1.042		
합계		123.455	109			

F=10.508, P<.01

한국 관련된 내용을 취재하는 동안 가장 많이 이용했던 정보원은 정보화 시대를 반영하듯 인터넷이었다. 조사대상자의 78%가 인터넷을 통해서 한국 관련 정보를 수집하였다(<표 IV-7>). 또한, 평소에 한국과 관련된 뉴스를 접할 때 91%에 이르는 조사대상자가 온라인 방법을 이용(<표 IV-8>)하고 있었으며, 업무와 관련하여 한국으로부터 정보를 수집하고자 할 때 가장 선호하는 방법 역시 인터넷을 활용하는 방법이었다(<표 IV-9>). 실제로 조사대상자의 95%가 인터넷을 평소에 활용하고 있다고 응답했으며, 하루 평균 3시간 40분가량 인터넷을 이용하고 있었다. 이는 2차년도 수용자 조사 결과에서도 확인된 바 있다. 조선족 사회에서 개인용 컴퓨터를 소유한 가구가 44.1%에 달하고, 인터넷 사용자가 절반을 넘어선 58%에 이르는 것으로 나타났다. 특히 도심지역의 인터넷 보급률은 75.3%에 이르렀다. 인터넷은 재외 한인언론네트워크를 활용하여 국정홍보를 수행하고자 할 때 중요하게 고려되어야 할 대상이라고 할 수 있다.

<표 IV-7> 한국 관련 정보 취득 방법(복수응답)

	빈 도	퍼센트
인터넷 수집	91	77.8
한국정부 배포 자료	39	33.3
취재원 접촉 자료	29	24.8
사관 배포 자료	27	23.1
기타	28	23.9
(N=117)	214	182.9

<표 IV-8> 평소 한국 뉴스 접촉 방법

	빈 도	퍼센트
온라인	115	91.3
오프라인	11	8.7
합계	126	·100.0

<표 IV-9> 선호하는 한국 정보 수집 방법

	빈 도	퍼센트
인터넷 활용	115	84.6
정부기관과 전화 설치	8	5.9
재외공관 활용	5	3.7
정부기관 배포 자료	5	3.7
기타	3	2.2
합계	136	100.0

언론인이라는 직업적 특성 때문인지 조사대상자들은 평소에 한국 관련소식 자주 접하고 있었다(<표 IV-10>). 조사대상자의 40.5%가 거의 매일 한국 관련 소식을 접하고 있었으며, 주 1회 이상 접하고 있는 경우

는 85.7%에 이르렀다. 구체적으로 평소 한국 관련 뉴스를 접할 때 한국 신문사 홈페이지가 45.9%로 가장 많이 활용되고 있었다(〈표 IV-11〉). 다음으로는 포털 사이트(18.2%), 한국 방송사 홈페이지(17.6%)였으며, 정부기관 홈페이지를 자주 활용하는 경우는 6.1%에 불과했다.

〈표 IV-10〉 한국 관련 소식 접촉빈도

	빈 도	퍼센트
거의 매일	60	40.5
주 2~3회	23	15.5
주 1회	44	29.7
월 2~3회	18	12.2
거의 없음	3	2.0
합계	148	100.0

〈표 IV-11〉 자주 활용하는 온라인 방법

	빈 도	퍼센트
한국 신문사 홈페이지	68	50.0
한국 방송사 홈페이지	26	19.1
포털 사이트	27	19.9
정부기관 홈페이지	9	6.6
기타	6	4.4
합계	136	100.0

3) 재중 한인 언론인의 민족의식과 정체성

많은 연구자들이 민족정체성(identity)을 효과적으로 정의 내리는 일은 결코 쉬운 일이 아니라는 사실에 동의하고 있다. 스털먼(Stulman, 1999: 1013)은 민족정체성을 "국가에 의해 범위 지워진 정치적 공동사회 멤버들 간의 결속의 느낌"이라고 정의한다. 테이펄(Taifel, 1978: 63)은 "그가 속한 사회그룹의 구성원으로서의 가치관과 감정적 중요성과 함께 그 사회구성원에 대한 지식으로부터 나온 개인들 자각의 한 부분"을 사회정체성으로 정의하고 있다. 민족정체성이란 공유된 민족적 특성들로 인해 어느 한 민족집단에 대해 느끼는 소속감이라 할 수 있다. 이는 장기간의 공통된 경험과 기억, 공통된 운명의식, 그리고 이에 바탕을 둔 공통된 정서적 교감과 성향을 포괄적으로 의미한다. 이는 민족집단의 고유한 문화, 가치, 자긍심을 유지하면서 구성원을 통합시키는 이데올로기적 기능을 수행한다. 민족정체성은 공통의 생물학적, 역사적 기원, 그리고 문화를 소유하는 '범주로서의 사람들(a category of people)', 즉 '대자적 집단(a group in itself)'을 일련의 민족적 목표와 이해관계에 의해 강한 응집력과 연대감을 가진 '집단으로서의 사람들(a group of people)', 즉 즉자적 집단(a group for itself)으로 변환시키는 기반이 된다(윤인진, 1996).

이런 여러 정의에도 불구하고 개념의 모호성과 다면적인 특성 때문

<표 IV-12> 중국 조선족 언론인들의 민족의식

항 목	평 균	사 례
나는 조선족이라는 사실이 자랑스럽다	4.26	134
설날에는 가족이 반드시 모여야 한다	4.22	134
가까운 사람들의 경조사에는 반드시 참여해야 한다	4.22	134
한국문화와 역사에 대해 좀 더 알고 싶다	3.90	134
중국은 조국이며 한반도는 고국이다	3.88	134
한국에는 세계에 내놓아도 손색없는 유물 문화가 있다	3.84	134
여건이 허락한다면 한국 소식을 좀 더 소개할 의사가 있다	3.78	134
중국 언론에서 좋지 않은 한국 소식을 접할 때 수치심을 느낀다	3.63	134
한국과 조선족사회는 공동운명체이다	3.55	134

에 대부분의 기존 연구들에서 민족정체성이 혼용되고 있는 실정이다. 따라서 이 연구에서는 중국 조선족 언론인들의 모국에 대한 인지적, 감정적, 평가적 정향을 알아보기 위해서 9개의 진술문과 2개의 문항을 새롭게 구성하고 이에 응답하게 하였다. 9개의 진술문은 한민족으로서 소속감과 만족도, 한민족으로서 자긍심, 자신의 뿌리인 한민족에 대한 관심, 문화적인 동질감 등으로 구성하여 5점 척도(5＝매우 일치한다, 1＝거의 일치하지 않는다)로 측정하였다(〈표 IV-12〉).

중국 조선족 언론인들은 조선족으로서 자부심을 확고하게 가지고 있으며 한국에 대한 관심은 비교적 높았지만 조선족과 한국이 공동운명체라는 인식은 상대적으로 낮은 것으로 나타났다. 2차년도에 조사된 재미 한인동포들의 민족의식 결과와 간접적으로 비교해보면 이를 확인할 수 있다(〈표 IV-13〉). 재미 한인동포들은 한민족으로서의 자긍심('한국팀이 미국팀에 승리하면 기분이 좋아진다', '한국인이라는 사실이 자랑스럽다', '나(혹은 내 자녀)는 한국인과 결혼했으면 좋겠다')과 자신의

〈표 IV-13〉 재미 한인 동포들의 민족의식

항 목	평 균	사 례
한국팀이 미국팀에 승리하면 기분이 좋아진다	4.49	295
나의 조국은 역시 대한민국이다	4.45	297
한국인이라는 사실이 자랑스럽다	4.21	293
한국 문화와 역사에 대해 더 많이 알고 싶다	4.14	298
나(혹은 내 자녀)는 한국인과 결혼했으면 좋겠다	4.18	298
현재 한국에서 일어나는 사건들에 관심이 많다	4.13	188
미국을 칭찬하는 말을 들으면 기분이 좋아진다	2.80	294
다시 태어난다고 하더라도 미국에 태어나고 싶다	2.86	292
영어를 사용하는 것이 더 편하다	2.40	297
나의 가장 가까운 친구가 백인이었으면 좋겠다	2.19	295

뿌리에 대한 관심('한국 문화와 역사에 대해 더 많이 알고 싶다', '현재 한국에서 일어나는 사건들에 관심이 많다')이 매우 높았다. 따라서 현지 사회에의 동화('미국을 칭찬하는 말을 들으면 기분이 좋아진다', '영어를 사용하는 것이 더 편하다') 또는 민족정체성의 상실 정도('다시 태어난다고 하더라도 미국에 태어나고 싶다' '나와 가장 가까운 친구가 백인이었으면 좋겠다')는 매우 낮게 나타났다. 이는 다음에 제시될 자신의 민족정체성과 관련지어보면 보다 분명해질 수 있을 것으로 판단되어 자세한 논의는 뒤로 미루고자 한다.

중국 조선족 언론인들이 조선족으로서 자부심과 민족의식은 지니고 있었지만, 스스로의 정체성에 대해선 차이를 보였다. '중국인과 조선족 중 어느 쪽이 우선한다고 생각하는지', '독일 월드컵에서 한국과 중국이 시합할 경우 어느 팀을 응원할 것인지'에 대해선 의견이 엇갈렸다. 앞서 민족의식에서 살펴보았듯이 조선족으로서 자부심이 매우 높음에도 불구하고 조사대상자의 43.5%가 '중국인이 우선한다'고 생각하고 있었다. '조선족이 우선한다'는 조사대상자는 27.9%에 불과했다.

또한, 한국과 중국이 시합할 경우에 조사대상자의 61%가 '중국팀을 위주로 응원하겠다'고 응답했다. '한국팀을 위주로 응원하겠다'는 응답은 조사대상자의 17.8%에 불과했다(〈표 IV-14〉). 두 항목간의 교차분석을 실시한 결과, 자신의 정체성이 중국인에 가깝다고 생각하는 언론인일수록 중국팀을, 자신의 정체성이 조선족에 가깝다고 생각하는 언론인일수록 한국팀을 주로 응원하겠다고 응답했다(〈표 IV-15〉).

이와 같은 결과를 놓고 보면, 한민족공동체의 성원으로서 조선족보다는 중국내 소수민족으로서 조선족이라는 인식을 갖고 있는 언론인들이 많다고 여겨지며, 조선족의 정체성을 보다 확고히 할 때 한민족 공동체의 성원이라는 인식이 보다 높아질 수 있음을 확인할 수 있다.

〈표 IV-14〉 중국 조선족 언론인들의 민족 정체성

중국인과 조선족 어느 쪽이 우선			한국과 중국 어느 팀을 응원		
	빈도	퍼센트		빈도	퍼센트
중국인만	36	24.5	중국팀만	27	18.5
중국인 위주로	28	19.0	중국팀 위주로	62	42.5
모두 다	42	28.6	두 팀 다	31	21.2
조선족 위주로	30	20.4	한국팀 위주로	20	13.7
조선족만	11	7.5	한국팀만	6	4.1
합계	147	100.0	합계	146	100.0

〈표 IV-15〉 자신의 정체성에 따른 응원팀

응원팀	중국인 또는 조선족 우선			전 체
	중국인 쪽	모두 다	조선족 쪽	
중국팀 쪽	90.6%	40.0%	34.1%	60.7%
두 팀 다	6.3%	42.5%	24.4%	21.4%
한국팀 쪽	3.1%	17.5%	41.5%	17.9%
전체	100.0%	100.0%	100.0%	100.0%

$\chi2=52.894$, $df=4$, $p<.01$

실제로 자신의 정체성을 어떻게 규정하는가에 따라 민족의식에 있어서도 차이를 보였다. 자신의 정체성과 응원팀에 따라 민족의식과 관련한 6개 항목(결과표에는 5개씩만 제시)에서 인식의 차이를 보였다. 조선족에 가깝다고 생각하는 언론인들이 더 확고한 민족의식을 보여주었다(〈표 IV-14〉). 또한, 한국과 중국이 시합할 경우에 중국팀 위로 응원하겠다는 언론인들보다 한국팀 위주로 응원하겠다는 언론인들이 더 확고한 민족의식을 보여주었다(〈표 IV-15〉).

중국인에 가깝다고 생각하는 언론인들과 조선족에 가깝다고 생각하는 언론인들은 〈표 IV-16〉에 제시된 1번(3.03 대 4.05), 4번(3.51 대 4.38), 5번(3.48 대 4.35) 진술문에서 1점 가량 평균값의 차이가 났다.

마찬가지로 중국팀을 위주로 응원하겠다는 언론인들과 한국팀을 위주로 응원하겠다는 언론인들이 〈표 IV-17〉에 제시된 4번 항목을 제시하고 나머지 모든 항목에서 1점 가량의 평균값 차이를 보였다.

<표 IV-16> 자신의 정체성에 따른 민족의식

항 목	중국인 쪽	모두다	조선족 쪽	평 균
중국언론에서 좋지 않은 한국 소식을 접할 때 수치심을 느낀다	3.03	3.77	4.05	3.52
나는 조선족이라는 사실이 자랑스럽다	4.05	4.50	4.30	4.25
한국문화와 역사에 대해 좀 더 알고 싶다	3.75	3.86	4.20	3.90
중국은 조국이며 한반도는 고국이다	3.51	3.79	4.38	3.83
한국에는 세계에 내놓아도 손색없는 유물 문화가 있다	3.48	3.78	4.35	3.81

			제곱합	자유도	평균제곱	F	p
1번	집단-간	(조합)	29.125	2	14.562	15.697	.000
	집단-내		130.812	141	.928		
	합계		159.937	143			
2번	집단-간	(조합)	5.364	2	2.682	3.844	.024
	집단-내		99.759	143	.698		
	합계		105.123	145			
3번	집단-간	(조합)	5.115	2	2.557	3.279	.041
	집단-내		111.543	143	.780		
	합계		116.658	145			
4번	집단-간	(조합)	18.497	2	9.249	9.236	.000
	집단-내		142.192	142	1.001		
	합계		160.690	144			
5번	집단-간	(조합)	18.717	2	9.358	10.486	.000
	집단-내		125.839	141	.892		
	합계		144.556	143			

〈표 IV-17〉 월드컵 응원팀에 따른 민족의식

항 목	중국 팀 쪽	두 팀 다	한국 팀 쪽	평 균
중국 언론에서 좋지 않은 한국 소식을 접할 때 수치심을 느낀다	3.16	3.93	4.16	3.50
중국은 조국이며 한반도는 고국이다	3.58	4.06	4.40	3.83
한국과 조선족사회는 공동운명체이다	3.26	3.80	4.04	3.52
여건이 허락한다면 한국 소식을 좀 더 소개할 의사가 있다	3.57	4.00	4.16	3.77
한국에는 세계에 내놓아도 손색없는 유물 문화가 있다	3.52	4.03	4.40	3.78

			제곱합	자유도	평균제곱	F	p
1번	집단-간	(조합)	26.749	2	13.374	14.078	.000
	집단-내		132.999	140	.950		
	합계		159.748	142			
2번	집단-간	(조합)	15.346	2	7.673	7.445	.001
	집단-내		145.314	141	1.031		
	합계		160.660	143			
3번	집단-간	(조합)	14.618	2	7.309	6.978	.001
	집단-내		139.316	133	1.047		
	합계		153.934	135			
4번	집단-간	(조합)	8.890	2	4.445	5.046	.008
	집단-내		122.441	139	.881		
	합계		131.331	141			
5번	집단-간	(조합)	17.588	2	8.794	9.874	.000
	집단-내		124.692	140	.891		
	합계		142.280	142			

더불어, 연령이 낮고 경력이 짧을수록 중국팀을 위주로 응원하겠다는 응답이 높게 나왔다(〈표 IV-18〉). 조선족 사회에서도 세대가 거듭될수록 민족정체성이 약화되고, 세대 간의 격차가 커지고 있음을 간접적으로 보여주는 결과이다.

<표 IV-18> 연령대별 월드컵 응원팀

응원팀	연령대					전 체
	20대	30대초	30대후	40대	50대 이상	
중국팀 쪽	73.8%	56.5%	66.7%	48.1%	33.3%	60.7%
두 팀 다	16.7%	23.9%	4.2%	40.7%	16.7%	21.4%
한국팀 쪽	9.5%	19.6%	29.2%	11.1%	50.0%	17.9%
전체	100.0%	100.0%	100.0%	100.0%	100.0%	100.0%

$\chi^2 = 19.156$, $df = 8$, $p < .05$

<표 IV-19> 경력별 월드컵 응원팀

응원팀	경 력			전 체
	5년차 이하	10년차 이하	11년차 이상	
중국팀 쪽	66.7%	64.0%	32.0%	59.3%
두 팀 다	16.7%	18.0%	40.0%	21.5%
한국팀 쪽	16.7%	18.0%	28.0%	19.3%
전체	100.0%	100.0%	100.0%	100.0%

$\chi^2 = 10.143$, $df = 4$, $p < .05$

이와 같은 세대 간의 격차 이외에도 한중수교 이후 활발하게 이루어진 한국과의 교류 과정에서 발생된 여러 가지 부정적인 현상(불업취업, 부당노동행위, 사기 등등) 등 다른 요인들과 관련지어 보다 심도 깊은 연구, 조사가 뒷받침되어야 할 필요성이 제기된다.

한 가지 더 눈여겨 볼 수 있는 결과는 저널리즘적 성격이 강한 신문 매체 종사자들이 방송매체 종사자들보다 상대적으로 민족의식이 확고하다는 점이다(<표 IV-20>).

<표 IV-20> 종사하는 매체 종류에 따른 민족의식

항 목	방송인	신문인	평 균
중국 언론에서 좋지 않은 한국 소식을 접할 때 수치심을 느낀다	3.30	3.84	3.51
한국 문화와 역사에 대해 좀 더 알고 싶다	3.72	4.19	3.90
중국은 조국이며 한반도는 고국이다	3.59	4.21	3.84
여건이 허락한다면 한국 소식을 좀 더 소개할 의사가 있다	3.58	4.07	3.78
한국에는 세계에 내놓아도 손색없는 유물 문화가 있다	3.66	4.02	3.80

			제곱합	자유도	평균제곱	F	p
1번	집단-간	(조합)	10.337	1	10.337	9.732	.002
	집단-내		151.897	143	1.062		
	합계		162.234	144			
2번	집단-간	(조합)	7.775	1	7.775	10.354	.002
	집단-내		108.891	145	.751		
	합계		116.667	146			
3번	집단-간	(조합)	13.265	1	13.265	12.838	.000
	집단-내		148.790	144	1.033		
	합계		162.055	145			
4번	집단-간	(조합)	8.235	1	8.235	9.380	.003
	집단-내		124.654	142	.878		
	합계		132.889	143			
5번	집단-간	(조합)	4.562	1	4.562	4.639	.033
	집단-내		140.638	143	.983		
	합계		145.200	144			

평소에 얼마나 한국과 관련된 뉴스나 정보에 관심을 기울이고 있는 지를 알아보기 위해 난이도가 서로 다른 역사, 시사내용을 15개 항목으로 구성(이하 '민족지식')하여 응답하도록 하였다.

조선족 언론인들은 평균 6개가량(최소값=0, 최대값=11) 맞춰 관심에 비해 지식수준은 상대적으로 낮았다. 언론사 근무경력이 많고, 신문사에 종사하는 언론인일수록 한국과 관련한 역사, 시사상식이 더 풍부했다(〈표 IV-21〉, 〈표 IV-22〉). 또한, 자신이 조선족에 가깝다고 생각하고, 한국팀을 위주로 응원하겠다는 응답자들이 민족지식 점수가 더 높았다(〈표 IV-23〉, 〈표 IV-24〉).

〈표 IV-21〉 경력별 민족지식 평균

경 력	평 균	N	표준편차
5년차 이하	5.97	62	2.846
10년차 이하	5.50	50	2.705
11년차 이상	7.64	25	2.737
합계	6.10	137	2.858

F=5.087. p〈.01

〈표 IV-22〉 종사 매체종류별 민족지식 평균

종사 매체종류	평 균	N	표준편차
방송인	4.98	89	2.246
신문인	7.41	59	2.954
합계	5.95	148	2.809

F=32.171. p〈.01

〈표 IV-23〉 자신의 정체성과 민족지식 평균

자신의 정체성	평 균	N	표준편차
중국인쪽	5.19	64	2.975
모두 다	6.10	42	2.555
조선족쪽	7.00	41	2.500
합계	5.95	147	2.817

F=5.577. p〈.01

<표 IV-24> 월드컵 응원팀과 민족지식 평균

응원팀	평 균	N	표준편차
중국팀쪽	5.00	89	2.527
두팀 다	6.55	31	2.392
한국팀쪽	8.65	26	2.297
합계	5.98	146	2.812

F=23.243, p<.01

또한, 민족의식과 민족지식 점수는 정적인 상관관계가 있었다(<표 IV-25>).

<표 IV-25> 민족의식과 민족지식 점수의 상관관계

		민족지식
중국언론에서 좋지 않은 한국 소식을 접할 때 수치심을 느낀다	Pearson 상관계수	.412(**)
	유의확률 (양쪽)	.000
	N	145
한국문화와 역사에 대해 좀 더 알고 싶다	Pearson 상관계수	.262(**)
	유의확률 (양쪽)	.001
	N	147
중국은 조국이며 한반도는 고국이다	Pearson 상관계수	.245(**)
	유의확률 (양쪽)	.003
	N	146
한국과 조선족사회는 공동운명체이다	Pearson 상관계수	.174(*)
	유의확률 (양쪽)	.041
	N	138
여건이 허락한다면 한국 소식을 좀 더 소개할 의사가 있다	Pearson 상관계수	.284(**)
	유의확률 (양쪽)	.001
	N	144
한국에는 세계에 내놓아도 손색없는 유물 문화가 있다	Pearson 상관계수	.380(**)
	유의확률 (양쪽)	.000
	N	145
설날에는 가족이 반드시 모여야 한다	Pearson 상관계수	.249(**)
	유의확률 (양쪽)	.002
	N	146

* 상관계수는 0.05 수준(양쪽)에서 유의합니다.
** 상관계수는 0.01 수준(양쪽)에서 유의합니다.

4) 재중 한인 언론인의 네트워크 구축방안

3차년도 연구의 핵심과제 중의 하나는 재외 한인언론인 네트워크를 구축하는 방안을 마련하는 것이다. 따라서 한국어 매체들이 활성화되어 있고, 재외 한인사회 가운데 대규모의 공동체를 형성하고 있는 중국 조선족 언론인의 네트워크 참여 여부는 언론인 네트워크 구성에 있어 핵심적인 요소라고 할 수 있다.

한인 사회의 공동 이익을 위해 현지 언론사와 한국의 정부기관이 참여하는 네트워크를 구축하는 것에 대해서 조선족 언론인들은 긍정적인 태도를 보였다. 조사대상자의 83.1%가 네트워크에 참여할 의사가 있었다(〈표 IV-26〉).

〈표 IV-26〉 네트워크 참여 여부

	빈 도	퍼센트
있다	118	83.1
없다	24	16.9
합계	142	100.0

앞서 살펴보았듯이 상대적으로 민족의식이 확고하고, 한국과 관련한 지식이 풍부한 신문사 종사 언론인들이 방송사 종사 언론인들보다 참여 의사가 더 많았다(〈표 IV-27〉).

〈표 IV-27〉 종사 매체종류별 네트워크 참여 여부

		종사하는 매체종류		전 체
		방송인	신문인	
네트워크 참여 의사	있다	77.4	91.4	83.1
	없다	22.6	8.6	16.9
전체		100.0	100.0	100.0

$x^2=4.787$, df=1, p<.05

네트워크 참여 형태는 앞서 살펴보았듯이 상대적으로 민족의식이 확고하고, 한국과 관련한 지식이 풍부한 신문사 종사 언론인들이 방송사 종사 언론인들보다 참여 의사가 더 많았다.

네트워크 형태는 가상공동체와 같은 온라인 네트워크를 재외한인 기자협회와 같은 오프라인 네트워크보다 조금 더 선호하는 것으로 나타났다(〈표 Ⅳ-28〉).

〈표 Ⅳ-28〉 네트워크 선호 형태

	빈 도	퍼센트
가상 공동체	73	55.7
재외한인 기자협회	58	44.3
합계	131	100.0

한민족 공동체 네트워크가 구축될 경우에 어떤 형태로 상호 교류가 이뤄지기를 바라는지를 알아보기 위해 4개의 진술문을 구성하여 질문하였다. 조선족 언론인들은 가장 우선 '조선족 사회의 공동이익을 위해 다른 언론사와 공동보조를 취해야 한다'고 생각했다. 다음으론, 한국 연구기회 제공, 한국 언론인 또는 언론단체와의 교류, 한국 정부의 제도적, 재정적 지원 등을 바라고 있었다(〈표 Ⅳ-29〉).

〈표 Ⅳ-29〉 네트워크 참여 여부

	평 균	사 례
조선족 사회의 공동이익을 위해 다른 언론사와 공동보조를 취해야한다	4.12	144
기회가 주어진다면 한국에서 연수 기회를 갖고 싶다	4.02	145
한국의 언론인 또는 언론 단체와 교류가 필요하다	3.99	145
재외동포들의 공동이익 증진을 위해 한국 정부가 제도적 재정적 지원을 늘려야한다	3.94	143

5) 심층면접

(1) 연변일보 김천 주필

연구자 : 현지 언론사들과 공동보조에 관해 여쭙겠습니다. 연변일보가 여기 길림신문이나 흑룡강신문, 요녕 신문 등 한인 언론사끼리 한민족 문제에 관해서 공동보조를 취하는 그런 경우가 있는지? 아니면 언제든 지 각각 개별적으로 취재 활동을 하시는지 궁금하네요.

김 천 : 사실 연변일보를 비롯해 조선족 언론지들이 필요에 의해서 공 동취재라든가 그런 걸 할 수 있는데 저희들 경우에는 보통, 좀 어떤 자 존심이랄까. 별로 그 사람들하고 같이 어울려가지고 공동기획 형식으로 취재활동을 전혀 안하고 있다. 독자적으로 해왔다. 예를 들면 작년에 '조선족 겨레 삶의 현장 보고서'라는 연변일보 역사에서 사상 최초로 조선족 발자취를 따라서 취재를 한 적이 있는데, 전국 12개 대도시를 돌면서 우리 조선족들이 어떻게 살고 있는가, 그들의 삶의 진로라든가 도시에서 어떤 선진 문화를 배워가면서 어떤 노력을 하고 있는가, 어떤 삶을 추구하고 있는가 그런 것들을 르포형식으로 취재했다. 모두 70여

편이 연재물로 나갔다. 사진 한 150편 정도 신문에 나갔고, 코롱하고 기아자동차에서 취재용 차 카니발을 제공하고 그리고 여기 성보호텔에서 6만원 회장이 지원했고, 그 외에 조선족 기업가들이 노트북이라든가 사진기, 카메라 이런 걸 지원해줘서 작년에 아주 무난하게 잘됐다.

연구자 : 그러니까 특집 기사를 대대적으로 냈단 얘기냐. 길림신문하고 공조가 잘 되는가 싶었더니 제일 신문으로서 그런 필요성을…….

김 천 : 저희들은 전혀 그런 거 못 느낀다.

연구자 : 그래도 다른 기타 신문들은 꽤 아쉬워하고 도움을 요청하고 그러지 않나?

김 천 : 취재활동 상 그런 거는 없어도 우리가 연변일보 신문연구소를 만들어 가지고 신문연구라는 학술지를 펴내고 있다. 거기에 흑룡강 신문이라든가 길림신문, 요녕신문, 연변TV방송국, 라디오 방송국 기자들의 논문을 많이 싣고 있다. 그 정도 수준의 관계를 제외하고는 없다고 보는 것이 좋다.

연구자 : 그러니까 연구 활동은 같이 하지만 취재활동은 역시 별개다 그런 말인가.

김 천 : 그렇다. 우리들은 오기가 있다. 지금 58년 역사를 가지고 있는데 남들과 공동으로 연계를 하지는 않는다.

연구자 : 마치 서울대가 지방대하고 같이 하잔 말 안하는 거랑 똑같다. 그리고 한국 정부에서는 연변일보에 관심을 많이 가지고 있는 것으로

보이는데 한국정부하고는 어떤 관계인지, 취재가 됐든 다른 용건이 됐든 서로 어떤 관계를 갖고 있는 건지.

김 천 : 한국 정부하고는 공식적인 관계는 없다. 왜냐하면 우리가 공산당 당보고 기관지이기 때문에 공식적인 어떤 연결을 갖기가 조금 불편한 그런 상황에 있다. 다만 외교 통상부 산하 재외동포 재단하고는 지원을 주고받고 있다. 한국언론재단 쪽에서도 지원받고 있다. 일 년에 한 번씩 한국기자협회에서 조직하는 재외동포 기자 대회에 우리가 간다. 재외동포 기자들이 세계 각국에서 오는데 100여 명 되는 언론인들을 만나서 서로 교류하고 배우고 세미나도 한다. 한국 기자협회 회장이 이제 4년간 이끌어 왔고 우리도 해마다 초청되어 참가하고 많은 걸 배웠다.

연구자 : 한국언론재단은 정부 산하기관이 아닌데 재외동포기관은 산하기관이라고 보면 정부쪽에 지원이라고 볼 수 있지 않을까? 재외동포재단에서 돕는 것은 기자대회 말고 다른 것이 있나?

김 천 : 해마다 취재도구라든가 액수는 많지 않아도 인민폐 4~5만원 정도 지원을 받고 있다. 큰돈은 우리가 기대하기 힘드니까 바라지도 않는다.

연구자 : 근데 신문사 차원에서 서로 특파원 교류라던가 특집기사 교류 그런 건 없나?

김 천 : 그런 건 있다. 자매결연지로는 중앙일보하고 대구매일, 한라일보 그렇게 있는데 실질적으로 중앙일보하고 많이 교류하고 있다. 2001년에 중앙일보 중국어 사이트를 우리들이 번역센터를 만들어가지고 제

공한 적이 있다.

연구자 : 거기선 아주 큰 도움이 되었겠다.

김 천 : 그렇다. 중앙일보 중국어 사이트를 ftp 방식으로 전송해오면 우리가 다 번역해서 보내주고. 이게 쭉 계속 되다가 그 쪽에서 해보니까 적자다 해서 그만뒀다. 작년에 다시 개설하려고 준비를 다 해놓고 이제 사장이 동의해야 하는데 거기에 대표이사가 2인 체제 되어가지고 한 쪽의 사장은 동의하고, 한쪽 사장이 이걸 저번에 실패했는데 수익 모델이 되겠느냐. 그래서 그걸 잠시 접어두자 해서 우리가 기다리는 중이다.

연구자 : 일종의 기사협력이라고 볼 수 있는 부분이다. 그밖에 인적협력은 없는가?

김 천 : 조선일보가 운영하는 디자인 센터에 센터장을 파견해 지면설계, 지면 디자인에 대해 아주 계통적으로, 체계적으로 배운 적이 있다. 그래서 아마 그 면에서는 중국 내 조선족 신문들 가운데서 가장 한국식으로 잘 되어 있을 것이다. 또 개별적으로 한국과 교류는 활발한 편이다. 한국의 숭실대, 성균관대에 유학을 간 사원도 있고, 일본 아사히신문의 〈아사히 네트워크 신문연구소〉에서 연구 중이거나 연구를 마치고 귀국한 사원도 여러 명 있다. 아무래도 여기서도 해외파가 주도적인 지위를 차지한다.

연구자 : 연변자치주가 해체된다는 얘기가 국내 신문에 보도된 적이 있는데 현재 어떤 상황인가.

김　천 : 연길하고 용정하고 도문이 통합 도시가 된다는 것으로 몇 년 전부터 수년 전부터 이야기가 있었고 이를 추진하려고 중앙정부에도 여러 번 계획을 세운 적이 있는데 이번에 공식적으로 처음 언급이 된 것 같다. 자치주 당 위원회하고 정부에서 11차 5개년 계획, 그러니까 올해부터 5년간 이 프로젝트를 전격 추진하기로 했다. 본격적으로. 근데 왜 이런 구상을 내놓았느냐 하면. 여러 가지로 경제발전을 기획하면서도 가상이 미흡한 게 도시효과이다. 굳이 연길시가 이 상황에서 도시 확장을 하려면 한계가 많다. 그러니까 지금 연변에서도 중국 전역에 있는 성공 모델을 검토하였다. 그 결과 몇 개 도시를 통합해서 한 개 대도시로 만드는 게 훨씬 시너지 효과가 컸다. 그래서 이 모델을 정한 것이다.

연구자 : 그러니까 자치주 이름은 그대로 있으면서 그렇게 되는가?

김　천 : 연변 역사에서 보자면 자치주 한정구역이 변동된 것이라고 할 수 있다. 자치 성격은 변함없고 이걸 전제로 하는 것이다. 그런데 자치주를 없앤다는 말은 전혀 말도 안 된다. 자치주 정부에서 자치주 당위원회하고 앞으로 자치지역이 그 역할을 하고 발전을 한 단계 업그레이드 하는 그런 차원에서 내 놓은 거지 자치주의를 없앤다 이거는 말도 안 된다.

연구자 : 연변일보가 이런 문제에 관해서는 민감하다, 처신하기 어렵다 하는 상황이 있지 않을까 싶다. 탈북자 문제라든지 동북아 공정이라든지 중국과의 외교관계에서. 예를 들면 탈북자 문제는 북한하고도 문제가 되고 중국하고도 문제가 될 것이다. 하여간 중국정부하고 한국정부하고 껄끄러울 때 그 때 입장이 난처할 텐데 그럴 땐 어떻게 하는가?

김　천 : 우리가 당 기관지이기 때문에 그런 것은 전혀 기사를 못 다룬다. 그런 기사는 신화사 기자 외에는 못 다루게 되어 있다. 탈북자 등의 문제는 어떤 신문이건 공식적으로 못 다룬다. 우리들뿐만 아니라 길림신문이나, 흑룡강신문이나 요녕신문이나 다 못 다룬다.

연구자 : 그렇다면 기본적으로 다른 북한 문제에 관해서는 어떤 입장으로 취재하는지 궁금하다.

김　천 : 우리 신문 성격의 가장 중요한 특성 가운데 하나가 조선족들과 한국인들을 수용자 대상으로 하고 있다는 점인데 특히 북에 대해서는 아주 유연하게 많이 다룬다. 어떤 기사는 직접적으로 아니면 간접적으로. 사건 보도 가운데서도 북한의 경외 침입자가 마약 가지고 활동했다 하는 내용 등 우리 신문에 엄청 많이 나간다. 그런 걸 다룰 수 있다. 그리고 우리들이 북한의 민주조선하고 또 자매결연 사이이다. 그리고 조선 기사 동맹 중앙 위원회하고는 일 년에 한 번씩 왔다 갔다 하는 사이이고 내가 그 쪽하고는 파트너이다.

연구자 : 화교 조직이 세계적으로 잘 꾸며져 있는데 한국에서도 한상, 한국 네트워크를 만들고자 한다. 그것을 한민족 공동체라고 하는데 한민족 공동체를 만든다고 할 때 한국 정부가 어떤 것을 해줬으면 좋겠는가. 어떻게 생각하는가?

김　천 : 그런 거는 좀 큰 틀에서 접근하는 것이 좋을 것 같다. 지금 재외동포재단의 한 해 예산이 대략 200억 정도 되는 것으로 알고 있다. 근데 한 400억 정도로 200억을 증액하면 어떨까. 직접적으로 언론사를 돕는 일 말고도 해야 할 일은 많다. 예를 들어 재외동포들이 한국에 입국할 때 필요한 비자발급비가 있다. 그게 인민폐로 한 300원 정도 든다.

이걸 딱 떼서 재외동포 예산에 넣으면 400억 정도 된다. 그러면은 재외동포 재단도 제구실을 좀 할 수 있지 않은가. 개인적으로 그렇게 생각한다. 그 다음에는 역시 중국하고 구소련에 살고 있는 그런 사람들 비자비도 마찬가지다. 나아가 가능하다면 현지 언론사에 지속적으로 지원금을 좀 더 큰 액수로 본 줘야 하지 않겠는가 생각한다. 또 돈을 지원한다는 그 차원보다도 서로간의 실질적인 혜택, 예를 들면 한국에 파견해서 메이저 신문에 연수할 수 있는 기회를 제공한다든지 또는 재외동포 언론지들 사이에 서로 파견 기자를 보낸다든가. 그런 실질적인 것을 만들어 주었으면 좋겠다.

연구자 : 아주 고맙다. 중요한 얘기를 잘 해 주셔서…….

(2) 연변방송-남 철 국장

연구자 : 연변방송의 역사가 상당히 오래된 것으로 알고 있다.

남 철 : 금년이 60주년이다. 금년 7월 1일에 60주년 기념행사를 앞두고

있다.

연구자 : 행사내용은?

남　철 : 하나는 우리 방송이 걸어온 60년간의 역사를 화책으로 만드는 작업, 그리고 우리 방송 야회를 조직하는 일이다. 우리가 국내 손님을 한 오백 명 정도 청할 예정이다. 그리고 또 지금까지 우리 방송을 적극적으로 물심양면으로 지원해주신 분들을 모실 예정이다. 이런 많은 분들의 협조가 있었기 때문에 또 우리 방송이 오늘날까지 이렇게 커 올 수 있었다. 특히 중한 수교 후 한국 측하고 많은 연계가 있었다. 우리가 지금 여기에 있는 설비를 포함해서 또 우리 직원들이 한국에 가서 또 많이 학습했다. 나는 2002년도에 한국에 가서 제8회 KBS 해외한국인 방송 연수를 수원에 있는 연수원에 가서 3주간 연수도 받고 그래서 눈을 떴다고 그렇게 얘기 할 수 있겠다.

연구자 : 주은래 당총리가 1962년에 여기 연변방송을 방문해서 격려를 했던 것을 기억한다. 그 당시 주은래 총리가 연변방송의 언어표준은 평양말로 하는 것이 좋겠다고 했다.

남　철 : 좌표를 그렇게 정했다고 할 수 있다.

연구자 : 그래서 그동안 이북방송 비슷한, 북쪽방송 비슷한 그런 아나운서들의 발음이 있었는데, 요즘에는 좀 더 그 폭을 넓혀서 한국 표준어를 표방하는 그런 입장이 아니겠는가?

남　철 : 뭐 저 음색이 다양해졌다고 할 수 있다.

연구자 : 지금 뭐 이렇게 거슬러 오면 처음에야 뭐 무슨 1킬로와트도 될까 말까로 시작을 했겠는데 지금은 현재 출력이 어떻게 되나.

남 철 : 지금 출력은 150킬로와트이다.

연구자 : 150킬로와트 면은 대단한 건데 최고 먼데가 어디까지 들리나.

남 철 : 중국도 매우 넓다. 그래서 어떤 지역으로는 접수되는 곳이 있고, 어떤 지역은 또 뭐 지형원인으로 접수가 안 되는 곳이 있다. 지금까지 가장 멀기로는 독일과 네덜란드이다. 각처에서 우리방송 듣고 또 청취의견도 보내오고 있다.

연구자 : 그러니까 상해 독일 네덜란드 여기까지 들린다는 얘기 같다. 정확하게 몇㎑인지 말해 달라.

남 철 : AM으로, 1206키로 사이클, FM으로는 103㎒, 94.9이다. 인터넷 방송으로도 들을 수 있다.

연구자: 인터넷 주소는?

남 철 : 인터넷 주소는 http://www.1206k.com 이다.

연구자 : 지금 녹음하고 있는 이 방이 스튜디온데 이 스튜디오 들어와 보니까 옛날 테이프들이 가득 쌓여있고, 또 뭐 작업한 흔적이 있는데 이게 무슨 작업을 하는 것인가?

남 철 : 연변라디오방송국은 개설 되서부터 지금까지 라디오 드라마를

대량적으로 생산하기 시작했는데 그때는 모두 그릴 테이프로 녹음을 해서 지금까지 보관해 왔다. 연변라디오 방송국에서 생산했던 음악들도 있다. 그래서 지금은 그 테이프들을 컴퓨터에다가 입력하는 이런 작업들을 하고 있다.

연구자 : 하나하나 선배님들의 땀방울이 배어 있는 그런 것이기 때문에 저것을 저 영구보존 하신다는 것은 뭐 연변방송에 귀한자료일 뿐만 아니라 넓게 보면 저 한민족 전체의 귀중한 유산이 아닐 수 없다고 생각한다.

남 철 : 우리 조선족이 이 한반도에서 우리 조상님들이 여기 와서 한 백년 넘는 역사가 되는데 우리 연변방송국도 마침 60년 역사가 되면 그 절반 역사는 되겠다. 그러면서 우린 또 이 문화상품을 생산했다는 이런 의미에서는 저도 연변방송국의 하나의 직원으로서 큰 영광을 느끼고 있다.

연구자 : 한국 KBS에서 직원들이 연수를 받아 왔다고 들었는데 한국 정부와의 관계는 어떤가? 그 한국 정부에서도 어떤 도움이나 교류나 그런 것이 기억나는 것이 있는가.

남 철 : 우리 방송국에서 역대 국장님들이 한국에 갔을 때 김대중 대통령하고 같이 사진 찍었던 일들도 있고, 또 몇 분의 대통령께서 "연변방송국에서 오셨다면 참으로 귀한 손님이다. 내 옆에 자리를 마련해주라"고 말씀해 주셔서 우리 방송국장님들이 대통령 옆에 앉았던 일화는 지금도 전해 내려온다. 이보다 또 뭐 더 큰 정부적인 지지가 어디 있겠는가 싶다.

연구자 : 조선족 라디오 방송국과 서로 협력관계를 이룬다든가 정보를 주고받는다든가 이런 형식의 관계를 맺고 있는 곳이 있나.

남　철 : 흑룡강 방송국 조선어방송과 프로를 교환하고 있다. 저작권료는 서로 감면해주기로 하고 내용은 음악프로를 주로 하고 있다.

연구자 : 라디오를 듣거나 TV를 보는 데 시청료 같은 것이 있나?

남　철 : 여기는 시청료가 없다.

연구자 : 중국 전역이 그런 것인가?

남　철 : 위성방송의 경우는 약간의 시청료가 있다.

연구자 : 5월 달부터 연변TV가 위성방송을 한다고 들었다. 그때 라디오도 같이 하게 되는가.

남　철 : 라디오도 같이 하게 된다.

연구자 : 한국 프로를 위성이나 다른 식으로 받아서 여기서 방송을 한 적이 있는가.

남　철 : 지금 우리 방송국에서 하고 있는 게 있다.

남　철 : 우리 방송은 아침에 5시 20분에 시작해서 오후 5시 20분까지 12시간 방송하는 데 연변드라마도 있고 또 한국 드라마도 있다.

연구자 : 라디오 드라마의 경우 교류가 활발한 것 같다.

남 철 : 뉴스 교류도 자주 한다. 설 명절 뉴스나 항일전쟁 승리 같은 뉴스를 만들어서 그쪽 분들의 시간과 맞춰서 그때 시간되면 전화로 한국에 준비했던 내용들을 전달하는 형식이다.

연구자 : 한국의 방송사 사람들하고 공동으로 연결해, 이원방송처럼 방송하는 경우도 있나. 참 드물 것 같다. 어떠한가?

남 철 : 지금까지는 그런 경우는 제 기억에는 없었다.

연구자 : 화상이나 유대인 조직처럼 화상이 세계적으로 유명하다. 한국도 한민족 공동체를 만들자는 움직임이 있는데 가령 공동체가 구성이 됐다 했을 때 한국정부가 중국의 언론 또는 중국의 조선족한테 어떤 역할을 해줬으면 좋겠다 생각하는지 말해 달라.

남 철 : 한국의 방송사에서 연수를 받는 기회가 많았으면 좋겠다. 연변방송의 경우 수교 후 지금까지 단기 연수를 포함해 모두 10명이 채 안된다. 이건 KBS나 SBS나 한국 3사에서 자비로 해서 해결되는 게 아니고 정부쪽에서 어떤 의지를 가지고 체계적으로 확대했으면 좋겠다. 그리고 이건 좀 다른 측면의 이야기이지만, 조선족에 대한 한국사회의 분위기가 달라져야한다고 본다. 서로가 예의를 갖추어나가는 것이 공동관계 발전의 초석이 아니겠는가. 우리 한국에 가서 일하는 조선족들을 인권 면에서부터 제대로 대우해 주고 임금 체불 등 차별과 착취가 없도록 해 주기 바란다.

연구자 : 지금 정부에서도 노력하고 있긴 하지만 국회차원에서도 재외

동포법을 개정해 조선족을 비롯한 재중동포들이 자유롭게 고향을 다녀
갈 수 있도록 하는 방안을 고려중이다. 참정권, 투표권도 주자는 운동을
벌이고 있다.

남　철 : 그런 거까지 우리가 바라지 않지만은…….

연구자 : 뜻있는 양식 있는 언론인들과 또 국회의원들 또 재외동포재단,
그런 분들이 재외동포들, 그중에서도 특히 조선족들의 지위 향상을 위
해서 여러 가지 노력을 하고 있다. 서경석 목사 같은 사람도 있고, 그래
서 앞으로 점점 더 인권이나 그 권리 그런 문제에 대해서 향상이 될 거
라고 생각한다.

(3) 연변TV 국장 남명철

연구자 : 먼저 조선족 언론들끼리 한민족 관련해서 공동보조를 취하거
나 캠페인을 실시하고, 어떤 사안에 대해 공동으로 문제를 해결하거나
협력하는 등 공동보조를 취하고 있는 것이 있는지?

남명철 : 중국 언론의 특성상 한국이나 자본주의 언론하고 다른 점이 있다. 중국 언론은 신문이나 방송이 모두 다 당과 정부의 목소리이자 기관지이다. 그래서 신문과 방송이 공통의 관심사 문제나 서로 상호보조를 하는 경우가 많은 편이다. 신문이나 방송이 사회 공동된 관심사라든지, 취재를 둘러싸고는 공조 상태를 유지하기도 한다. 제가 1996년에 '중국변경 만리 기행'이라는 것을 했다. 훈춘지방에서 중국의 동해안을 따라가다 중국 해남도의 삼화라는 곳에 이르는 지역을 둘러보며 취재한 것이었는데 그 특별 기획을 우리 연변TV방송하고 연변일보사가 공동 기획하고 공동 취재한 적이 있다. 이것이 한국하고 다른 점 중 하나다. 한국 같은 경우는 신문은 신문대로, 방송은 방송대로 자기 궁극적인 취재를 한다고는 하지만은 서로 특종을 따지고 방송사들끼리 활자 언론하고 신문하고 방송은 상호 간의 모순도 많고 상호 간에 티격태격하는 점도 많다. 중국 언론은 공조체제를 유지하는 경우가 많다.

연구자 : 한국 정부하고 어떤 관계가 있는지? 취재가 됐건 다른 용건이 됐건 간에 서로 긴밀한 관계를 가지고 있는지?

남명철 : 사실 연변 방송이나 연변일보나 지역 신문들이 한국 정부하고 공식적인 주제 요청을 해본적은 없고 구체적인 왕래나 접촉 같은 것은 많은 편이 아니다. 대부분 우리가 특별 프로그램을 기획해서 한국 취재를 갈 때는 상황에 따라 한국 관련부서에 협조공문을 띄우고 한국 방송 KBS나 MBC나 같은 이런 방송사들 간의 인적 관계를 이용하여 취재 협조도 받는다.

연구자 : 그건 개별적으로 되어있는 연계 프로그램인 것 같다. 그것 이외에 조직적으로 되어 있거나 상설기구 같은 것은 없다는 것인가.

남명철 : 그렇다. 한국 KBS하고는 프로그램 교환 협의하고 상호 협조 이런 관계를 유지하고 있다.

연구자 : 정부는 없는가?

남명철 : 정부가 중간에서 역할을 하는 경우는 드물고 방송사끼리 하고 있는 것으로 알고 있다. 나름대로 전주 MBC나 다른 지역 방송들과도 밀접한 관계는 하고 있지만 정부하고는 공식적인 관계는 없다. 엄밀히 따지자면 우리는 중국의 한 지역방송인 셈이다. 따라서 우리 현실에서 한국에 특파원을 보낼 형편은 아니다. 특파원은 중국 외교부에서 정한 기준에 따라 중국 주류 매체, 신화통신사나 국제 방송국이나 인민일보나 주류 매체에서 등록해서 한국에 특파원으로 파견되는 상황이다. 우리는 혹 필요하면 한국에 나가있는 사람을 개인적으로 연락해서 그 곳 뉴스나 정보를 받고 있는 상황이다.

연구자 : 협조는 잘되고 있나? 필요할 때 협조 요청을 하면?

남명철 : 협조는 잘 된다. 같은 방송사끼리 하면 잘 된다. 그런데 정부하고 방송사는 조금 틀리니까. 궁극적인 관계를 갖고 있는 거는 없는 상황이다.

연구자 : 전 세계적인 화교처럼 한민족공동체를 한국 쪽에서 구성하려고 애를 쓰고 있다. 언론도 전 세계 네트워크를 구성해 보자는 그런 일환으로 연구를 하고 있는데 그런 걸 구성한다고 했을 때 한국 정부가 어떤 역할을 해줬으면 좋겠다고 보는가. 화교 같은 네트워크를 만든다고 했을 때 한국 정부가 해야 할 일은 무엇인지?

남명철 : 민감한 상황이다. 한민족 네트워크, 아무래도 우리 남북이 통일이 되는 것이 급선무라고 본다. 통일에 대비한 한민족 네트워크 이런 상황에서 저희 중국에서는 우리 북한하고 인접해 있는 연변에 사는 제 입장에서 그리고 언론인의 입장에서 보면 한국 정부는 넓은 흉금을 갖고, 세계에 사는 중국이나 러시아나 이런 인근 국가에 사는 동포들에 대한 정책을 잘 펴 줬으면 하는 바람이 있다. 왜냐하면 사실 독일에서 폴란드에 사는 독일인을 그냥 독일 정부가 교섭해 가지고 독일로 사오는 식으로 자기 민족을 안아오는 역사도 있지만 꼭 그렇다고 하기는 힘들다. 여러 가지 여건상 제한을 받고 있을 수도 있으니까. 사실 중국의 조선족에 관한 동포 정책 같은 것은 한국 정부가 국민의 정서를 고려한다고는 하지만 너무나도 배타적인 면이 있지 않나 생각한다. 물론 동포법 같은 것은 민감한 사항이고 중국 정부하고의 관계 문제도 있겠지만 북에서는 그런 것들이 자유자재로 한국을 내왕할 수 있는 이런 어떤 시스템을 만드는 것이 한국 정부가 할 일이라고 생각한다. 왜냐하면 중국에서 조선족은 인적 관계상, 역사상, 이념의 이데올로기상, 북한하고 굉장한 밀접한 관계를 확보하고 있다. 아직도 자라는 세대는 잘 모르겠지만 우리 세대나 윗세대까지 해서 아직도 역사적 배경이나 환경 때문에 북에 대해서는 아주 끈끈한 애정을 가지고 있다. 통일된 한국이 민족화합도 좋고 민족통일을 이루자면 우리 연변이 어떻게 보면 가교적 역할, 통일을 위한 시험의 장이라는 발판적 역할을 할 것 같은데……. 북을 자주 다니고 한국도 다니다 보면 남북이 너무나도 경직된다. 과연 하루아침에 통일 된다고 해서 저 나라가 내 나라라고 내분이 일어날까 우려되기도 한다. 그래서 연변에 사는 중국에 사는 조선족에 대한 포용 정책, 문화적 지원 같은 것을 지속적으로 해나간다면 남북을 잇는 그런 가교적인 역할을 잘 할 수 있지 않을까 하는 생각이다. 일단 먼저 시작되는 중국에 사는 조선족의 포용이나 지원이 잘 이루어져야 된다. 이런 것들이 잘 이뤄지고 있지 않다.

연구자 : 남쪽에는 취재 때문에 다녀왔나?

남명철 : 취재도 하고 유학을 했다.

연구자 : 취재는 몇 번이나?

남명철 : 24번

연구자 : 그중에 기억에 남는 취재가 있다면?

남명철 : 국무총리를 인터뷰 하고 그랬다. 김종필. 그때 총리 서리였다. 장관 분들은 자주 만났고 국회의원 분들은 지금도 아는 사람들이 있다.

연구자 : 고대에서 석사학위를 받았다는 얘기를 들었는데 언제 어떻게 가서 무슨 공부를 했는지?

남명철 : 2000년 연변TV 편성 실장에 있을 때, 당시 우리 부장님을 모시고 한국 취재를 가는 기회가 있었다. 취재를 갔다가 그 당시 고려 대학 언론대학원은 아니고 대학원 연구생 김실 씨라고 우리 연변TV에 근무하던 여자 분을 만났다. 그래서 고대로 갔다가 그분이 저 보고 중국에서 공부하기보다 언론은 한국이 더 낫지 않느냐, 한국적인 면도 좋고 배울 것도 있으니까 해볼 생각이 없느냐, 그래서 생각 있다 그랬더니 그 자리서 바로 지도 교수 김민환 선생 연구실로 데려 갔다. 그분이 중국 언론인에 대해서 중국에 사는 조선족 언론인에 대해서 굉장한 관심을 가지고 있었다. 너무나도 너르신 분이고 따뜻한 분이고 해서 그 자리에서 바로 지원서를 냈다. 지원서를 낸 후 별 기대를 하지 않았는데 합격했다는 통지서를 1999년에 받게 되었다. 2000년 3월 등록하러 갔

다. 그 당시 연변대 신문학과 이봉우 교수가 한양대를 나가면서 그분과 같은 비행기로 갔다. 학번은 2000년 졸업은 2005년에 했다.

연구자 : 졸업 논문의 제목이 어떻게 되는지?

남명철 : 학위논문의 제목이 "연변 텔레비전 방송국의 한국 드라마 방영에 관한 연구"가 제목이 됐고 한류현상에 주목하여 제목을 지었다.

연구자 : 그럼 북한은 몇 차례 갔다 왔는지?

남명철 : 남한과 북한 갔다 온 횟수는 비슷하다.

연구자 : 그럼 그중에 기억나는 취재는?

남명철 : 이북은 취재로 가지 못했다. 취재는 못하는 것은 아니고 프로그램 특성상 취재를 할 것이 없었다. 그곳은 관광차. 내가 지난해까지 도문시 시장으로 있었다. 그때 관여하는 분야가 대 협력에 관한 대외무역, 대외 협력, 외사활동에 관한 것을 해서 잠깐 가는 것은 하루에도 2번씩 가기도 했다.

연구자 : 언론이나 무슨 상호 협력이라기보다는 시장으로 그 일을 하였나. 현재 연변TV 가청 지역이 많이 늘어난 걸로 알고 있다.

남명철 : 연변TV는 종합방송 종합채널이다. 연변TV의 가청 지역은 연변이다. 그리고 마이크로파 송출기 때문에 연변을 벗어난 다른 지역에서도 수신할 수 있다. 위성방송이 5월말에 시험방송을 시작한다. 그렇게 되면 길림성은 가시청권에 들게 되고 동북삼성 내지는 북경이나 중

국 연해지구, 한국도 송출기만 있으면 가시청권에 들게 된다.

연구자 : 그럼 중국 전 조선족들이 보게 될 수 있다는 것인가?

남명철 : 우리 위성방송은 거의 다 조선말로 방송이 된다. 조선말 위성방송이다.

연구자 : 한국 위성방송이 잘 보이고 있는데 한국의 위성방송의 긍정적인 영향 혹은 부정적인 영향이 있을 것 같은데, 어떤 영향을 미치고 있는지?

남명철 : 위성방송의 시청에 대해서는 권장하지도 않고 그것을 못하게 하는 입장이다. 정부적인 차원에서 못하게 하고 있다. 긍정적인 면이라고 하면 한국의 방송법 규정상 외국방송전송이 10%로 제한하고 있는 규정을 안다. 중국도 마찬가지이다. 그냥보고 있는 사람을 무작정 보지 말라는 것이 아니라 이런 규정이 있기 때문에 보지 말라는 것이다. 가정에서 작은 안테나를 놓고 가만가만 보면 막을 수는 없겠다. 긍정적인 면이라고 하면 한국의 방송 즉 공영방송, 엄청난 인력, 물력, 재력을 투입한 그 방송이 우리지역에 비하면 방송프로그램이나 방송 화질의 면에 월등하다. 우리 방송을 비교해 보면 한국방송이 비교가 안 될 정도로 프로그램들이 질 좋은 프로그램이 나오고 그에 따라서 현역에 있는 우리들로 말하면 그 거에 대비해 살아남자고 한다면 방송의 질을 높이고 여러 면에서 노력해야겠죠. 이것이 긍정적인 면이라면 긍정적인 면이다. 부정적인 면이라면 그 프로그램이 들어옴에 따라서 우리 방송국의 가시청분도 적어지고 시청률도 적고 시청자가 줄어든다고 봐야겠다.

연구자 : 내용적으로 볼 때 자꾸 한국화 되어가는 경향 그런 것도 있을

것 같은데……. 한국화되는 게 다 좋은 것은 아니지 않나?

남명철 : 이것은 원칙적인 문제라고 할 수도 있고, 다른 면에서는 기술적인 문제라고 할 수도 있다. 연변은 북도 아니고 남도 아닌 자기 고유의 문화나 언어를 가진 곳이다. 물론 한국하고는 동질적인 면이 많지만 연변은 오랫동안 이 지역 변천사를 통해서 이 지역에서 중국 문화를 받아들이고 발전돼온 독자적인 역사를 갖고 있다. 언어도 변하게 마련이고. 언어도 파워라고 하니까. 아무래도 방송하는 우리 입장에서는 가시청군이 어느 쪽에 집중되는가 그걸 고려할 수밖에 없다. 한국화 경향은 그런 맥락에서 이해하면 좋겠다. 무작정 모방이나 표절이 아니고 시청자를 대상으로 한, 시청자들이 알아들을 수 있는 말로 하려는 의동에서 그렇게 된다. 중국에 와 사는 우리 한반도의 상공인들도 좋고 유학생들도 좋고 그 인구를 고려해 봐도 그렇고 한국화 경향이 있을 수밖에 없다. 그리고 앞으로는 우리가 지금 남북이 정치적 상황에서 우리가 방송 재정상 여건으로 보면 일단 한국이 더 가능하다. 이 모든 것들을 종합해볼 때 점차 한국 쪽으로 가고 있는 것은 사실이다.

연구자 : 언어의 경향이 한국방송의 영향을 받아서…….

남명철 : 한국 방송의 영향이기보다도 우리가 생각하기로 우리들이 시청자를 대상하기 위한 방송을 할 때는 아마 알아듣기 쉽게 하려면 역시 방송언어의 문제상 한국 쪽으로 차츰 가고 있다고 말할 수 있다.

연구자 : 한국 표준어가 더 커뮤니케이션이 잘된다는 말인가?

남명철 : 그렇다.

(4) 길림신문 김영자 연길 지사장

연구자 : 길림신문의 위치는?

김영자 : 본사는 장춘에 있고 연변에는 지금 연변 분사를 두고 있고 기타 길림성내하고 국내 조선족들이 집중되어 있는 곳에는 특파기자 혹은 주재기자소를 두고 있다.

연구자 : 판매부수, 보급부수는?

김영자 : 여기에서는 발행부수라고 한다. 지금 8천여 부로 돼 있다.

연구자 : 길림신문하고 연변일보하고는 취재지역이나 대상지역이 겹치는 경우도 있고 겹치지 않는 경우도 있지 않나?

김영자 : 취재 범위라 할 때는 연변일보보다는 길림신문이 포섭 면을 전 성의 조선족을 우선 상대하고 있다. 그 외 연변지역이 우리 조선족

이 제일 집중된 곳인 것만큼 연변지역에 우리 조선족 문화 기타 등등 방면의 취재가 중첩되는 부분이 있다. 연변지역에서는 그렇다.

연구자 : 그럼 때로는 기사 교류 같은 것도 혹시 하는가?

김영자 : 아······. 특별한 경우에는 하고 있다.

연구자 : 조선족문제에 관해서 공동보조를 취해야 하거나 그런 경우도 있었는지.

김영자 : 양사지간에 그렇게는 안하고 있다.

연구자 : 양사말고도 다른데 하고는 하는가?

김영자 : 다른데 하고도 마찬가지다.

연구자 : 길림신문하고 연변일보하고 비교하면 대상지역이라든지 범위가 다르다고 했는데 신문의 성격은 어떤 점이 다른가.

김영자 : 성격이라면 같다고 봐야 한다.

연구자 : 지금 하루 발행면수는 몇 면인가.

김영자 : 면수가 지금 주 세기로 되어 있습니다.

연구자 : 주 세기?

김영자 : 격일신문이라는 얘기다. 격일신문으로 지금 네 개의 면으로부터 올해부터는 8개면으로 늘어나고 있다.

연구자 : 그럼 대체적으로 정기독자에게서 구독료를 받는가 아니면 가판인가? 수입원이 무엇인가?

김영자 : 거의 정기독자라고 봐야 된다. 올해부터는 지금 시장 판매를 시도하고 있다. 실험적으로 연변에서 지금 시행하고 있습니다.

연구자 : 연변에서 길림신문을 보는 독자들은 대체적으로 제1신문으로 연변일보를 보고 제2신문으로 보는 건 아닌지. 그리고 그 사람들이 좀 수준이 높은 사람들은 아닌지?

김영자 : 아……. 그런 경우도 있다.

연구자 : 길림신문만 보는 수도 있나?

김영자 : 그거는 두 신문의 경우가 연변에서는 비슷하다고 봐야 한다.

연구자 : 굳이 성격이 비슷하다면 그럴 필요가 없다 그런 말인가.

김영자 : 그래서 연변지역 독자들이 길림 신문을 보는 경우에서 특별하게 고집하는 부분이라고 할 때에는 연변지역 외에 이름이 길림신문인 만큼, 더 넓은 조선족 사회의 소식을 많이 볼 수 있는 이 점을 선택하는 분들이 있다고 봐야 한다.

연구자 : 그밖에 연변일보와 다른 점은?

김영자 : 우리 신문이 올해 창사 21년을 맞고 있다. 연변일보의 경우에는 우리보다 30년을 앞선 신문이다. 그런 만큼 대외 교류라던가 하는 면에서는 길림신문보다 더 많이, 더 일찍 알려졌다고 봐야 한다. 길림신문에서도 지금 역대 사장들이 많은 대외교류를 하고 있고 특히 우리 재외동포 언론인 네트워크에도 역시 일원으로 되어 있다. 그래서 지금도 규모라 할 때는 연변일보는 일보로 돼 있고. 일간지로 돼있고, 우리 신문은 격일 신문으로 돼 있는 이 차이가 우선은 차이가 난다. 연변일보라 할 때는 연변 당에서 꾸리고 있는 신문이고, 길림신문이라고 할 때는 우리 길림성 당위에서 꾸리는 유일한 조선족 신문이라고 봐야한다.

연구자 : 한국정부하고는 어떤 특별한 관계가 맺어져 있다거나 그런 게 있는지?

김영자 : 아. 거기에 대해서는 자세하게 모른다. 최근에는 교류가 잘 돼 있는 걸로 알고 있다.

연구자 : 지금 길림 신문은 격일이고 길림 일보가 한국어판, 중국어판이 있지 않나. 중국어판은 매일 나오는 것인가?

김영자 : 매일 나오고 있다.

연구자 : 편집이 관련이 있나, 완전히 독자적인가.

김영자 : 완전히 독자적인 신문이다.

연구자 : 서로 간섭하지 않고?

김영자 : 그런데 중요한 회의거나 관념적인 정치적인 것에서는 같을 수 있다. 중요한 회의소식에는 같이 보조를 취한다. 그러나 취재기자가 다르고 독자적인 신문이라고 봐야 한다.

연구자 : 중국어판 길림일보는 한족도 많이 보기 때문에 발행부수가 훨씬 많을 것 같다.

김영자 : 길림일보는 저희가 알고 있는 것만으로도 20만부 정도이다.

연구자 : 그렇다면 연변일보 한문판보다도 훨씬 많겠다.

김영자 : 그렇다. 전 성을 포섭하니까.

연구자 : 그 중국어판에서 대단한 영향력이 나오는 것 같다. 전체적으로 볼 때는 독자 수도 많지만 기자수도 많고 시설도 많겠다.

김영자 : 그렇다.

연구자 : 그러면 인터넷 신문도 잘 돼 있는가?

김영자 : 길림신문이 지난해 9월에, 한 3년 동안 정지됐다가 다시 회복되었다. 그래서 지금은 가장 활발한 인터넷 신문이 되었다. 연변일보는 아직 없다.

연구자 : 흑룡강 신문도 있다고 들었다.

김영자 : 흑룡강 신문도 있지만 길림신문과는 차원이 다르다.

연구자 : 언론인을 선발하거나 교육하는 방법이 각 신문사마다 다른데 길림신문이나 길림일보는 어떤 식으로 하는지……. 20만부가 나오는 신문이면 대단하다. 한국서도 그런 신문이 별로 없다.

김영자 : 선발 기준은 거의 대학의 신문 학부에 많이 의뢰하는 편이다.

연구자 : 아, 의뢰를 해서 거기서 뽑아서…….

김영자 : 그렇다. 거기서 선택을 하고, 와서도 길림신문의 경우에는 특별한 신입사원 교육에 대한 프로그램이 정기적으로는 어려운 상태이다.

연구자 : 직접 실무를 통해서 교육하나.

김영자 : 그렇다. 직접 실무를 통해서 일을 가르친다.

연구자 : 위치에 따라서 논조가 다를 수 있는데 연변일보는 바로 북한과 접경에 있고, 길림신문은 조금 떨어져 있다. 가령 한국과 한국의 문제점, 또는 북한과 북한의 문제점을 다룰 때에 입장이 다를 것 같다. 북한하고는 연변지역보다 거리가 좀 떨어져 있기 때문에 북한 문제를 다룰 때 조금 여유가 있다거나 그런 것이 있는가? 좀 융통성이 있다거나.

김영자 : 우리 신문에서는 똑같게 취급한다고 말할 수 있다.

연구자 : 우리 김영자 지사장은 한국에 다녀 온 적이 있을 것이다. 몇 번이나…….

김영자 : 아쉽게도 한 번밖에 못 다녀왔다.

연구자 : 개인일로? 아니면 신문사 일로?

김영자 : 한민족 언어문화 진흥회라는 단체의 초청으로. 길림신문사에서 파견되어서 갔다. 그래서 그 분들은 우리 조선족 사회에 민속 타악기 문화를 보급하는 분들이다. 여기 와서 공연도 많이 하고. 올해에는 러시아 쪽으로 들어가는데, 여기 와서 많이 활동했다.

연구자 : 그럼 지사장이 되기 전에는 일선기자 했나.

김영자 : 일선기자였다.

연구자 : 한국 신문에서 조선족이 어떻게 다뤄지고 있다고 생각하나?

김영자 : 최근에 조선일보에서 본 기사 하나가 있다. 거기에 제목을 연변주가 해체된다고 하고 거기에서 연용도(연길, 용정, 도문시를 합쳐 대도시를 만든다는 계획)를 같이 관련해서 다룬 제목인데 우리 국내 매체들의 기사들을 인용해서 종합한 기산데. 그건 잘못된 추리다. 이런 추리가 과학성은 없다고 봐야 된다. 연용도를 만드는 것은 연변을 없애기 위한 게 아니고 연변을 자치주로서 더욱 잘 꾸리기 위해 만드는 것이다.

연구자 : 어떤 점이 잘 못 됐다고 보는가?

김영자 : 신문이라는 것은 읽는 그대로 전달하는 것이 우선이라고 생각한다. 그런데 이런 추리로 어떤 오도를 하면 안된다. 특히 한국에 들어가 있는 우리 조선족들이거나 중국인들에게 "아 너네 연변은 없어진다" 이렇게 무책임하게 이야기를 전파하기도 하는 모양이다. 잘 알겠지만 그런 이야기를 전파한다는 것은 그만큼 파장이 크다. 그런 만큼 우리

조선족 사회에 관심은 가지고 있지만 그 관심을 어떤 적극적인 방향에서 정말 과학적인 방향으로 이끌어 가는 것이 제 생각에는 더 중요하다고 본다. 연용도를 만드는 것은 도시화요 산업화의 한 과정이지 이게 자치주를 없애자는 건 아니다.

연구자 : 한국관광객이라든가, 한국에서 방문하는 사람들이 많아져가지고 한국과 조선족 교류가 활발해졌다. 그런데 한국 사람들이 많이 오면서 긍정적인 면도 있고 부정적인 면도 있다. 어떤 것이 긍정적이고 어떤 것이 부정적인가.

김영자 : 긍정적인 면은 확실히 저희 연변지역을 포괄해서 관광객들이 많아졌다. 이 분들이 이곳에 와서 경제를 활성화하는 이 부분은 적극적인 면으로 봐야 한다. 그런데 이곳 식당에 들어와서 쓰는 말씨가 완전 멸시하는 어투가 종종 발견된다. 이 음식문화에서는 상대방 문화를 존중해 주어야 하는데⋯⋯. 물론 이 곳에서 개진해야 할 부분은 많다.

연구자 : 한국 사람들이 관광할 때 멸시하는 태도를 보이고 있다 그런 말씀하셨고요. 그 밖에 또⋯⋯.

김영자 : 그 밖에는 관광 외에 이곳에 한동안, 혹은 장기적으로 머무는 분들이 있습니다. 장기체류 하시는. 그런데 그 분들 혹은 가족이나 보면 거의 이 곳 사회에 어울리지 못하고 있다고 봐야한다. 특히 주말 행사를 같이 치루는 거 보면 거의 한국 분들이 한국 분들을 찾아다니거나 하지 거의 현지인들과 접촉을 하지 않는다. 이러다 보면 이 곳 사람들이 어떻게 살아가고 있다는 걸 더 알 수 있는 이런 좋은 기회를 한국 분들은 더 가질 수 있는 건데 아쉽게 생각한다.

연구자 : 좋은 지적해 주셨다. 한민족 공동체를 구성하려는 움직임을 화상이나 유대인 조직처럼 하려고 하는데 한국정부가 어떤 역할을 어떻게 해줬으면 좋겠는지. 우리 정부가 조선족 사회. 또는 조선족 언론에 어떻게 해줬으면 좋겠는가.

김영자 : 지금 어떤 예를 들어 보면 학생이 한 4백 명 정도 되는 향의 한 중심학교가 있는데 교원이 한 70~80명 있었다. 그런데 불과 9달 만에 한 달에 한 명 정도로 교원들이 빠져 나간다. 빠져 나가는 원인은 학생들이 줄어들고 학교 대우, 학교 시설, 이면의 모든 조건 문제가 교원들한테는 일정한 영향을 끼치고 있다. 사회의 농촌학교를 가보면 교원들이 나갈 수밖에 없구나 하는 동감을 가지게 된다. 교원들이 컴퓨터를 볼 수 없는 학교들도 있고 우리 기자들이 가서 보면 너무 망연할 때가 있다. 그런 어려움을 겪고 있는 우리 변경학교들이 적지 않다. 올해부터는 국가적으로도 길림성이 중국의 서부지역에 들어갔기 때문에 학자비를 전부 면제한다. 그래서 여기 연길시의 학생들도 학비부담이 없어졌다. 이렇게 국가적으로도 많이 중시하고 있고 많이 정책을 베풀고 있지만은 우리 조선족 아이들, 교원들을 어떻게 좀 더 좋게끔 해 줄 수 있겠는가 하는 점이 또 우리 조선족으로서 동포사회에서 더욱 관심해야 하는 문제로 이 점에 우리 어려운 곳의 학교들, 교사들을 특혜적으로 부축해 주는 이런 면의 일을 할 수 없겠는가 하는 바람이 있다.

연구자 : 교원들을 돕고 학교시설이나 기자재를 지원해 주면 조선족 전체가 혜택을 받게 된다는 말인데 진짜 중요한 것을 지적했다.

(5) 흑룡강 방송 장석주 국장

연구자 : 흑룡강 방송의 개략적인 역사를 알려주라.

장석주 : 흑룡강 방송국 조선어 방송은 1963년 6월 20일 첫 프로를 내보낸 지 만 43년이 되었다. 그 때 첫 프로그램은 '공산당이 없으면 새 정국이 없다네' 이런 노래를 전파해 보낸 것이 처음이었던 것으로 기억한다. 처음에는 하루걸러 한 개씩 반시간 하던 걸 지금에 와서는 AM으로 다섯 시간 방송, FM으로 여덟 시간 방송, 도합 열세시간 방송을 하고 있다. 또 당시 다섯 명이 작은 방에서 일하던 것이 지금은 거의 360 평방미터의 면적에 27명의 종업원을 갖고 있고 종합방송청사의 한 층을 쓰고 있는 규모로 발전이 되었다. 출력은 270kw로서 흑룡강성은 물론이고 내몽골, 길림성, 요녕성, 러시아의 하바로프스크, 더 멀리 일본 일부지역, 그리고 여러 유럽권 내에서도 방송이 잘 들린다.

연구자 : 장석주 국장은 흑룡강 방송국에 재직하신지 얼마나 되셨나?

장석주 : 1978년도부터였으니까 28년이라고 봐야 한다.

연구자 : 그럼 거의 이쪽 역사 대부분을 그대로 밟아 오셨다고 생각이 된다. 이렇게 방송활동을 하시면서 우리말 언론사끼리, 그러니까 흑룡강방송, 연변방송, 요녕방송 등 이런 한국어 방송사끼리 한민족 문제와 관련해서 공동보도를 취하는 것이 있는지?

장석주 : 중국 조선어 방송 현황을 보면 다섯 방송사를 꼽을 수가 있다. 하나는 북경부터 중앙인민방송의 조선어 방송, 중국 국제 방송의 조선어 방송, 역사가 가장 긴 연변 인민방송, 연변 라디오 텔레비전 방송, 그리고 흑룡강 조선어 방송, 그밖에도 한국으로 말하면 군 지역 등에도 방송국이 많다. 청도, 산둥성, 위해, 그리고 천진, 기타 도시들에도 한국어 방송을 많이 하고 있다. 대학교에 한국어과가 많이 생기면서 방송이 많아진 걸로 알고 있다. 이중 나라예산으로 꾸려진 방송은 다섯 개이다. 중국 조선민족 연구 산하 조선어 방송에서 해마다 하는 연회가 있다. 각 방송사에서 지난 한 해 동안 방송된 프로그램 중에서 가장 훌륭한 작품 몇 개씩 추려서 1등 몇 편, 2등 몇 편, 3등 몇 편을 추려서 지난 몇 년간의 우리 동포 사회를 진단, 해부해보고, 발전 방안이라든가, 진로를 모색해보고 그런 장이 있는데 해마다 상례적으로 하고 있다.

연구자 : 흑룡강성 방송국과 흑룡강 신문과도 협력관계가?

장석주 : 흑룡강신문은 50년이고 우리는 43년인데 쉽게 현상적으로 비교하면 쌍둥이 형제라고 할 수 있다. 그분들은 보는 것, 우리는 말로 해서 청취자가 듣고, 즉, 눈과 귀가 아닌가 싶다. 우리 동포들의 대변인이 되기도 하고, 언론인이 길잡이기도 하다. 길림성, 요녕성과 연변은 관청에 동포들이 다 있는 상황에 억울한 상황이 있으면 우리말로 쉽게 하소

연을 할 수 있지만 우리는 따로 관청에 우리 동포가 없이 흩어져 사는 상황에 우리 동포들이 어려운 문제가 발생하게 되면 으레 이곳을 찾는다. 방송에 나가는 프로그램 아니고라도 그 고장에 관계부서를 찾아가서 혹은 알선을 해서 일이 풀리도록 하기에 이 고장 사람들이 방송사, 신문사를 준정부라고 한다. 마찬가지로 방송과 신문은 성 대외 정보 창고 역할을 한다. 경제, 문화, 교육, 유치 정책을 성에서 우리를 통해 홍보하고 있다.

연구자 : 건물이 아주 웅장하고 크고 철탑이 대단히 높고 한데 시설 규모에 대해 설명해 달라.

장석주 : 이 청사는 조선어 방송이 04년 11월 8일 기자절에 가장 선참으로 입주해 와서 가장 먼저 새청사의 방송을 시운전삼아 방송을 해서 가동이 됐다. 방송탑은 용탑이라고 하는데 아시아에서는 자랑스러운 첫 번째 철근구조의 탑이고 세계에서는 두 번째라고 주목받고 있다. 368m의 철근구존데 여섯 개의 건물로 얽혀 있는 동체를 이루고 있다. 12만 평방미터 안에 여섯 개 채널을 갖고 있는 흑룡강방송, 흑룡강방송총국 산하 일곱 개 채널을 갖고 있는 라디오 방송 등 모든 방송은 이 청사에 집중돼 있다. 13층까지 있다.

연구자 : 일주일의 방송시간, 대체적인 편성은?

장석주 : 하루에 다섯 시간씩 AM과 FM으로 방송한다. 아침방송 5시~7시, 점심방송 12~1시, 저녁방송 5~7시까지. 재방 포함 방송프로는 전통적 종합방송으로 '열린 교실', '법과 우리생활', '금요일에 만나요', '60청춘 닐리리'가 방송된다. 매일 15분간 뉴스 방송을 하는데 주로 동포사회 소식(평균 대여섯 건)을, 일주일에 한번씩 (수요일 5~10분씩)은

KBS 라디오 방송을 대상으로 동포 소식을 전달한다.

연구자 : 한국정부기관으로 볼 때는 재외동포재단이나 외무부나 영사 이런 쪽과의 관계설정은?

장석주 : 우리말 옳고 바르게 쓰기 협력이 있었다. 89~91년도까지 홍콩을 거쳐서 우리 아나운서들이 비정기적으로 조선어화술을 연구하고 왔다. 수료 후 1995년부터 세계 한국어방송 연수가 있었다. 4~5년 동안 매년 한명씩 배정이 되어서 연수했다. 화술, 기술, 종업원들의 소질 육성에 KBS의 지속적 도움이 필요하다. 믹싱, 복사기 지원받고 재외동포재단에서 99년 중국 방송장비 구입을 위한 인민폐 23만원 상당을 현찰로 주었다. 만 달러에서 육천달러 정도 지원을 받아 오다가 작년부터 방송 관련한 모든 해외 지원은 방송위원회로 이전 시켰다. 영상제작 시스템 프로덕션을 일정에 올려서 큰 지원을 받아서 장비를 마련했고, 행사무대, 음향시설 장비를 마련하게 되었다. 한국 통일부의 지원으로 어린이들에게 꿈을 심어주는 우리말 바로하기, 우리글 바로 짓기, 우리노래 잘하기, 음향 듣고 이야기 엮기, 건반 낚기 자랑 등을 했는데 통일부의 후원이 좋은 밑거름이 되었다. 십여 년째 꾸준히 해오고 있고 고국 소식의 지원을 받아 생활수기 행사를 6~7년 동안 하고 있다. 특히나 자랑을 하고 싶은 건 한국 유나이티드에서 홍타민컵이라고 이름을 달아서 중국 조선어린이 방송문화축제를 하는데 그 규모가 웅변대회, 글짓기, 노래 잘하기 대회, 피아노자랑, 그리고 중국에 있는 재중 한국 어린이 중국어 자랑, 이런 것들로 해마다 대회를 열어 전국각지에서 온다. 어린이들의 차비, 수상금, 모든 비용 전액을 대한민국의 유나이티드 제약회사에서 부담한다. 불우한 어린이돕기 장학금, 한일 유공자어린이 장학금도 있다. 금년부터는 100여 명 규모로 중국방송 어린이 합창단을 만들기로 하고 어제 거금으로 피아노를 사들여왔다. 우리 민족에 유익

한, 특히나 어린이들을 위한 우리의 기둥을 키우는 일에 대한민국이 우리의 큰 힘이 되고 일조를 하고 있다.

연구자 : 여기 인터넷이 잘되어 있는 것 같다. 흑룡강방송 인터넷 주소도 공개해주고 어떻게 운영하는지 설명해 달라.

장석주 : 홈페이지를 펼치게 되면 http://www.873k.com 이다.

연구자 : 방송시간을 놓친 사람들이 다시보기를 할 수 있는 시스템이 되어있는가?

장석주 : 방송을 놓쳤을 때 인터넷방송국을 이용한다. 경제력상승으로 인해서 많이 컴퓨터를 이용하고 있다. 인터넷방송에 지난 프로라든가 듣고 싶은 노래, 동영상도 오르고 있다.

연구자 : 동영상은 생방송은 아니고 특집으로 동영상 제작하여 녹화 후 올리는 것인가?

장석주 : 동포 노래자랑을 진행할 때마다 인터넷방송에서 동영상 제작을 위해 따라간다. 일 년에 한두 번이 아니다. 어린이들의 콩쿠르 등 크고 작은 행사를 포함한 이 모든 활동들을 동영상 제작한다. 세계 각국에 있는 네티즌들이 빗발치게 방문을 하고 있다. 민족, 장벽, 나이, 신앙을 넘어서서 누구나 방문할 수 있는 게 우리 사이트이다.

연구자 : 한국을 방문하셔서 취재한 경험이나 공부한 경험은?

장석주 : 98년도 제2진 연수생으로 갔었다. 보도 편집부 차원에서. KBS

의 수원 연수원에서 20일간 강습. PD, MC 모든 것을 망라. 주로 라디오 편성에 관심을 가졌다. 직접 현장을 목격하면서 취재하고 기술하는 가운데 취재 기능도 배웠고 한국의 국악도 배웠다.

연구자 : 한국에 특별취재나 해외 파견을 하는지?

장석주 : 제12회 세계 한국어 방송대회를 치른다. 백전불굴의 정신으로 고국의 은혜에 보답을 해야겠는데 그러려면 시집살이 나간 딸들이 무형의 자산일 것이다. 대한민국의 최후이자 최대의 무형의 자산이 해외 동포가 아니겠는가. 정으로 네트워크를 구성하고, 프로 네트워크를 해서 지구를 감싸는 역할을 하도록 정부차원에서 육성시키고 동포가 그 고장에 깊이 뿌리박도록 보살펴줘야 한다. 특파원은 특별히 필요가 없다. 그곳의 동포만 찾으면 쉽게 빨리 정보를 얻을 수 있다. 우리가 동포의 대변인이면서 동포의 중심 역할의 사명을 해야 하겠고, 한국정부로서는 해외 동포를 새롭게 활용해야 하지 않겠느냐.

연구자 : 국경에서 멀리 떨어져 있다보니까 민감한 사항이 있을 때가 있다. 탈북자, 어선 나포, 동북 공정 등. 이런 문제를 보도할 때 어떤 지침이 있는가?

장석주 : 첫 소식은 기본적으로 KBS 뉴스, 보도의 주요 목적과 방침은 중화인민방송국을 인용하고 본떠서 나간다. 이슈, 쟁점문제에 있어 피할 건 피하자, 긁어 부스럼 만들지 말자는 취지이다. 신화사 통신이나 중앙통신에 입각, 정치적으로 민감하지 않다면 많이 다룬다. 동포소식은 남북한 소식 모두 포함하는데 남북통일과 협력과 합작에 유리하냐 불리하냐를 따진다.

연구자 : 북한이나 한국에 특파원이나 주재 기자가 있는가?

장석주 : 해외 분포는 아직 없다. 중국내에서 방송지사마다 자체 프로를 하고 있고 지방에 파급이 되고 있는 상태이다. 남북한 단어 선택에 있어 절충을 한다.

연구자 : 화상이나 유대인의 조직처럼 한민족 공동체를 만들고자 할 때 한국정부에 바라는 점은?

장석주 : 재외동포는 한반도 혹은 조선반도에 최대의 최후의 무형의 자신이다, 한 혈육으로 볼 때 종국에는 이념과 신념을 벗어날 때 자국민과 같다고 생각해야 될 것이다. 참정권(선거권)도 있어야 하지 않겠는가. 선조가 뼈를 묻은 곳은 조선반도가 틀림없다. 외교통상부, 재외동포재단, 언론재단에서 변해가고 있는 상황을 빨리 판단을 해서 민족, 동포발전에 유리한가 불리한가 정책적 판단을 해서 인도하는 것이 좋지 않겠는가. 개별적인 일이지만 비즈니스, 여행하시는 분들이 재외동포 소수민족에게 피해가 가는 일이 없도록 국가적으로 교양을 시켜야 한다. 백두산에서 태극기를 날린다든가 하는 일은 안 되고 그 고장 역사를 존중하고 역사, 합리성을 검증하여 협력해야 한다. 방송으로 말하면 어느 학교를 하나 지원을 하고 어느 마을을 하나 지원하는 것도 중요하지만, 흑룡강 방송은 성에서 하나뿐이다. 우리말과 글을 옳게 쓰게 하는 방송 연수도 중요하지만 방송장비, 기술력 제고, 자질 제고, 수준과 소질 제고는 우리들한테는 엄청 큰일이다. 인재양성, 인력지원에 박차를 가해야할 때다. 적어도 재외동포들이 다른 민족하고 같이 가거나 앞서야 함. 앞서갈 때 장려하고 같이 갈 때 더욱 지원해주는 국책이 중요하다.

(6) 흑룡강 신문 박 일 부사장

연구자 : 중국 내에서도 여러 군데 취재활동으로 바쁘시겠습니다마는 한국에도 물론 나와서 취재하고 그런 경험이 많으신지?

박 일 : 있다. 갈 때마다 겸사겸사 취재도하고, 또 우리 지사도 있다.

연구자 : 어디에 있나?

박 일 : 서울에 있다.

연구자 : 웬만한 기사는 즉시즉시 그곳에서 보내나?

박 일 : 그렇다. 그리고 우리 신문사하고 연합뉴스가 잘된다. 연합뉴스에서 우리 뉴스를 몇 백 개씩 갖다가 쓴다. 뭐 우리도 연합뉴스거 쓰는데 원고비는 서로 주지말자고 했다.

연구자 : 그럼 조선족 신문 중에서 지사가 파견 되어 있는 것은 흑룡강 신문 하나뿐인가?

박　일 : 정식으로는 그렇다.

연구자 : 조선족 언론들이 서로 만나 회의도 하고 협력관계를 갖고 있는가?

박　일 : 우리 신문사 주최로 조선족 언론 사장단 회의를 최근에 열었다. 사장님들, 일인자들 다 모셔왔다. 1월에. 왜 1월을 택했냐 하면 얼음축제 때문에.

연구자 : 아 세계적으로 유명한 얼음축제 기간에 말인가?

박　일 : 같은 일을 하는데 서로 제각기 하지 말고. 적어도 뉴스만큼은 공유를 하고 마당을 공유 하자. 그러니까 어른들이 아주 좋아하더라. 그래서 그런 모임을 가졌다. 앞으로는 공동보조를 취하자. 이제 이렇게 했으니까 발을 댔으니까 그분들도 다 돌아가면서 회의를 주최할 것이다.

연구자 : 연변일보 얘기를 들어 보니까, 각자 취재하긴 하지만 신문연구라는 잡지에서 어느 언론사 사람들인가에 상관없이 글을 써서 내게 하는 그런 것이 있는데 그것도 일종의 공동구조겠지마는 앞으로 사장단 회의는 더욱 관계가 강화되고 그런 것인가?

박　일 : 구체적으로 어떤 걸 한다는 것은 정하지 않았으나 차차 회의가 발전할 것이다.

연구자 : 한국 정부와는 어떤 관계가 있는지?

박 일 : 직접적인 관계는 없다. 다만, 우리가 알기로는 한국 정부에서도 이 신문을 아주 잘 알고 있는 걸로 알고 있다. 그래서 지난해 8월에 고건 전 총리가 하얼빈에 왔었는데 신문사를 방문했다. 그 다음날 국회의원들도 6분 왔었다.

연구자 : 근데 그 연변일보나 길림신문이 취급하지 못하는 것 중에서 여기서 취급할 수 있고 취급하시는 것이 아마 조선족 탈북자 문제인 것 같은데 그런 탈북자나 조선족 문제, 그리고 중국에 거주하는 한국인들의 안위에 관해서 총영사 쪽에서 제대로 일을 잘 못했을 때 여기서 비판기사가 나가면 역시 총영사 쪽에서 타격을 받고 반성도 하고 그렇지 않겠나? 어쨌든 탈북문제, 동북공정문제도 기사로 취급 하는가?

박 일 : 탈북자 문제는 묵인한다. 정부에서 탈북자 문제를 취급하는 정도까지만 취급한다.

연구자 : 인민일보에서 하는 정도는 할 수 있는가?

박 일 : 그렇다.

연구자 : 그러나 그 이상은 좀 신경이 쓰이는가?

박 일 : 당과 정책이 우선이고 겨레 그리고 사진관계는 최우선에 설 수 없다.

연구자 : 앞으로 화상 네트워크 같은 걸 만들어서 한민족 네트워크를

구성하자는 의견이 있는데, 그걸 구성한다고 했을 때 한국정부가 조선족에 관해서 어떤 역할을 해줬으면 하는지?

박 일 : 한국정부는 중국의 조선족을 잘 모른다. 어떤 말들이 나오냐하면, 조선족들도 러시아 고려인들처럼 한국 호적을 만들어야 한다고한다. 이건 당치않은 말이다. 지금 조선족이 한국에 가는 것은 가서 돈을 벌겠다는 것이지 거기 가서 살겠다는 말이 아니다. 한국정부는 중국의 조선족들도 대통령 선거를 하라고 하지만 당치도 않은 말이다. 또중국의 조선족들도 그걸 원하지는 않는다. 우리는 시집 온 며느리 같다. 시집왔으니까 여기 말 들어야 되고. 그러나 우리는 종가집이 여기 있으니까 핏줄이 같으니까 그게 많이 한심하고 이렇게 되는 거다. 그래서이런 건 부당하다고 느낄 때 많다. 우리 자유왕래만 되면 가서 일하고오고 돈 벌고 오고 이렇게 되면 편안하다. 불법체류 적어지고 다 이럴꺼 같은데 그렇지 않고 어떤 때는 그 보다 더 엉뚱하게 생각해서 중국조선족도 다 여기다 포함시키자 이거 까지는 그게 그렇지도 않습니다.

연구자 : 재외동포법을 개정한다고 할 때 참정권까지는 필요 없고 자유왕래를 할 수 있게 해달라 그런 말인가?

박 일 : 그렇다. 그래서 내가 언론에도 한편 쓴 적이 있다. 예를 들면여기에 조선족 불법체류자들이 3,000명인가 조선교회라고 서울에 있다. 서경석 목사. 그 분이 잘 모르는 거 같다. 그 분이 우리 한국 국적 올려달라고 떠들었다. 떠든 걸 언론에다 '수치스러운 농성이'라고 썼다. 왜수치스러운가. 그 사람들이 한국 국적 올리면 이 중국에 200만 동포가다 피해 받는다. 중국정부에서도 피해 받을 수 있고. 우리 중국정부에서기실 이 소수민족 정책이란 좋다. 이러니까 내가 언론에 썼다. "이 많은사람 피해주지 말라. 너네 몇의 발언에 너네 친척, 고향 사람들 다 피해

받는다." 그렇게 한 적 있다. 그래서 그 서경석 목사를 우리 신문사에서는 곱지 않은 시각으로 본다. 모르고 떠든 게지. 100명이라면 한사람 살리겠다고 99명은 다 죽으란 말인가.

연구자 : 진짜 그건 우리로서도 다 한국 국적을 주면 좋을 거 같은데, 그것은 오히려 한사람만 구하고 나머지 사람은 다 죽이는 꼴이다 이 말인가?

박 일 : 그렇다. 그래서 수치스런 농성이라고 본다고 그렇게 말했다.

연구자 : 여기서 한국과 못지않게 또 북한과의 관계도 좋다지 않나. 거기도 자주 가보았나?

박 일 : 그렇다. 지난해에도 저희가 기자들 네 분 데리고 평양신문사에 일주일 갔다 왔다. 평양신문사하고 우리 신문사가 이제는 끈끈하게 관계를 맺고 있다. 우리 한해 가고 이듬해 그분들이 오고. 그래서 올해 그분들 올 차례다.

연구자 : 그니까 무슨 협의체나 무슨 결연 같은 것이 있나?

박 일 : 자매결연 맺었다.

연구자 : 그게 어느 신문사인가?

박 일 : 평양신문사다.

연구자 : 그럼 서로 기사 교환도 하고 기자 교환도 하고 그러는가?

박　일 : 우리는 오래전부터 그렇게 요구한다. 서로 기사교환하고 기자도 교환하자. 기자도 서로 파견하자. 근데 그 분들이 이제 노력 중입니다 노력 중입니다 한다. 전번에 갔을 때도 제가 그 얘기 했다. 근데 그 분들이 아직 그렇게 까지는 못하고 될 수 있다는 말은 자주 한다.

연구자 : 한국처럼 지사가 있거나 그런 건 물론 아니고 또 상주기자가 물론 없고 필요할 때 마다 파견해서 왔다 갔다 하고?

박　일 : 못한다. 그래서 그저 일 년에 한 번씩 우리 가고 한해 건너서 오고…….

연구자 : 그럼 북한관계 기사는 어떻게 취급하나. 어떻게 기사화 하나.

박　일 : 인터넷에 뜨는 걸 많이 보고. 예를 들면 인터넷에서 북의 거는 일본의 조선단체들과 조총련에서 인터넷에 많이 띄운다. 그걸 많이 우리는 수집한다.

연구자 : 나는 아주 관계가 좋아서 자유롭게 왔다 갔다 하면서 취재하는 줄 알았더니…….

박　일 : 못 그런다. 우린 그렇게 하고 싶다.

연구자 : 그리고 요 문제는 고구려 영토에 관한 문제…….

박　일 : 고구려 영토 문제도 이거는 조금 예민한 문제다. 예민한 문제고 한국 기자 분들이 올 때마다 이걸 꼭 묻는 문제다. 이것도 우리는 신화사, 인민일보 기준으로 한다.

연구자 : 역시 그……. 탈북자 문제하고 똑같은 비중으로 하고 독자적으로 가서 취재해 가지고 하는 그런 일은 없는가?

박 일 : 안한다. 참 예민한 문제다.

연구자 : 거리상 멀긴 하지만 한국에서 연수를 하거나 가서 대학원 공부를 하거나 그런 기자들이 상당히 있는가?

박 일 : 우리 신문사 말인가? 7~8명 정도 있다.

연구자 : 가서 학위 받은 사람도 있나. 석사나 박사?

박 일 : 박사도 한분 받고 석사과정도 있다.

연구자 : 단기 연수는 많이 가는가.

박 일 : 단기가 한 넉 주, 다섯 주씩. 이렇게 해마다 4~5명씩 보낼 참이다. 그거는 이제 기획이 다 됐다.

연구자 : 조선족 언어가 줄어들고 학교가 줄어들고 사람이 줄어들고 하지 않나? 거기 관해서 어떻게 생각하고 어떻게 보도하는지.

박 일 : 우리는 줄어든다고 생각 안한다. 늘어난다고 생각한다.

연구자 : 아, 그런가? 그러니까 그런 얘기를 꼭 해 주면 좋겠다.

박 일 : 얼핏 보기에는 줄어드는 것 같지만. 우리 한겨레는 불어나고

있다. 한국에서 들어오는 분들이 우리 알기로 40만 넘었다. 2010년에 가서는 100만을 보고 있다. 그렇다고 할 때 우리 이 한겨레가, 중국 땅에 있는 한겨레가 늘어나지 줄어드는 게 아니다. 시골들은 상대적으로 좀 황폐해졌다. 다 도시로 나가고 특히 젊은이들은 다 나갔다. 하나는 한국 기업이 오면 그 주위에 서고, 학교가 오면 그 주위에 서고, 우리 기업가들이 우리 유명인사들이 가 만들고, 네 번째로는 중국정부에서 한국 거리다 무슨 거리다 이런 식으로 만들고 이렇게 네 가지로 변하고 있다. 이렇게 하면 농촌도 농촌처럼 살아날 수 있고, 그 담에 도시에 조선족들은 흩어져 살더라도 코리아타운 거리가 성립되고, 그다음에는 자체 민간단체들이 많이 생긴다. 하다못해 골프협회요, 축구협회요, 이렇게 서노라면 뭉쳐질 수 있다.

연구자 : 그러나 조선어를 가르치는 학교가 줄어들고, 소학교, 중학교, 고등학교가 줄어드는 거는…….

박 일 : 네 사실이다. 학교는 줄어들고 그래서 지금 집중되는 추세이다. 그것은 왜 이러는가 하면, 인구가 줄어들어서 그렇다. 낳지 않으니까. 우리 조선족은 둘은 낳을 수 있다. 그런데 아니 낳는다.

연구자 : 한국도 지금 출생률이 줄어들고 있는데…….

박 일 : 이래서 문제고 그래서 지금 집중되는 추세다. 중학교는 하얼빈 일중 같은 걸 비롯해서 몇 개 중학교들에는 상대적으로 더 늘어나고 각 향에 있는 학교들은 줄어들고.

연구자 : 마치 한국에 시골에 있는 학교들이 폐교되고 집중하는 거하고…….

박　일 : 비슷하다. 그 대신 좀 기대되는 거는 연해지구나 코리아타운 서는 만큼 학교도 꼭 따라가면 좋겠다.

연구자 : 그럼 흑룡강 신문에서 캠페인을 벌인다든가 집중적으로 이렇게…….

박　일 : 그래서 우리 신문사에서 학생들 위한 장학금만 해도 몇 가질 뿌렸다. 지금 빈곤 대학생 장학금, 그 다음 흑룡신문사 조선족 대학생 장학금, 금년에는 빈곤한 소학생들 대상으로 하는 장학금을 많이 이끌고 있다.

연구자 : 듣자하니까 흑룡강 신문이 기운차게 열심히, 생각했던 거보다 훨씬 더 잘 돼 있고 우수한 인재들로 좋은 정책 가지고 잘하는 거 같아 뜻 깊다.

박　일 : 우리 신문사가 다른 신문사와 다른 게 신문사지만 또 준정부라고도 한다. 왜 준정부라고 하는가 하면 주위에 시골 분들도 좋고 기층 분들이 무슨 일이 있으면 신문살 찾아온다. 다른 데 갈 데 없으니까. 연변 같은 데는 이런 찾아갈 데가 따로 있다. 그런 데는 전문적으로 해결하는 다른 곳이 있으니까. 근데 여기는, 흑룡강 같은 경우는 몽땅 이리 찾아온다.

연구자 : 준정부란 말은 참 처음 듣는데 이해가 간다. 그 일도 중요하다.

박　일 : 아주 중요하다. 큰일들을 많이 한다. 예를 들면 한국 갔다가 올 때 비행장 세관에서 뭐 벌금을 매기는 걸 우리가 나서서 해결하고 이런 일도 많다. 토지 몇 십 섬을 빼앗긴 걸 우리가 가서 해결하는 등

일 년에 부지기수이다.

연구자 : 한국식으로 말하면 해결사 같다.

박 일 : 네 그런 얘기 많이 듣는다. 그래 이 일을 누가 해야 되겠는가. 언론사들이 중간에서 해야 되지 않겠는가. 그래서 그 쪽을 우리는 많이 생각해서 무슨 될 수 있으면 해결하자고 한다.

연구자 : 해결사 이야기는 참 신선하다. 전혀 딴 언론사에서 듣지 못했던 얘기 잘 들었다. 올해가 50주년이라고 했는데 50주년 행사에 관해서…….

박 일 : 50주년 행사를 좀 굉장하게 하려고 한다.

연구자 : 언제 어떻게 하는지…….

박 일 : 금년에 9월쯤에 행사를 하려고 하는데 여기에 몇 가지를 나눴다. 하나는 신문사 컵 축구대회, 배구대회, 장기대회 이걸 지금 한 날짜로 쭉 조정한다. 이걸 한 날짜로 하고 그 다음엔 우리 성에 근 5백 개의 시골이 있는데 한국말로 하면 이장들 몽땅 청할 예정이다. 그 다음에는 중국에 온 한국 기업인들 토론회를 한 번 또 조직하고, 이건 행사고, 그 다음 지금 신문에서 50주년 특집 보도들이 많다. 지난해부터 시작했던 중국 한겨레사여 어디까지 왔나, 중국에 온 한국인들, 여기 있는 조선족들 어떻게 움직이고 도대체 어느 정도 살고 있고 자리는 어떻게 잡았고 하는 거……. 그래서 이것도 마무리 단계이다. 이제 곧 책도 나올 것이다. 이런 특집 보도도 많다. 그 다음에는 출판도 이렇게 하려고 한다. 중국 한겨레사여 어디까지 왔나 하고, 화첩 하나 만들고, 영상을 하나

만들라고 한다. 영상을 하나 만들어서 이 과정을 쭉 다 볼 수 있게, 이런 준비들을 하고 있다.

연구자 : 기대가 크다. 그런 활동 사항이 인터넷 신문으로도 다 보급이 되지 않겠나?

박　일 : 다 된다. 주소는 http://www.hljxinwen.cn이다.

연구자 : 이 인터넷신문은 언제부터 시작하였나?

박　일 : 인터넷 신문은 시작한지 몇 해 됐는데, 지금 개선해서 많이 좋아졌다. 그리고 우리가 지금 일간지 주간지 인터넷 신문 동등하게 취급한다. 일간지는 동북 삼성만 나간다. 주간지는 전국에 나간다. 그리고 이것은 세계 누구나 볼 수 있게 하자는 취지로 운영한다.

연구자 : 정말 좋은 말씀 감사하다. 열심히 우리 민족을 위해서 애써주신 흑룡강 신문 박일 부사장님과 흑룡강 신문사 임직원 여러분들께 감사 말씀드리고 싶다.

박　일 : 감사하다.

6) 소결론

지금까지 중국 조선족 언론인들의 한국 관련 취재 경험과 민족의식, 한민족 공동체 네트워크 참여 의지 및 방안 등을 중심으로 조사결과를 살펴보았다. 한중 수교 이후 활발해진 교류를 반영하듯 중국 조선족 언론인들은 한국 관련 취재활동 경험이 많았으며, 한국 관련 뉴스나 소식,

문화 등에 대한 관심도 역시 높았다. 또한 한민족 공동체 네트워크에 참여하려는 의지도 높았다. 하지만 중국 조선족들은 한국보다 중국을 자신의 조국으로 생각하는 경향을 보였다. 자신들은 중국 내 소수민족인 한민족의 일원이라는 것이지 한국에서 이주해간 한민족이라고 생각하는 것은 아니었다. 어린 세대일수록 자신을 한민족 공동체의 성원이라기보다는 중국 내 소수민족으로서 조선족이라고 생각하는 경향이 더 강했다.

따라서 젊은 세대일수록 민족의식이 덜 확고했으며, 한국 사회에 대한 지식, 정보도 부족했다. 이러한 민족의식 또는 민족 정체성에 대한 성향은 언론 형태에 따라서도 달리 나타나 방송매체 종사자들의 민족의식이나 민족지식이 신문매체 종사자들에 비해 민족부족하게 나타났다. 조선족 일반 대중 수용자들의 일상 삶에서 중요한 정보원 역할을 수행하고 있는 방송 매체의 민족의식이 부족하다는 점을 눈여겨 볼 필요가 있다. 앞으로 조선족 사회의 사회문화적 의제설정을 주도하게 될 젊은 세대나 영상매체 종사자들에 대한 적극적인 홍보나 한국 연수, 한국 언론단체와의 교류 등 제도적, 재정적 지원 방안이 마련되어야 할 필요성이 있다고 여겨진다.

이상의 연구 결과에서 디아스포라적 한민족 공동체를 형성하기 위해 중국의 경우 혈연중심의 뿌리의식을 강조하는 것보다 경제적, 정치적 이해 등 세계화 시대 동반자로서 관계를 설정하고 발전시켜 나가야 한다는 결론을 내릴 수 있었다.

이를 위해 영상매체와 인터넷을 기반으로 하는 네트워크 구축이 우선돼야 한다는 것을 알 수 있었다. 재중 한인언론인들의 인터넷 이용비율이 높았고, 일반 수용자들의 영상매체 의존율이 높았기 때문이다. 그러나 인터넷을 중심으로 하는 네트워크는 오프라인의 교류와 상호작용이 전제되지 않고는 크게 의미가 없었다. 심층면접을 통해 재중 한인 언론인들이 한국과 교류형태로 가장 희망하는 것이 한국에서 교육과 연수를 갖는 것이었다는 점에서 추정할 수 있었다. 또 온라인을 이용한 상호작용이 심층적이고 호혜적인 과정으로 이어지지 못한 채 자칫 정보를 취합할 수 있는 도구로 전락할 수 있는 개연성이 있었기 때문이다.

V
재일 · 재러 한인 언론인의 네트워크와 민족정체성

1. 재일 한인 사회와 언론

일본은 63만여 명의 동포들이 거주하고 있어 한국인이 다수 거주하는 국가로선 3위에 해당된다.[8] 재일 한인들은 도쿄, 오사카, 고오베, 나고야, 요코하마, 후쿠오카 등 산업이 발달한 대도시에 집중되어 살고 있다. 재일 한인 언론도 주요 거주지역을 대표하는 도시인 도쿄와 오사카를 중심으로 운영되고 있다.

역사적으로 재일 한인언론은 정파 저널리즘의 특성을 띠며 발전되어 왔다. 재일본조선청년동맹의 기관지인 「청년조선(靑年朝鮮)」 등이 항일운동의 한 축으로 활용된 것이 예이다. 이러한 저널리즘 성격은 해방이후에도 이어졌으며 현재 활발하게 언론활동을 펴고 있는 주요 신문역시 그런 특성을 담고 있다. 정파저널리즘이 갖는 특성은 비판과 보도라는 저널리즘적 특성보다는 정치, 사회적 목적을 실현하기 위한 기관지적 특성을 지니고 있다. 언론을 특정 이념이나 목표를 실현하기 위한하나의 이념적, 정치적 도구로써 활용하고 있는 셈이다.

재일 한일언론은 또 모국과 지리적으로 가까운데다 일제시대와 분단, 그리고 독재정치 등 모국의 역사적, 정치적 현실로부터 많은 영향을 받고 있다. 특히 남북으로 분단된 모국의 현실은 언론 활동에도 뚜렷한

---

8) 외교통상부(2004)에 따르면 638,546명이 일본에 거주하고 있는 것으로 나타났다.

경계선을 긋고 있다. 재일 한인 사회가 대한민국민단(이하 '민단')과 조선인총연합회(이하 '총련')이라는 두 개의 단체를 중심으로 나뉜 상황에서 각각의 입장을 대변하는 신문들이 서로 대립하는 양상을 보이는 것이다. 게다가 과거에는 같은 민단계 언론 내부에서도 한국 정부에 대한 입장 차이 등으로 서로 대립, 분열하는 양상을 보여 왔다.

여기에 세대가 거듭할수록 1세9)들의 비중이 점점 줄어들면서, 모국어를 읽고 쓸 줄 아는 동포들의 숫자가 급격히 줄어들고 있다. 2, 3세10)들은 일본에나 태어나 조국에 대한 기억이나 경험이 전혀 없는 세대들이다. 젊은 층, 특히 민단계 젊은이들 가운데 한국어를 구사하는 사람은 소수에 불과하다는 게 널리 알려진 사실이다. 이에 따라 젊은 층들 사이에서는 언어장벽과 문화차이로 인해 모국인과의 접촉을 기피하는 경향도 늘어나고 있다. 이를 입증하는 대표적인 사례 중의 하나가 많은 재일 한인들이 본명을 감춘 채 일본식 통명(通名)을 사용하고 있다는 점이다. 때문에 한인들을 수용자로 삼고 있는 대부분의 매체들도 일본어를 주로 사용하고 있다.11)

재일 한인이 운영하고 있는 대표적인 신문사는 모두 5개이며 대부분 일본어, 주간 신문으로 발행되고 있다(〈표 V-1〉). 이들 재일한인 언론은 재일동포 사회를 대표하는 두 개의 조직인 「민단」계 언론과 「총련」계 언론으로 구분할 수 있다. 이를 중심으로 구체적인 활동현황을 살펴

---

9) 1세는 해방 이전부터 계속 일본에 거주해 온 사람들과 이들의 직계비속을 말한다. 이들은 해방 이후부터 「한·일 기본협정」(1965. 6)이 체결될 당시에 재일 동포에 대한 일본 거주 영주권 부여를 위해 설정한 시한인 1971년 1월 16일 사이에 일본 내에서 출생하여 계속 살고 있는 사람들이다.

10) 2세는 1세의 자료로서 1971년 7월17일 이후에 출생한 자를 지칭하며 이들에게는 「한·일 기본협정」에 의거, 출생 60일 이내에 신청한 자에 한해 영주권이 부여되었다. 그리고 3세는 이들 2세의 자녀를 말한다.

11) 1980년대 이후에 일본으로 건너가 거주하고 있는 유학생을 비롯한 동포들(그들은 스스로를 '뉴커머'라고 부른다)의 언론 활동은 뚜렷한 차이를 보인다. 이들은 주로 생활정보 제공을 중심으로 하는 생활정보지 형태의 언론 활동을 펴고 있다. 이들 매체들은 한국어를 주로 사용하고 있다.

보면 다음과 같다.

〈표 V-1〉 5대 재일한인 신문

매체이름	발행형태	발간일	사용어
동양경제일보	주간	금요일	일어
통일일보	주간	수요일	일어
제민일보	주간	수요일	일어
민단신문	주간	수요일	일어+한글
조선신보	격일간	월,수,금	일어+한글

1) 일본지역 민단계 언론

대표적인 민단계 언론은 1946년 3월10일에 창간된 '재일본대한민국민단'의 기관지인 〈민단신문(民團新聞)〉[12]이다. 민단의 전신인 '재일조선건국촉진동맹(在日朝鮮建國促進靑年同盟)'의 기관지로 발행된 이후, 〈신조선신문(新朝鮮新聞)〉, 〈민단신문(民團新聞)〉(1947년 2월21일), 〈민주신문(民主新聞)〉(1948년 4월17일), 〈한국신문(韓國新聞)〉을 거쳐 현재에 이르고 있다. 〈민단신문〉은 일본어 5면과 한국어 1면을 월 3회 발행하고 있다. 최근에는 재일동포가 아닌 한국민들을 대상으로 1달에 1번 한국어로 발행되는 신문을 제작하여 국내 공공기관이나 도서관 등에 배포하고 있다.

〈통일일보(統一日報)〉는 1959년 1월1일에 〈조선신문(朝鮮新聞)〉(2면, 순간(旬刊))으로 창간되어 「통일조선신문」을 거쳐 오늘에 이르고 있다. 〈통일일보(統一日報)〉는 일본어로 발행되고 있는 주간지이다. 주로 6면을 발행하고 있으며 최근 들어 한국 관련 소식을 1면씩 발행하고 있다.

---

12) 민단은 창단 50주년을 맞아 재일동포 사회의 장래를 내다보는 변혁의 일환으로서 기관지를 충실화시킬 것을 결정하고, 1996년 5월1일자부터 기관지 명칭을 「민단신문」으로 개칭하였다.

〈통일일보〉는 통일 문제, 재일동포의 권익향상 등을 주된 내용으로 삼고 있다. 다른 한일언론에 비해 창간 당시부터 독자 정책과 노선을 걸어오며 제3공화국이나 5공화국 시절에는 한국 정부와 대립하기도 했다. 하지만 최근에는 한국 정부와 협력적인 입장을 취하고 있으며, 재외한인기자대회에 참여하는 등 한국 관련 활동을 활발하게 펼치고 있다. 다만, 열악한 재정환경 때문에 제작인력이 부족하여 재외 언론인들과의 협력이나 교류는 사실상 어려운 형편이다.

1946년 4월1일 창간된 〈동양경제일보(東洋經濟日報)〉는 재일 한인언론 가운데 유일한 경제전문지이다. 주간으로 발행되고 있으며, 8면 또는 10면을 제작한다. 일본어를 사용하고 있다. 경제전문지라는 특성 때문에 다른 재일한인 언론과는 달리 한국 경제에 관련된 내용을 자주 취재, 보도하고 있다. 그런 이유로 한국 지사를 두고 각 기업이나 단체, 국가기관으로부터 관련 정보를 얻고 있다. 한상 네트워크 구축 등에 관심을 많이 보이고 있으며, 한인언론인네트워크에도 적극적인 참여의사를 보이고 있다.

도쿄가 아닌 오사카에서 발행되는 유일한 신문인 〈제민일보 코리아 뉴스〉는 한국 제주도에서 발행되고 있는 〈제민일보〉를 일본어로 번역하여 제공하고 있다. 주로 8개면이 발행되는데, 7개면은 제민일보에서 취재한 한국 관련 뉴스로 채워지고, 1개면만 현지 소식을 담고 있어 가장 한국 소식을 활발하게 전하고 있는 신문이다.

2) 일본지역 총련계 언론

총련계의 대표적인 한인언론은「재일조선인총연합」중앙상임위원회의 기관지인 〈조선신보(朝鮮新報)〉이다. 1945년 10월10일, 〈민중신문〉이라는 제호로 창간되어 〈우리신〉」(1946년 8월), 〈해방신문〉(1946년 9월)을 거쳐 오늘에 이르고 있다. 1948년 8월부터 주(週) 3회, 1949년 5월부터 격일간으로 발행하다, 1961년 1월부터 제호를 지금의 〈조선신보〉로 바꾸고, 같은 해 9월부터 일간으로 발행하고 있다. 1999년 10월부터 주 3회(월, 수, 금), 8면(조선어판 4면, 일본어판 4면)으로 발행되고 있다.

기구는 편집국·경영국·총무실로 이루어져 있고, 편집국은 다시 동포생활부·정치부·문화부·기획부·사진부·편성교정부·인터넷부로 구분되어 있다. 신문의 주요 내용으로는 사회주의 조국의 정치·경제 및 인민생활 소식, 남한 소식, 시사 해설, 조총련의 사업과 민족교육·문화·체육 소식, 경제경영 소식, 재일교포들의 생활 등을 소개하고 있다. 편집 방침은 사회주의 조국 옹호 및 재일교포들의 민주주의적 민족권리 수호, 조국의 자주적 평화통일 촉진, 세계 진보적 인민들과의 국제적 연대 강화 등이다. 자매지로는 〈조선시보〉(일문지), 〈인민조선 The People's Korea〉(영문지)과 월간지 〈이어〉〈조국〉 등이 있다. 본사는 도쿄도[東京都] 신주쿠[新宿]에 있고, 오사카[大阪]에 관서지사, 평양에 지국이 있다.

2. 재일 한인언론인 네트워크와 민족정체성

1) 재일 한인언론인 면담조사

재일 한인 언론의 경우 현지 언론사들끼리의 공동보조를 취하거나 공식적인 교류 관계를 형성하고 있지 않았다. 민단계와 총련계로 한인 언론이 구분돼 있는데다 이민 1세대와 뉴커머 등 세대별로도 분리돼 있는 이중의 분리 상황이었다. 물론 서로 반목하면서 교류가 전혀 이뤄지지 않았던 1990년 이전과 비교해 볼 때 상황이 달라지고는 있지만 교류의 내용과 형식면에서 재일 한인언론인들의 네트워크나 교류는 맹아기에 해당되었다. 또 민단과 재일한인회는 남한정부, 조총련은 북한정부와 긴밀한 유대관계를 갖고 있어 민단계 언론과 총련계 언론이 각각 남

북한의 정부와 협력관계를 유지하는 대신 상호 협력하는 관계는 빈약
했다. 최근에는 총련계와 한국 정부에 해빙무드가 형성되는 등 교류 협
력의 가능성이 높아지고 있는 상태다. 2006년 새로운 민단회장이 선출
되면서 총련과의 협력을 다짐하고 실천에 옮기기도 했으나 북한핵문제
등 민감한 외교문제와 겹치면서 회장직에서 물러나는 등 민단과 총련
사이의 화해는 아직 갈 길이 먼 상태다. 또 오사카에 본사를 두고 있는
제민일보코리아뉴스와 경제 전문지인 동양경제일보의 경우 다른 신문
들과 달리 한국 언론계와 한국과 교류 희망이 성숙돼가고 있다.

재일 한인언론의 발달은 크게 3가지 특징으로 요약할 수 있다. 첫째,
과거 식민시대와 근대화 우리나라의 언론처럼 정론지를 표방하는 정파
저널리즘의 성격을 띠고 있다는 점이다. 이는 주요 언론의 창간 목적이
나 활동에 관련된 자료를 살펴보면 저널리즘 보다는 정치 사회적 목적
을 실현하기 위한 노력에서 비롯되었다는 것을 확인할 수 있다.

둘째, 일제시대에 일본으로 건거가게 된 동포들과 1980년대 이후 일
본으로 간 유학생 등 뉴커머 사이에는 언론 활동에 뚜렷한 차이를 보인
다. 정파 저널리즘이 일제시대부터 거주해온 재일동포 1, 2세대들이 운
영하는 언론의 주된 특징이라면 새로 일본 사회에 진입한 세대들이 발
행하는 매체들은 정보 제공 중심의 생활정보지 성격을 띠고 있다. 내용
뿐 아니라 사용하는 언어에 있어서도 뚜렷하게 구별돼 재일 동포들이
운영하는 매체들은 일본어를 주로 사용하는 반면 뉴커머들이 운영하는
매체들은 한국어로 발간되고 있다.

세 번째 특징은 재일 한인언론 역시 분단된 조국의 현실로부터 직접
적인 영향을 받아 총련(조선인총연합회)과 민단(대한민국민단)이 각각
의 입장을 대변하며 대립하는 양상을 보여 왔다. 최근 민단과 총련 사
이에 화해의 분위기가 조성되고 양자가 협력하기 위한 방안이 모색되
고는 있지만 오랫동안 대립각을 세워왔던 양측 언론 이 쉽게 합의점을
찾을 것 같지는 않다.

이러한 재일 한인언론의 환경 때문에 일본 한인 언론인끼리의 네트워크나 한국정부와의 네트워크 역시 미국이나 중국 지역에 비해 미비한 편이었다. 면담조사 결과 이를 확인할 수 있었다.

(1) 배철은 민단신문 편집인

연구자 : 먼저, 민단신문의 현황에 대해 간단하게 소개해주십시오.

배철은 : 민단신문은 기본적으로 재일동포를 대상으로 하는 민단의 기관지입니다. 한 달에 세 번 나오고 있습니다. 일본말로 나오고, 일본 국내에서 한 10만부 발행됩니다.

연구자 : 한국 관련 취재를 얼마나 하신가요?

배철은 : 거의 취재하지 않습니다. 그야말로 재일동포의 네트워크 역할을 하는 기관지이기 때문에 큰 사건 아니면 안 써요. 한국 소식은 인터넷이라든가 세상이 좋아져 금방 검색할 수 있고요. 일본신문에도 다 나와요. 때문에 거의 재일동포들을 대상으로 취재나 편집을 하게 됩니다. 재일동포의 참정권이나 법 개정 등과 같이 재일 동포사회에 뭔가 도움이 되는 기사라면 그 때는 취재를 합니다.

연구자 : 한국 정부를 대상으로 취재를 하는 일은 거의 없으신가요?

배철은 : 전혀 없다는 건 아닙니다. 예를 들어서 국내 정치가가 재일동포들을 위한 어떤 사업을 한다고 해서 방문할 경우에는 취재하기도 합니다. 박근혜 씨가 왔다든지, 국내의 지도자들이 일본에 와서 재일동포사회와 관련된 활동을 했을 땐 보도를 합니다.

연구자 : 그럴 때 취재요청을 하거나 정보요청을 하면 잘 응해주는 편입니까?

배철은 : 그렇죠. 대사관 공보관실 하고 정보 라인은 갖고 있으니까 서로 부탁하고 부탁받는 입장입니다.

연구자 : 그렇다면 일상적으로 한국 관련 정보는 주로 어디에서 얻습니까?

배철은 : 한국 관련 정보를 얻고 싶을 땐 기본적으로 한국 신문과 인터넷을 이용합니다. 그러나 거의 그런 일이 없습니다. 해서 뉴스를 받고, 한 달에 세 번이니까요. 한국 관련 소식을 취재하는 것보다 재일동포 사회를 한국에 알리는 것이 중요합니다.

연구자 : 한국민들에게 재일동포 사회를 알리기 위해 특별한 활동을 하고 계신가요?

배철은 : 재일동포들의 현실을 한국에선 너무 모릅니다. 한국 동포들에게 재일동포 소식을 뭔가 알려주자고 해서 우리말판을 1달에 1번 별도로 발행하고 있습니다. 지금까지 6호째 발행했습니다. 현재 한국 공공기관에 주로 보내고 있습니다. 앞으로 이 부분에 대한 지원이 있었으면 좋겠습니다.

연구자 : 민단신문 우리말판을 보고 난 후에 한국 동포들이 반응을 보낸 적도 있습니까?

배철은 : 큰 반응은 없지만요. 관심이 있다며 지속적으로 보내달라는 분

도 있었다는 이야기는 들었습니다.

연구자 : 민단계 언론인들은 민단 활동에 함께 참여하고 있고 상호 간에 교류나 친목을 목적으로 한 모임은 없습니까?

배철은 : 물론 재일한인 기자협회에 소속되어 있습니다. 정보 교환은 할 수 있습니다. 민단의 인사발표가 있거나 주요 행사가 있으면 우리가 발신지로서 정보를 주는 겁니다. 그렇지 않은 경우에는 거의 왕래가 없습니다.

연구자 : 일상적으로 서로 만나거나 정보를 교환하지는 않습니까?

배철은 : 그런 건 없습니다. 취재할 때 가끔 만나기는 하지만 가벼운 인사를 나누는 정도입니다. 취재 인력도 부족한데다 서로 일이 바빠서 만나기 어렵습니다. 필요성도 별로 느끼지 못하고요.

연구자 : 총련계 언론인들과의 교류는 어떻습니까?

배철은 : 교류가 없다고 봐야죠. 현장에서 간혹 만나는데 인사를 나누긴 합니다. "나중에 술 한 잔 하자", "자료가 필요하면 언제든지 연락해라 도와줄게", "자료가 필요하면 연락할게 도와줘라"하면 외면하고 그러진 않아요. 저쪽도 많이 완화가 됐어요. 조총련도 남북한이 화해무드로 가면서 예전에는 굉장히 강력하게 거부감을 표시했는데 요즘은 그렇진 않습니다.

연구자 : 총련계 언론인들과의 교류 가능성이 있다는 것으로 해석해야 합니까?

배철은 : 표면적으로는 그렇습니다. 하지만 조선신보는 이북에서 발표하는 것만 내기 때문에 저희하곤 다릅니다. 총련은 이북을 따라갈 수밖에 없는 현실입니다. 우리는 대한민국 정부를 따라야겠다는 마음을 갖고 있지만. 만약에 우리 민단하고 정부와 대립적인 관계가 있으면 우리는 민단의 목소리를 대변합니다. 민단신문은 한국정부와 대등한 관계에서 역할을 하는데 조선신보는 북한에 영향을 많이 받고 있는 형편이라고 할 수 있습니다.

연구자 : 재일 한인언론에 종사하는 분들을 빼고도 한국 언론사에서 온 특파원분들도 있을 텐데요. 그 분들과의 교류는 어떻습니까?

배철은 : 일본에 온 기자들 하고 한 달에 한 번씩 기자 간담회를 해왔어요. 앞으로는 특파원들하고 한 달에 한번이나 만나자는 계획을 짰어요. 여태까지 그런 건 없었어요. 기자회견이나 있을 때에는 정보를 제공하는 정도였습니다. 정규적인 것은 없었고요.

연구자 : 한국 특파원들과 주로 어떤 교류를 하시는 가요?

배철은 : 정기적으로 제공하는 정보는 없는데요. 가끔 특파원 분들로부터 정보를 제공해달라는 문의는 들어오죠. 민단이 재일동포의 본거지이니 그런 문의는 가끔 옵니다.

연구자 : 반대로 여기서 한국관련 취재를 하실 때에는 한국 특파원들로부터 정보를 얻거나 하시진 않습니까?

배철은 : 우리는 연합뉴스라던가 그런 건 안 씁니다. 한국 관련 취재를 할 때 특파원들에게 물어보는 경우는 없습니다.

연구자 : 마지막으로 속칭 '뉴커머'라고 하는 재일 한인들의 숫자가 점차 늘어나고 있는데요. 그들과의 관계는 어떻습니까?

배철은 : 민단 자체가 뉴커머들은 우리와는 다르다. 그 사람들은 곧 귀국을 할 사람들이라고 생각해 왔습니다. 하지만 요새 경향을 보니깐 뉴커머가 일본에서 체류하는 경우가 많아졌어요. 그래서 그 사람들도 같은 재일동포라는 생각이 커 졌습니다. 민단에도 회비를 매달 내고 단원이 된 사람들이 있습니다. 그 사람들이 민단지부의 본부장도 하고 있는 경우도 많습니다. 저희 민단신문에도 한국에서 대학교 나와서 일본에 유학을 왔다 장기간 체류하고 있는 분이 기자로 일하고 있습니다. 이 사람들이 한국에서 학교를 나왔으니 한국과의 교류에는 이점이 있다고 생각합니다. 많은 변화가 있을 거라 기대됩니다.

연구자 : 신문을 제작하는 데 어려움은 없습니까?

배철은 : 재정적으로 어려움이 많습니다. 기자가 많지 않습니다. 현재 7명이 신문을 만들고 있습니다. 만약에 오사카에서 기사거리가 뜬다 하면 예전에는 직접 취재했어요. 그런데 지금은 지방통신원 같은 사람이 있어 취재를 맡기고 있습니다.

연구자 : 해외 한인언론인들 간에 네트워크 만들자는 제안이 있습니다. 그 부분에 대해선 어떻게 생각하십니까?

배철은 : 작년도 그렇고 재작년도 그렇고 해외 기자대회 있었죠. 갔다 왔는데요. 일 년에 한번 정도니깐 네트워크로 다 하긴 좀 곤란하죠. 실제로 그런 조직이 있다면 도움이 될 걸로 생각합니다.

연구자 : 해외 각지에 한인 언론인들이 지리적으로 떨어져 있기 때문에 오프라인 형태의 교류는 쉽지 않기 때문에 인터넷을 이용해 정보교류센터 형태로 네트워크를 만들어야 된다는 의견도 있는데요. 그 부분에 대해선 어떻게 생각하십니까?

배철은 : 6·15행사다, 8·15행사다 남북한이 같이 행사를 할 경우에는 저희도 취재를 하고 싶습니다. 만약에 평양에서 한다 그러면 조선신보 기자들은 취재가 가능합니다. 만약에 서울에서 한다면 민단신문 사람들이 가가는 어렵습니다. 수속이 너무 복잡합니다. 만약 김정일 북방위원장이 서울에 온다면 우리 취재할 수 있을까요? 아마 조선신보 기자는 갈수 있는데 우리는 뭔가 제한이 있는 거 같아요. 우리도 자연스럽게 취재할 수 있게끔 그게 필요하다고 봐요.

연구자 : 실제로 그런 시도를 해보신 적은 있습니까?

배철은 : 작년에 6·15행사를 서울에서 한다, 평양에서 한다 말이 많았는데. 저희가 갈 수 있을까 물어봤는데 어렵다는 답변이 왔어요.

연구자 : 이유는 무엇이었습니까?

배철은 : 한국 정부에서 어렵다고만 하더라고요. 뭐 정치적인 이유인 것 같아요.

연구자 : 언론 활동과 관련하여 한국 정부에 요청하고 싶은 게 있다면 무엇입니까?

배철은 : 재정 문제 이외에는 특별한 문제는 없어요. 재정적인 지원이

더 있었으면 좋겠다. 일단 신문사는 구독자의 구독료하고, 광고로 꾸려가는데 광고를 못하거든요. 광고도 그렇고 민간기관이면서 사업체의 도움을 받을 수는 없는 거고. 결국은 재정적 지원의 뒷받침이 없으면 신문 만드는 것도 인건비부터 시작해가지고, 제작비를 마련하기 어렵습니다. 그리고 또 우리는 일일이 운송을 해요. 운송하는 게 8만 건이거든요. 우표 값만 해도 엄청나요. 지금 한국에도 도서관을 중심으로 보내고 있는데요. 아까 말이 있었지만 재일동포와 국내 있는 사람들과의 관계가 점점 떨어지고 있어요. 재일동포가 어떤 존재인지 그 기본적인 것을 통일부 사람들이 몰라요. 그런 관계를 좀 더 좋게 변할 수 있게 하는데 이 신문이 갖고 있는 역할이 크다고 봅니다. 일본판도 일본에 있는 도서관에 다 보내고 있어요. 일본 학교에 다니고 있는 재일동포가 있던, 없던 그곳에도 보냅니다. 일본 선생님들이 재일동포는 이런 문제를 가지고 있구나 느낄 수 있고요. 흥미를 가지고 있는 일본인 교사라면 같이 살자고 일본 애들에게 가르칠 수 있습니다. 그런 점에서 저희 역할이 매우 중요하다고 생각합니다. 교과서만 문제가 있는 것이 아니라 수업 내용도 문제가 있을 수 있으니 저희 역할이 필요하다는 겁니다.

연구자 : 한국 정부의 홍보 차원에서도 재일 한인언론의 역할이 중요하다고 생각하는 데요. 그 점에 대해선 어떻게 생각하십니까?

배철은 : 그 이유를 말씀드릴게요. 40만이라는 재일동포가 있잖아요. 그 사람들이 직장이 있고, 학교에서 뛰고, 일본인들과 함께 살고 있어요. 그 파급효과는 크다고 할 수 있습니다. 대사관의 역할을 무시해서가 아니고 대사관보다 같은 처지의 재일동포 언론이 훨씬 효과적이라고 생각합니다.

(2) 김효황 오사카 제민일보 코리아뉴스 회장

연구자 : 오사카 현지 한인언론 현황 소개를 좀 해주시죠.

김효황 : 오사카에는 한인 동포가 약 18만이 살고 있고 그 중 제주도가 고향인 사람이 대략 8만 정도라고 알고 있습니다. 전체 교포의 약 45% 정도가 제주도 출신인 셈이죠. 저 또한 재일교포 2세입니다. 그런 이유 때문인지 제주도 소식을 궁금해 하는 사람들이 많은 편이죠. 뭐 고향 소식을 알고 싶어 하는 그런 마음이겠죠. 동경만 하더라도 한두 군데 한인언론이 더 있는 것으로 알고 있지만 여기(오사카)는 제 신문이 유일할 것입니다. 정확한 이름은 〈제민일보 코리아뉴스〉이죠.

연구자 : 그 밖의 다른 언론사는 전혀 없는 것인가요?

김효황 : 신문이요? 월간지라든가 정보지 이런 것들은 일 년에도 몇 권씩 생겼다 없어졌다 하지만 우리처럼 정기적으로 나오는 주간지 신문은 제민일보코리아뉴스 하나뿐일 것입니다. 민단에서 만드는 민단신문이 배달되기도 하지만 이곳에서 직접 제작되는 신문은 제민일보 뿐이지요.

연구자 : 〈제민일보코리아뉴스〉는 제주도에서 발행된 신문을 일본어로 옮겨 발행하는 것으로 알고 있는데 이런 형태를 취하게 된 특별한 계기라도 있으셨나요?

김효황 : 네 있어요. 코리아뉴스가 내년으로 10년이 되니까 9년 전인데. 그 때 제가 사업차 제주도에 자주 드나들고 있었습니다. 알고 지내던 분이 제민일보를 운영하고 있었는데 고향 소식도 들을 겸 좋겠다 싶어

그분이 보내준 제민일보를 읽고 있었지요. 근데 내가 우리말을 잘 아는 것이 아니니까 또 일본에 있는 내 주변 사람들은 더 한국말 모르니까. 또 제민일보를 나 혼자 보고 마는 것이 아깝더라구. 그래서 그걸 일본어로 번역하기 시작했지. 번역한 신문을 아는 사람들한테 보내주었던 것이 시작이야. 그게 동기라면 동기야. 그러다가 제민일보 회장님이 사업이 어려워지면서 내게 제안했지. 제민일보를 맡아보는 건 어떻겠냐고.

연구자 : 그럼 제민일보 코리아뉴스 소개를 좀 해주시죠?

김효황 : 모두 8면으로 제작되고 있습니다. 7개면은 한국에 있는 제민일보에서 만든 내용을 그대로 일본어로 번역하는 것이고 나머지 한 개 면만 현지 소식을 담아 제작하고 있습니다. 동경에 특파원 형식으로 기자가 한 명 있고, 여기(오사카)는 지국 형태로 운영되고 있지요. 일본에서 취재한 내용을 제주도로 보내면 거기에서 전문적인 제작은 합니다. 제민일보에 일본어 번역을 담당하는 인력도 따로 있고요. 이쪽에서는 매주 월요일 제민일보가 제작돼 오면 수요일 날짜로 우편 발송해 주고 있습니다. 보내는 곳은 주로 기관들이고 개인적으로 친분이 있는 분들, 교포들에게 보내지요.

연구자 : 재일 교포 2세나 3세들이 한국 소식을 궁금해 하기는 하나요?

김효황 : 지금은 아주 그렇지요. 그렇지만 10년 전만 하더라도 상황이 아주 많이 달랐어요. 세상이 아주 많이 바뀌었어요. 10년 전에는 오사카라던가 동경에도 한국 관련 소식 없었어요. 전혀 없었어요. 그러나 지금은 한류라고 하지요? 어디가도 한국관련 소식을 알 수 있어요. 그래서 10년 전에는 한국 소식을 알고 싶어도 마땅히 알 수 없었고, 아까도

말했지만 여기 재일교포 2, 3세들이 일본인처럼 사니까 안 그럴 것 같아도 고향 소식, 한국 소식을 궁금해 하는 사람들이 있어요. 지금은 더 많이 그렇고. 한국말도 자유롭게 사용하잖아요.

연구자 : 네. 한류를 몸으로 실감하시겠네요.

김효황 : 그렇지요. 제가 신문을 시작하던 10년 전만 하더라도 일본 TV에 한국 얘기 나오지 않았어요. 방송도 안하고 그러니깐 우리는 한국에 관심이 있어도 잘 모르잖아요. 그러니깐 주간지로 동포사회에 보내면 한국소식을 들을 수 있겠다 싶었지만 이제 세상이 바뀌었지. 일본 사람들이 한국 연예인들을 아주 좋아해요 한국계통 TV도 있고 기사도 매일 나오죠. 신문을 그만 해도 될 정도로.

연구자 : 진짜 그러실 것 같네요. 신문사 운영은 어떠신가요?

김효황 : 내가 여기 사업하면서 조금 여유가 있고, 그때 마침 제민일보 회장님 사업이 부도가 나고, 나 또한 관심도 있고 여러 가지 여건이 맞아서 시작한 것이긴 한데⋯⋯. 지금은 제가 어느 정도 역할을 다하지 않았나 그런 생각을 해요. 무엇보다 내가 혼자서 고생 안 해도 신문이나 TV에서 한국 소식을 들을 수 있고, 사실 주간지 보는 사람도 거의 없고 그렇지요. 게다가 민단에서 나오는 민단신문인 무료로 배달되기 때문에 유료로 운영되는 우리 신문은 적자를 면할 수가 없어요.

연구자 : 네. 한국에서도 지방지는 경영난을 호소합니다. 그런데 말씀 도중에 민단신문과 경쟁체제인 것 같은데요?

김효황 : 민단신문은 동경에 있지요. 민단은 대한민국 정부와 깊은 연관

이 있는 단체지요. 총련이 북한과 관계가 있듯이. 이 민단에 정부가 매년 80억 정도를 지원하는 데 그 중 20억 원 정도가 민단신문을 만드는데 들어갑니다. 한 달에 세 번 정도 발간되는데. 무료로 발간되고 배포되고 있어요. 민단신문이 저하고는 악연 아닌 악연이 있는데. 제가 제민일보 일본어판을 내야겠다 마음먹고 일 년 정도 준비하고 있었지요. 직원들도 뽑고, 소식지 내고 금방 신문을 발간하려고 하는데 갑자기 민단에서도 신문을 발행한 거예요. 아마 그때 재일동포 사회에 한인언론에 대한 욕구가 생겨났던 모양이지. 근데 민단은 무료로 배포되니까. 나하고는 경쟁이 되지 않지.

연구자 : 사업적 측면에서 참 어려운 일이었겠네요. 오사카 재일동포 사회에 언론으로서 기능을 다해야겠다는 그런 마음이 없었다면 결코 유지하지 못했을 것 같다는 생각이 듭니다.

김효황 : 그렇지. 사실은 사람 도리 상 매정하게 끊지 못해서 시작한 면이 없잖아 있는데 하다보니까 보람도 있대. 언제였더라 노무현 대통령이 해외 한인언론 사장단하고 오찬모임을 할 때가 있었는데, 그 때 우리 신문사가 특별히 칭찬받은 일이 있지. 대통령이 우리 정부가 해야할 일을 대신 해주어서 고맙다고, 현지 동포사회에 한국 소식을 알려줘서 고맙다고 그러더라고. 뭐 그런 보람은 있지. 사업적인 생각으로 접근하지 못하는 그런 게 있어.

연구자 : 사업적으로 어려운데도 계속해서 제민일보를 유지하는 이유라도 있으세요?

김효황 : 그야 뭐. 꼭 사업적인 측면에서만 찾을 수 없는 보람이란 게 있으니까. 잘 알다시피 재일동포 2, 3세들은 한국말을 잘 못해요. 문화

가 아주 틀리지. 그냥 일본인이라고 생각하는 것이 더 옳을 거야. 여기 교포들은 일본에서 태어났고 일본학교에 다니고 직장을 갖고 있기 때문에 김치를 먹지만 문화는 일본 문화예요. 나처럼 한국말을 조금이라도 하는 사람은 아주 특별한 경우지. 역사적으로 잘 알잖아. 우리 부모 세대가 일본에 왔을 당시에는 한국에서도 우리말을 쓰면 안 되는 세상이었어. 하물며 일본에 왔는데 한국말을 계속 쓰는 것이 어려웠지. 자식들한테도 그저 일본말을 쓰라고 하는 경우가 많았다고 해. 그러니 재일동포 2, 3세들은 일본 사람이라고 생각하는 것이 더 맞을 거야. 그래서 동포라고 하지만 갈수록 공통점이 없어져가고 있어. 그래서 뉴커머들하고 동포 사회도 완전히 분리돼 있지. 오사카에만 5천에서 많으면 1만 정도의 뉴커머들이 있는데 이들은 주로 서비스업에 종사해. 같은 민족이라고 해도 전혀 다른 생활습관과 욕구를 가진 집단이야. 근데 코리아뉴스 같은 것이 이 둘을 연결해 줄 수도 있다고 생각해.

연구자 : 뉴커머들은 한국 소식을 어떤 매체를 접하는지.

김효환 : 요즘엔 한류 때문에 TV에도 많고, 인터넷도 있고……. 그렇지만 그 사람들 실질적으로 가장 많이 필요로 하는 것은 정보지야. 직장 구하고 일상 생황에 필요한 정보가 들어있는……. 그래서 코리아뉴스 지면을 좀 바꿔볼까 해. 동포사회와 뉴커머들이 모두 볼 수 있게.

연구자 : 네, 아까 재일교포 2, 3세들은 어차피 한국말을 잘 모르기도 하고 잘 안 쓰니깐 코리아뉴스를 만드셨다고 하셨잖아요. 또 새로운 뉴커머들은 한국말 쓰고 필요로 하는 정보도 다르니까 재일동포와 뉴커머들 사이는 분리될 수밖에 없다. 근데 그게 꼭 좋은 건 아니다 싶어 서로 이해하고 얘기도 통할 수 있는 방법을 찾아보고 싶다. 그런 의미에서 제민일보코리아뉴스를 활용하고 싶다는 말씀이시군요.

김효황 : 그렇게 거창한 의미까지는 모르겠고. 아무튼 그런 생각이 들기는 해요. 나 같은 사람이 가운데서 뉴커머하고 우리 동포사회의 다리 역할을 하면 좋지.

연구자 : 쉬운 일은 아니죠.

김효황 : 진짜 쉬운 일 아니야. 일단 뜻이야 좋지만, 주간지가 됐든 정보지가 됐든 성공을 했던 사람들이 없어. 만들었다 실패하고 또 만들고 끝나고. 내가 코리아뉴스를 운영하는 10년 동안 나한테 정보지 도와달라고 찾아오는 사람들만 엄청 많았지. 그래서 지금 머리가 복잡해. 코리아뉴스를 어떤 식으로 꾸려나갈지 말이야.

연구자 : 아까 민단 말씀 하셨는데, 민단과 협력하는 방안이나 아니면 제주도 지방자치단체와 교류 협력하는 방안 등 한국과 상호 교류하는 방안을 통해서 해결책을 찾아볼 수는 없을까요?

김효황 : 민단 신문은 어차피 기관지니간 내용이 제한적일 수밖에 없잖아. 정부가 민단에게 지원하는 거를 분리해서, 아니면 아예 민단은 단체로서 역할을 수행하고 언론 기능은 다른 곳에 맡기는 것도 방안이 아닐까 싶은데. 민단이 잘하는 일도 있지만 동포 사회에서 꼭 좋은 소리만 듣는 것도 아니고. 그렇지만 이런 말은 좀 조심스러워.

연구자 : 그렇겠지요.

2) 소결론

연구결과 일본은 언론교류 면에서도 가깝고도 먼 나라라는 것을 확인할 수 있었다. 재일 한인언론은 다양한 역사적 사회적 이유 때문에 다른 해외 지역보다 언론 활동 면에서 소극적이었다. 적극적으로 자아정체성이나 민족정체성을 드러내 보이지 않았고 한국과 동반자적 관계를 구축하는 면에 있어서도 큰 관심을 보이지 않았다. 매체환경 면에서는 다매체 환경과 지리적으로 한국과 인접해 있어 굳이 재일 한인 언론에 대해 필요성을 절감하지 않고 있었다. 자체 한인사회 정보에 대한 욕구도 크지 않았고 인터넷이라는 매체 덕분에 한국 정보에 대한 욕구를 거의 해소할 수 있어 재일 한인언론을 매개로 한국 관련 소식을 접하고 있지도 않았다.

또한 재일한인언론은 역사적 이유 때문에 한국정부와 상호 교류는 물론 현지 언론사 상호간에도 교류가 이뤄지지 않고 있었다. 우선 분단 이후 민단과 총련으로 나뉘어 남한과 북한 정부를 대변해온 재일 언론은 반목과 대립으로 일관해오다 최근 들어서야 화해의 분위기를 형성하고 있는 실정이었다. 또한 일제 식민지라는 역사적 이유 때문에 한국어를 사용하고 한국의 민족정체성을 유지하고자 희망하는 경우가 많지 않아 한국어를 매개 수단으로 하는 한인언론이 발달할 수 없는 구조적 요인을 갖고 있었다. 최근에 일본으로 이주해 간 이른바 뉴커머들의 경우도 크게 다르지 않았다. 뉴커머들의 경우 인터넷이라는 매체 때문에 신문과 방송이라는 전통 매스 미디어에 대한 욕구가 크지 않았다. 뉴커머들을 대상으로 하는 생활정보지의 경우 정통 언론의 역할과 기능을 수행하기보다 구인, 구직 광고와 같은 생활정보지 성격에 그치고 있었다.

다만 한국정부와 현지 언론사들과 교류를 희망하고 발전적인 관계를 형성하고자 하는 희망은 감지 할 수 있었다. 예를 들어 동양경제신문의 경우 경제전문지라는 특성 때문이기는 했지만 다른 재일한인 언론과는 달리 한국 경제에 관련된 내용을 자주 취재, 보도하고 있었다. 또 한국 지사를 두고 각 기업이나 단체, 국가기관으로부터 관련 정보를 얻기도 했으며 한인언론인네트워크에도 적극적인 참여의사를 보이는 등 한상 네트워크 구축 등에 관심을 많이 보이고 있었다. 또 오사카의 제민일보 코리아뉴스는 비록 일본어로 발행되고 있기는 했지만 한국의 제민일보를 일본어로 번역해 발간하는 것이었기 때문에 한국 소식을 충실히 전달하고 있었다. 다만 정기적으로 진행되는 교류 행사나 네트워크가 구축돼 있지 않다는 점은 아쉬웠다.

재일 한인언론인들이 네트워크 구축과 관련해 선결 과제로 삼고 있는 것은 한일 상호간의 인식 전환이었다. 재정적 제도적 지원보다 일본이 한국을 이해하고 한국이 일본을 이해하며 나아가 재일 교포의 현실을 이해해야 한다는 점을 강조했다. 또한 한국정부와 일본 현지 언론과의 교류 못지않게 재일동포 1, 2, 3세들과 뉴커머들 사이의 상호 교류와 네트워크가 절실하다는 점도 연구결과 확인할 수 있었다. 어느 사회에나 세대차이는 존재하겠지만 뉴커머와 재일동포 등 재일 한인언론인들 사이에 형성된 세대 차이는 한민족 네트워크를 형성하기 위해 선결해야할 전제조건으로 보였다. 이를 위해 한시적으로 일본어로 발간되는 매체를 통해 한국적인 공동문화 형성과 정보제공을 병행할 필요가 있어 보였다. 전 세계를 대상으로 범민족 차원의 네트워크를 구축하기 위해서는 일차적으로 경제를 중심으로 한 네트워크가 필요하겠지만 경제 네트워크만으로는 발전적이고 지속 가능한 디아스포라적 민족정체성을 유지할 수 없기 때문에 한일 상호간의 인식전환과 이를 토대로 문화 공동체 민족 공동체를 형성할 수 있어야 한다는 것이다.

3. 재러 한인 사회와 언론

1) 러시아지역 한인 사회

러시아 극동지역과 중앙아시아 지역은 한민족 해외 이민 역사에서 중요한 위치를 차지하고 있다. 조선말기인 19세기부터 한인들은 경제적 궁핍과 식민치하를 피해 해외로 이주하기 시작했다. 이 때 해외 이주 장소로 쉽게 선택했던 곳이 조선과 인접한 중국의 만주 또는 러시아 연해주(러시아 극동지역)였다. 두만강만 넘으면 국경을 넘을 수 있는데다 당시만 하더라도 이들 지역에는 인구가 많지 않아 농사짓기에 적합한 토지가 풍부하였기 때문이다. 한때 연해주지역에만 32개 조선인 자치구가 생겨날 정도로 연해주와 사할린 지역은 한인이주민들이 많이 거주하는 지역이었다. 그러다 1937년 연해주와 사할린 일대 정착하고 있던 고려인들은 소련 스탈린 정부의 정책으로 지금의 카자흐스탄, 우즈베키스탄지역, 즉 연해주와 사할린보다 서쪽에 위치한 중앙아시아 지역으로 강제이주 당하게 된다.

또한 연해주 지역은 1991년 한국과 소련의 수교 이후 경제협력과 문화교류가 활발히 진행되고 있고 중국 북한과 북경을 접하고 있어 경제, 안보적 측면에서도 중요한 지리적 위치를 점하고 있다.

상술하자면, 역사적 측면에서 연해주는 우리나라에 포함되기도 하고, 국경과 인접한 지역으로 남아있기도 하는 등 긴밀한 관계를 유지해오고 있다. 고조선 시대 우리 민족은 두만강 유역과 연해주 지역에 퍼져 살았던 숙신이라는 종족과 접해 있었고 고구려 때는 연해주 지역에 있던 말갈족을 지배하기도 했다. 또 조선시대에는 말갈족의 뒤를 이은 여진족과 싸우거나 교역하며 지냈다.

그러나 연해주지역이 우리 민족의 기억에 뚜렷이 남게 된 것은 일제시대를 거치면서 항일운동의 거점이자 해외 이민 1세대들이 활동했던

무대였기 때문이다. 일제시대 때 연해주는 한민족의 강제이주사로 기억되는 지역이다. 당시 러시아 정부는 연해주를 개발하기 위해 이민 장려책을 실시해 이주자에게 비상식량을 제공해주었다. 1880년경에 러시아인 2만 3천여 명의 군복무자가 이주하고 되었고 영농이주가 장려되면서 슬라브계 이주민이 계속 늘어갔다. 조선인 이주가 늘어나자 조선정부가 러시아 측에 항의를 제기할 정도였다(문명식, 2003). 이후 1884년 한로 통상수호조약이 체결되면서 연해주 지역의 한인들은 고통의 역사에 접어들게 된다. 조약체결 이후 러시아는 자국 내 조선인을 세 부류로 분류해 통제하기 시작했다. 첫째 부류는 1884년 이전에 이주한 자로 러시아 국적 취득을 전제로 정착허가를 받은 자들이며, 둘째 부류는 본국으로 귀환을 요구받는 자들이었는데 이들에게는 2년간의 유예기간을 주었다. 셋째 부류는 일시적으로 러시아령에 입국한 자들로 조선정부와 러시아 정부의 여권을 발급받도록 하였다. 그럼에도 조선인 이민자 수가 꾸준히 증가해 1904년 연해주에 32개의 조선인 거주지가 생겨나 1905년 3만 4천399명의 조선인이 연해주 지역에 거주하게 되었다(Kim, 1989). 한인 이주민이 늘어나면서 연해주 일대는 항일투쟁의 근거지가 되었고 일본의 요청으로 연해주 지역 한인 탄압과 강제이주의 역사가 시작되었다. 연해주 고려인의 자치운동을 방지하고 항일운동의 배후지역할을 했던 연해주 한인을 분산시키려는 일본의 속셈과 스탈린 정부의 민족적 특색을 말살시키려는 정책이 부합해 현재 카자흐스탄과 우즈베키스탄과 같은 중앙아시아 지역으로 강제이주 당하게 되었다.

소련연방 붕괴 이후 중앙아시아로 강제이주 당했던 고려인들 일부가 원래 삶의 터전이던 연해주지역으로 되돌아오는 경우도 있었지만 대부분 현지에 그대로 남아 정착한 것으로 보고 있다.

2) 러시아 지역 한인 언론

러시아 지역의 한인언론은 1937년 연해주 한인들의 강제이주 역사와 맞물려 질곡의 역사를 갖고 있다. 구한말부터 1917년 러시아혁명 이전까지 항일운동의 본거지로 언론활동이 시작된 연해주는 1937년 스탈린의 중앙아시아 개발정책과 강제이주로 명맥이 끊어진 뒤 카자흐스탄과 우즈베키스탄에 흔적을 남겨두고 있다. 또 1991년 한국과 소련의 수교를 전후 해 우리말 신문과 방송 등이 하나둘 생겨났지만 재정난과 인력난 등이 겹치면서 어려움을 겪고 있는 상태다. 현재 연해주 지역의 한인언론은 새고려신문과 사할린의 우리말라디오 방송을 들 수 있고, 중앙아시아 지역에는 카자흐스탄의 고려일보를 들 수 있다.

(1) 새고려신문

1949년 6월 1일 창간된 러시아 유일의 한글신문이다. 사할린에서 당 기관지로 발행되던 새고려신문은 당초 〈조선노동자신문〉이라는 제호로 발간된 뒤 1961년 〈레닌의 길〉로 제호를 변경했다. 또 1991년 새고려신문으로 변경, 사할린 주의 사회정치신문으로 발행되고 있으며 매주 1회 발행되는 주간지이다.

비슷한 이름으로 우수리스크의 고려신문이 있다. 고려신문은 1997년 9월 우즈베키스탄에 거주하는 고려인 강제이주 60주년 기념행사에 맞추어 창간된 신문이다. 1998년 말까지 30호를 발행되다 중단되었다. 이어 2000년 고려문화협회가 운영권자가 된 이후 매월 2천부씩 발간하게 되었지만 언론사의 규모는 대폭 축소되었고 모든 면이 러시아어로 발행되고 있다.

(2) 고려일보

중앙아시아를 대표하는 동포신문이다. 1923년 3·1운동을 기념해 〈선봉〉이라는 제호로 처음 발간된 이후 〈레닌기치〉 등으로 제호를 변경하다 1991년 1월 1일부터 고려일보로 개칭해 주 3회 한글판, 주 1회 러시아어판을 발간하고 있다. 고려일보는 과거 카자흐스탄 공산당 중앙위원회 기관지로 번영을 누리기도 했지만 1991년 소련 연방이 붕괴되고, 카자흐스탄이 독립한 이후 재정적 어려움에 시달리고 있다. 그러나 고려인의 문화와 언어보존에서 큰 역할을 했던 것으로 평가받으며 80여 년의 언론역사를 갖는 현존 최장수 동포언론이다.

창간 3개월 만에 소비에트연방붕괴를 맞아 재정난에 부딪히면서 국가경영으로 넘어가는 등 어려움을 겪기도 했지만 카자흐스탄 한국 대사관 직원과 고려인협회의 자구노력으로 1993년도에 400부까지 줄었던 발행부수가 1994년 4,800부로 늘어났다. 1993년에 구소련이 완전히 무너지면서 신문 가격이 일정하지 않아 어려움이 있어 16페이지에서 8페이지로 다음엔 1주 1회 주기를 2주 1회로 줄여 운영하다가 1997년에 되어서 정상적으로 발간되기 시작했다. 이후 1999년 카자흐스탄 문화부에서 고려일보사를 비롯한 민족지들의 사유화를 채택, 카자흐스탄 고려인협회가 입찰에 참가할 용의를 표명했지만 신문사 내부에서 고려인협회의 지도부의 이익을 대변하는 신문이 될 수 있다는 이유 등을 내세워 반대하기도 했다. 그러나 결국 고려인협회의 김 빅토르란 사람이 공개입찰에서 낙찰되고 2000년 1월 1일부터 새 건물에서 신문이 발간되고 있다. 김 빅토르 주필이 퇴직하고 2000년 7월 1일 방 알렉쎄이가 주필이 되면서 신문의 내용과 질로 봐 전보다 많이 나아졌다는 평가를 받지만 16면 중 12면이 러시아어 판이고 4면만이 한글판으로 출판되어 발행부수가 계속 줄어들고 있는 상황이다.

(3) 방 송

카자흐스탄의 〈고려말라디오〉방송은 1984년 5월 16일부터 국영 라디오 방송으로 시작되었다. 7개 언어 국제 방송중의 하나로 소수민족에게 국내외 소식을 알리는 것이 목적이다. 현재 매주 4회 20분씩 80분간 한글로 진행되고 있으며 고려인의 생활과 이민의 역사, 사회 문제 등을 소개하고 있다.

또 1991년 2월에는 알마티에 〈고려사람TV〉 방송이 개국, 현재 매주 목요일 30분식 방송하고 있다. 주요 내용은 카자흐스탄 고려인 생활과 한반도의 정치 경제 소식을 알려주고 있다. 이밖에 사할린지역에 우리 말라디오방송은 1956년 개국, 사반세기의 역사를 갖고 있다. 개국 당시 110개 소수 민족 중 유일하게 라디오방송국을 가진 것으로 재정난을 뚫고 지난해에는 우리말 TV를 개국하기도 했다.

3) 재러 한인언론과 네트워크

문헌연구를 통해 확인한 것처럼 러시아 지역의 한인언론 현황은 매우 열악했다. 1991년 수교 이후 한국과 러시아 사이에 교류가 늘어나면서 모스크바를 근거지로 하고 있는 언론이 한두 개 운영되고 있지만 생활정보지 성격이 강해 정통 언론으로 분류하기는 어려웠다. 또 우리신문(www.corea.ru)과 겨레일보(www.koreans.ru) 등 인터넷을 매개로 한 언론 또한 비슷한 수준에서 운영되고 있다. 러시아 지역의 한인관련 정통 언론은 한민족의 뿌리가 있는 사할린과 연해주 등 CIS 지역에 근거를 두고 있는 경우가 많았다. 그러나 이들 지역의 언론 또한 소련 연방 해체 이후 재정지원이 없어진 뒤 소수민족 자체적으로 운영되면서 겨우 명맥을 유지하고 있는 수준이었다. 연해주나 사할린에서 강제이주당한 한민족의 후예가 살고 있는 중앙아시아의 일부지역, 카자흐스탄과 우즈베키스탄에서 발행되는 한인언론도 있었으나 역시 비슷한 수준이었다. 일간지나 주간지 형태로 발행되는 신문을 찾아볼 수 없었으며 월간지 형태로 발행되는 것도 정기적으로 발행되지 못하는 경우가 있었다. 이렇게 한인언론이 열악함에 따라 현지 언론인 사이의 교류나 네트워크, 나아가 한국정부와 대등한 관계에서 상호 교류가 이뤄지고 있지 않았다. 그보다 한국정부와 민간단체에서 이뤄지는 재정 지원이나 제작 지원이 한국과 러시아 사이의 상호 교류의 주류를 이루고 있었다. 민간이 주도하고 있는 상호교류의 경우 한국언론재단과 재외동포재단에서 지원하고 있는 해외 언론인 연수가 대부분이었다. 중국지역의 면담조사에서도 확인할 수 있었지만 해외 언론인들은 언론재단 등에서 실시하고 있는 언론인 직무 연수를 통해 자국에 비해 선진적인 언론 시스템을 체험했다고 말했다. 또 한러 교류가 늘어나면서 개인 자격으로 한국에 체류한 언론인들도 많았다. 고려일보 발행인인 김부르트의 경우 1993년 국제교육진흥원에서 3개월 공부한 것을 비롯해 1995년 연세대학교의 한국어학당에서 어학연수 기회를 가졌던 것 등이 그러하다. 이들 기회를 통해 한국에 대해 이해의 폭을 넓히고 문화를 공유할 수 있는 기회를 갖게 됐다고 밝히고 있다. 이상에서 살펴본 것을 토대로 이제 초보적 시작단계에 있는 러시아 지역 한인언론인들의 네트워크는 한국정부나 민간에서 주도적으로 상호교류의 기회를 확대시켜 나가는 것이 필요하다고 결론지을 수 있다.

VI
재외 한인 언론인의 사회자본과 민족정체성:
미국과 중국의 비교

1. 미국과 중국 한인언론의 위상과 역할

1) 미국의 한인언론

재미 한인언론의 역사는 1900년대 초 개화운동과 독립운동의 선구자들이 한인들의 생활 개선과 친목 단합을 목적으로 조직한 사회단체에서 시작되었다. 1903년 도산 안창호 선생이 조직하였던 한인친목회가 2년 후 공립협회로 개칭하면서 '공립신보'라는 주간신문을 발행하였는데 이것이 미국 본토에 처음으로 생긴 한인언론기관이었다. 이처럼 이민 초기 재외 한인들의 정보욕구를 해소하고 하나의 공동체로 결집시켜 준 것은 한인 교회와 더불어 매스미디어였다.

이후 재미 한인언론은 현지 한인사회의 정보 욕구를 해소하고, 한국 정부와 현지사회를 이어주는 가교 역할을 수행해 오고 있다. 미주지역 한인 언론이 가장 어려움을 겪었던 때는 1992년 LA 흑인 폭동이 일어났을 때이다. 폭동이 일어난 3일간은 신문으로서의 역할을 다할 수 없었을 뿐 아니라 주류 언론들이 폭동의 원인을 흑백문제보다 한흑 갈등으로 몰고 갔기 때문이다. 이를 계기로 미주지역 한인 언론들은 한인사회의 공동이익을 위해 결집체를 마련해야 한다는 점에 주목하기 시작했지만 재정과 인력 면에서 열악한 환경 때문에 아직 현실화하지 못하고 있다.

현재 미주지역 한인언론은 신문과 방송, 잡지, 위성방송, 인터넷 등 다양한 매체들이 운영되고 있어 다채널 환경을 형성하고 있다. 재미 한인언론의 시작점이었던 신문은 지난 1969년 시작된 한국일보 미주판과 중앙일보가 양대 축을 형성하고 있다. 이밖에 동아일보, 한겨레, 세계일보, 스포츠 서울, 조선일보, 기독교 단체 신문 등이 발행되고 있으며 헤럴드 경제 등 한인들의 경제활동을 돕는 신문이 발행되는 등 양적인 면에서 많은 발전을 이룩하였다.

방송은 본격적인 미주 교포사회가 형성되던 1972년 워싱턴에서 시작되었다. 1980년 초까지 로스앤젤레스에는 세 개의 텔레비전 방송국이 설립되어 고국의 텔레비전 방송을 보여줌으로써 교포들의 애환과 향수를 달래주는 역할을 하고 있다. 이어 1983년 1975년 설립된 미주한국방송(KTB)과 미주 중앙방송권이 미주한인방송(KTE)로 통합되어 오늘에 이르고 있다. KTE는 로스앤젤레스의 유일한 한인방송으로 KBS의 자회사로 KBS 뉴스와 프로그램을 지원받아 자체 제작한 프로그램과 함께 방송하고 있다. 또 라디오코리아, 라디오서울, 한미위성 TV 등 다양한 라디오, 텔레비전 방송국이 운영되면서 한국에서 제작된 각종 연예, 교양 프로그램과 자체 제작 프로그램을 방영하며 한국과 현지 한인사회를 연결해주는 중요한 통로 구실을 하고 있다. 예를 들어 라디오 코리아를 비롯한 미국의 한국어방송들은 한국교포의 단합과 여론 조성에 기여하고 교포사회의 지도자 역할을 하고 있을 뿐만 아니라 이민 2세대들에게 한국어를 보급하고 한국민의 자긍심을 높이는데 기여하고 있다.

2) 중국의 한인언론

중국 조선족의 언론 활동은 중국 건국과 자치주 성립 이후에도 명맥을 유지하면서 비교적 활발한 양상을 보여주고 있다. 특히 개혁 개방이 진행되었던 1990년대 들어서 대중매체는 양적인 면에서 급성장세를 보이며 다채널 환경이 조성돼 가고 있다. 인쇄매체의 경우 연변 자치구의 대표적인 조선족 신문인 연변일보를 비롯해 8종의 조선어 신문이 발행되고 있다. 중국어 신문도 4종 발행되고, 전문지 성격의 잡지가 7종이 발행되는 등 개혁개방 이후 매체의 종류가 많아지고 성격도 전문화되어가는 양상을 띠고 있다.

방송 환경은 더욱 다채널 환경으로 변화되고 있다. 라디오의 경우 연변 조선족 자치주에 1995년 현재 10개의 라디오 방송국이 운영되고 있으며 텔레비전의 경우도 10개의 방송국이 운영되고 있다. 공식적인 자료에서 확인되는 자료 이외에도 연변지역에는 위성방송, CATV 등과 같은 방송미디어가 운영되고 있는 것으로 알려져 연변이 본격적인 다채널 국면에 진입해 있다는 것을 알 수 있다. 우리나라의 무궁화위성도 중국 연변지역의 조선족 수용자에게 전달되고 있다.

중국지역 조선족의 언론환경에서 주목할 것의 하나는 지난 10여 년 동안 이들 지역이 급격한 정보화의 진전을 경험하고 있다는 것이다. 신문과 텔레비전 같은 전통적인 대중매체가 여전히 가장 중요한 정보채널이 되고 있지만 인터넷의 기능과 역할이 점차 확대돼 가고 있다. 일반 수용자들의 매체 접촉실태를 조사하였던 2차년도 연구결과 이러한 사실을 확인할 수 있었다. 개인용 컴퓨터를 소유한 가구가 44.1%에 달했고, 조사 대상자의 절반을 넘어선 58% 가량이 인터넷을 사용하고 있었다. 특히 도심지역의 인터넷 보급률은 75.3%로 조사되었다.

한인 언론인만을 모집단으로 한 이번 연구에서는 특히 정보화 경향이 두드러져 조사대상자의 94.6%가 인터넷을 이용하고 있다고 응답했다. 하루 평균 인터넷 이용시간도 221분(3시간 41분)으로 최소한 언론인 사이에서는 인터넷이 일상의 커뮤니케이션 도구로 활용되고 있다는 것을 짐작할 수 있었다.

조선족의 다채널 미디어 환경 속에서 한국어 언론의 역할은 다음과 같다. 먼저 같은 민족으로서의 동질성을 회복에 기여한다는 점이다. 한국어 방송 프로그램의 경우 한국인의 삶의 모습을 총체적으로 전달하고, 친밀감을 조성할 뿐 아니라 비슷한 사고방식을 가질 수 있도록 도와주고 있다. 또 한국어 언론은 한국에 대한 정확한 정보를 제공하는 창구역할을 수행하고 있다. 신문과 방송 등에서 전해지는 한국관련 소식을 통해 한국의 정치 사회에 대한 정보를 우리나라 사람과 거의 비슷하게 접할 수 있다는 것은 조선족이 한국에 대한 보다 정확한 정보를 제공받는다는 의미이기도 하다.

요컨대 1990년대 개혁 개방 이후 사회주의 이념이 퇴조하고 전통문화가 해체되어가는 문화 속에서 자신들의 정체성을 확립해 가야하는 과도기적 국면을 맞고 있는 중국 조선족 사회에서 한국어 언론은 중국 내 조선족들이 디아스포라적 한민족 정체성을 유지 발전하는 데 중요한 핵심 역할을 수행하고 있다.

2. 미국과 중국 한인언론인의 사회자본과 민족정체성

1) 미국과 중국 한인 언론인의 민족정체성 비교

미국과 중국의 한인 언론인들이 스스로 생각하는 자아정체성이 어떤 민족정체성을 갖고 있는지 분석해본 결과 두 나라 조사대상자들이 생각하는 자신의 민족정체성에는 큰 차이가 존재했다. '스스로의 민족정체성을 어떻게 생각하고 있는지'를 5점 척도로 물은 결과(5=100% 한국인이다, 1=100% 미국인이다), 미국지역은 조사대상자의 81.6%가 전적으로 한국인(100% 한국인)이라고 생각하고 있었으며 '75% 이상 한국인이라고 생각하는 사람'까지 포함하면 94.2%의 조사대상자들이 스스로를 한국인으로 규정하고 있었다.

그러나 중국에 살고 있는 조선족은 자신들을 중국의 소수민족으로서 '조선족'으로 호칭하고 있었다. 북한사람도 아니고 남한 사람도 아닌 중국의 소수민족으로서 독자적 특성을 가진 조선족이라고 생각하고 있는 것이다. 따라서 중국의 조선족이 '우리나라'라고 할 때는 예외 없이 현재의 중국을 의미했다. 중국지역 일반 조선족들의 민족정체성을 반영하듯 조사대상자들 역시 설문 구성 단계에서 실시한 사전조사에서 중국지역 조사대상자들은 미국과 달리 '나는 ○○% 한국인이다'와 같은 항목 자체를 거부했다. 자신들은 엄연히 남한 쪽 사람도 아니고 북한 쪽 사람도 아닌 조선족일 뿐이라고 강조했다. 따라서 자신의 ○%가 한국인이라는 진술 자체가 논리적으로 맞지 않다고 했다.

이에 따라 조사대상자들의 민족정체성을 간접적으로 파악할 수 있는 문항 '귀하는 자신이 중국인임과 조선족임 중 어느 쪽이 더 우선한다고 생각하십니까'로 대체했다. 조사결과 예상한 것처럼 조사 대상자들은 조선족으로서 자부심이 매우 높았지만 역으로 스스로를 중국에 소속되어 있는 하나의 민족으로 생각하는 경향을 보였다. 따라서 민족정체성에서는 조선족보다 중국인임을 강조하는 응답이 많았다. 조사대상자의 43.5%가 '중국인이 우선한다'고 응답했으며 '조선족이 우선한다'는 조사대상자는 27.9%에 불과했다.

그러나 '자신이 조선족임을 자랑스럽게 생각하느냐'는 항목에서는 평균이 4.26으로 매우 높게 나타나 이들의 조선족에 대한 자부심을 짐작케 했다. 즉 중국 조사대상자들은 스스로의 자아정체성은 조선족이라고 생각하고 있었지만 이것이 한국인이라고 생각한다는 것과는 차원이 달랐다. 미국 응답자들이 그런 것처럼 한민족이면도 동시에 한국을 조국이나 고국으로 인식하고 있는 것과 달리 중국 응답자들은 민족적 뿌리는 한국에 두고 있다하더라도 조국이나 고국은 엄연히 중국으로 인식하고 있었기 때문이다.

미국과 중국의 조사대상자들이 보여준 민족정체성에 대한 차이는 2006 독일 월드컵에서 어느 팀을 응원할 것이냐는 질문에서 확연히 드러났다(〈표 VI-1〉). 미국 지역 조사대상자들은 한국팀 또는 한국팀 위주로 응원하겠다는 사람이 전체 응답자의 88%에 달했지만 중국의 경우 반대로 61% 가량의 응답자들이 중국팀 또는 중국팀 위주로 응원하겠다고 답했다. 미국의 조사대상자 중 미국팀을 응원하겠다고 응답한 사람은 한명도 없었다.

〈표 VI-1〉 독일 월드컵에서 응원할 나라 비교

2006 독일 월드컵에서 어느 팀을 응원하겠는가	미 국	중 국
한국팀만	53(52.0)	6(4.1)
한국팀 위주로	37(36.3)	20(13.7)
두팀다	12(11.8)	31(21.2)
미국팀(중국팀) 위주로		52(42.5)
미국팀만(중국팀만)		27(18.5)
합계	102()100.0	146(100.0)

　두 지역 사이의 평균검증 분석 결과에서도 유의미한 차이가 나타났다. 5점 척도(5＝ 한국팀만, 1＝ 미국팀(중국팀만))로 측정한 결과 미국 쪽은 평균 4.4로 대다수의 응답자들이 한국팀을 응원한다고 말했지만 중국은 평균 2.42로 중국팀을 응원하겠다는 응답자가 더욱 많았다.

〈표 VI-2〉 미국과 중국의 월드컵 응원팀 평균 검증

지 역 \ 구 분	사례수	월드컵 응원팀 평균	표준편차	평균의 표준오차
미국	102	4.40	.693	.069
중국	146	2.42	1.069	.088

F=17.501, p<.01

두 지역 사이의 민족 정체성을 가늠해볼 수 있는 민족의식 면에서도 두 지역에는 차이가 존재했다. 민족의식을 파악하기 위한 항목은 미국이 10개 항목, 중국이 9개 항목이 제시되었으며 5점 척도(5= 매우 그렇다, 1= 거의 아니다)로 측정되었다. 그러나 두 지역을 직접 비교할 수 있는 항목은 최종적으로 8개 항목이었다. 예를 들어 미국 지역에서 조사하였던 '나의 조국은 역시 대한민국이다'는 항목과 '나는 대한민국의 일부분이다'는 항목의 경우 중국 조사에서는 제외되었다. 중국인들의 자아정체성에 대한 사전조사결과 이들 항목을 질문할 수 없다고 판단하였기 때문이다. 대신 중국지역에는 '중국은 조국이며 한반도(한국 또는 북한)는 고국이다'는 항목으로 대체하였다.

이상의 민족의식을 비교분석한 결과 첫째 '미국(중국) 언론에 좋지 않은 한국 소식을 접할 때 수치심을 느낀다'는 민족의식(수치심) 항목의 경우 미국지역 조사대상자들은 그렇다(평균=3.94)고 응답한 반면 중국지역은 그렇지 않다(평균=3.51)고 응답했다. P값도(p=.001)로 매우 유의미한 차이를 나타냈다.

〈표 VI-3〉 미국과 중국의 민족의식(수치심) 평균 검증

지 역 \ 구 분	사례수	민족의식(수치심) 평균	표준편차	평균의 표준오차
미국	102	3.94	.921	.091
중국	145	3.51	1.061	.088

F=7.001, p<.05

다음으로 민족에 대한 자긍심 항목에서도 두 지역 사이에는 차이가 나타났다. 그러나 차이의 내용 면에서는 '한국에 대한 민족정체성이 대체로 높은 경향을 보인 미국과 그렇지 않은 중국'이라는 전체 경향과 약간 달랐다. 얼핏 생각하기에 민족정체성이 높은 사람들의 경우 해당 민족에 대한 심정적인 연결강도가 높아 자긍심이라는 세부 항목에서도

민족정체성이 낮은 사람보다 더 높을 것으로 예상되었지만 조사결과는 달랐다.

중국 조사대상자의 자긍심(평균=4.25)이 미국 쪽 조사대상자들의 자긍심(평균=3.98)보다 더 높은 것이다. 평균차이도 매우 유의미했다. 이는 중국 조선족 언론인들이 비록 중국의 소수민족으로서 자신들의 조국을 중국이라고 생각하고 있었지만 조선족으로서 갖고 있는 자부심 면에서는 어느 지역보다 높았던 것이 원인이었던 것으로 풀이할 수 있었다.

〈표 Ⅵ-4〉 미국과 중국의 민족의식(자긍심) 평균 검증

구 분 지 역	사례수	민족의식 (자긍심) 평균	표준편차	평균의 표준오차
미국	102	3.98	.731	.072
중국	147	4.25	.851	.070

F=9.665, p<.05

세 번째로 미국과 중국의 한인사회 구성원들이 한국과 자신들을 공동운명체라고 느끼고 있는지 질문한 항목에서는 차이의 경향이 나타나기는 했지만 유의미한 차이라고 말할 수는 없었다. 대체로 미국 쪽 응답자들이 한국과 한인사회를 좀 더 공동운명체(평균=3.64)로 생각하는 경향을 보여주었다.

〈표 Ⅵ-5〉 미국과 중국의 민족의식(공동운명체) 평균 검증

구 분 지 역	사례수	민족의식(공동운 명체) 평균	표준편차	평균의 표준오차
미국	101	3.64	.912	.091
중국	138	3.54	1.068	.091

F=5.674, p=.416

민족정체성을 구성하는 요소 중 전통적인 가치를 어느 정도 유지하

고 있느냐는 부분에서는 중국지역 응답자들이 미국지역 응답자들보다
좀 더 전통가치에 무게를 두고 있는 것으로 조사되었다. 설날에는 가족
이 반드시 모여야 한다고 생각하느냐는 질문의 경우 미국이 평균 3.71
이었지만 중국이 평균 4.21로 매우 그렇다는 의견에 좀 더 가까웠다. 두
지역 사이의 평균 차이도 매우 유의미하였다.

<표 VI-6> 미국과 중국의 민족의식(전통가치-설날) 평균 검증

지 역 　　　　　구 분	사례수	민족의식(전통가치-설날) 평균	표준편차	평균의 표준오차
미국	102	3.71	.918	.091
중국	146	4.21	.798	.066

F=4.772, p<.01

'가까운 사람들의 경조사에는 반드시 참석해야 한다'는 항목에서도
중국이 평균 4.22로 미국의 평균 3.97보다 더 높아 전통 가치를 지켜야
한다는 의견에 더 가까웠다. 평균 차이 역시 유의미하게 나왔다.

이는 중국 사회가 1990년대 이후 개방화 물결을 맞고 있지만 아직은
개방과 자유화, 자본화 등이 미국보다 덜 진전돼 전통가치에 더 많은
가치부여를 하고 있기 때문으로 풀이되었다.

<표 VI-7> 미국과 중국의 민족의식(전통가치-경조사) 평균 검증

지 역 　　　　　구 분	사례수	민족의식(전통가치_경조사) 평균	표준편차	평균의 표준오차
미국	100	3.97	.904	.090
중국	146	4.22	.818	.068

F=.071, p<.05

다음으로 '기회가 주어진다면 한국 문화에 대해 좀 더 소개할 의사가
있다'는 항목과 '한국 문화를 좀 더 알고 싶다'는 항목에서는 두 지역

사이에 차이가 나타나지 않았다. 두 지역 모두 한국문화에 대해 좀 더 알고 싶어했고, 지면을 통해 더 많은 한국 소식을 전달할 의사가 충분했다.

〈표 VI-8〉 미국과 중국의 한국문화 소개의사 평균 검증

구 분 지 역	사례수	한국문화 소개의사 평균	표준편차	평균의 표준오차
미국	102	3.71	.907	.090
중국	144	3.78	.964	.080

F=.020, p=.555

주목할 점은 중국 지역 응답자들이 한국문화에 대한 소개의사나 한국문화를 알고자 하는 희망 정도가 미국지역 응답자들보다 높게 나타났다는 점이다. 1990년대 중국의 개혁개방 정책 이후 활발해진 한국과 더 많은 협력관계를 유지, 발전시키고자 하는 조선족의 일반적인 경향을 반영하는 것으로 보인다. 또 비교적 최근에 고국을 떠난 미국지역 응답자들과 달리 뿌리를 같이하고 있는 한국 문화에 대한 호기심이 많았기 때문이었다.

〈표 VI-9〉 미국과 중국의 한국문화 알고자 하는 정도 평균 검증

구 분 지 역	사례수	한국문화 알고자 하는 정도 평균	표준편차	평균의 표준오차
미국	102	3.87	.875	.087
중국	147	3.90	.894	.074

F=.018, p=.778

이상의 비교 분석 결과를 요약하면 다음과 같다. 미국지역 조사대상자들이 중국 지역 조사대상자들보다 스스로를 한국인으로 생각하고 있는 민족정체성이 더욱 강해 한국과 한인사회를 공동운명체라고 생각하

는 경향이 있었다. 중국은 조선족에 대한 자긍심은 대단히 높고 스스로의 뿌리를 한민족의 일원이라고 생각하는 경향은 강했지만 한국을 협력 대상으로 인식하는 것을 반영하는 것일 뿐 미국지역 조사대상자들처럼 한국을 조국이나 고국으로 생각하는 것은 아니었다. 따라서 중국지역 조사대상자들의 경우 조선족과 한국이 공동운명체라는 인식이 미국지역 응답자들보다 상대적으로 낮았다.

그러나 중국지역 한인 언론들은 한국 문화를 더욱 알고자 희망하고 있었으며, 한국 문화를 소개하고자 하는 정도도 강했고 한국인이 갖고 있는 전통 가치에 대해서도 중요성을 높게 인식하고 있는 등 한민족의 일원으로 확장시켜 나갈 수 있는 가능성을 많이 내포하고 있었다. 얼핏 보아 상반되는 이러한 경향 때문에 두 지역 사이의 민족의식 항목을 모두 표준점수화한 뒤 비교 분석한 민족의식 총합은 지역 간 차이가 존재하지 않았다(〈표 VI-10〉).

〈표 VI-10〉 미국과 중국의 통합 민족의식 평균 검증

지 역 \ 구 분	사례수	민족의식 총합 평균	표준편차	평균의 표준오차
미국	102	3.90	.523	.051
중국	147	3.84	.709	.058

F=10.782, p=.467

2) 미국과 중국 한인 언론인의 사회자본과 민족정체성

미국과 중국 지역 한인 언론인들의 사회자본의 양과 민족정체성의 상관관계를 비교분석하였다. 사회자본은 한국 취재 경험 여부와 인터넷 사용의 많고 적음, 민족 지식 등의 점수를 표준 점수화한 것으로 조작적 정의를 하였다.

먼저 두 지역에 한국 취재경험이 있는지 여부를 교차 분석한 결과 미

국지역 응답자들의 한국 관련 취재경험이 중국지역 응답자들보다 훨씬 많았다. 미국은 조사대상자의 80% 가량이 지난 1년 동안 한국에 관련된 내용을 취재한 경험이 있다고 응답했지만 중국은 64%만이 그렇다고 응답했으며 두 집단 사이의 차이는 유의미했다.

〈표 VI-11〉 한국 취재 경험과 미국중국지역 교차표

	지 역		전 체
	미 국	중 국	
한국 취재 경험 있다	81(80.2%)	88(64.2%)	169(71.0%)
한국 취재 경험 없다	20(19.8%)	49(35.8%)	69(29.0%)
전체	101(100.0%)	137(100.0%)	238(100.0%)

x2=7.198, df=1, p<.05

취재경험 유무는 언론인들이 취재 활동을 펼치면서 접하게 되는 한국 정보를 어느 정도 필요한 정보라고 생각할 수 있는지 여부에도 영향을 주었다. 두 지역 사이 조사대상자 중 '귀하가 취재활동을 하는 동안 한국정보는 어느 정도 필요한 정보였습니까'를 5점 척도로 물어(5= 매우 필요하다, 1= 거의 필요하지 않다) 비교 분석한 결과 미국은 평균 3.51이었고 중국은 평균 2.62였다. 이 값들의 평균차이도 유의미했다(〈표 VI-12〉).

〈표 VI-12〉 미국과 중국의 한국정보 필요 정도 평균 검증

지 역 \ 구 분	사례수	한국정보 필요정도 평균	표준편차	평균의 표준오차
미국	99	3.51	.952	.096
중국	121	2.62	1.035	.094

F=.380, p<.01

한국취재 경험이 많은 미국 지역 응답자들이 한국정보를 더욱 필요

하다고 느끼고 있었으며, 취재경험이 상대적으로 적은 중국 지역 응답자들은 한국정보가 그다지 필요하다고 생각하고 있지 않았다.

다음 인터넷 사용여부는 외형상 두 지역 사이에 별다른 차이가 없었다. 미국(98%)과 중국(94%) 모두 대부분의 조사대상자들이 인터넷을 이용하고 있다고 응답했다. 또 한국 관련 정보를 취득하는 방법은 재외공관이나 한국정부를 오프라인으로 접촉해 얻는 방법보다 인터넷을 직접 활용하는 방법을 선호하는 경향도 비슷해 인터넷 관련 외형상 지수는 큰 차이가 없었다(미국:81.1% 중국: 84.6%).

그러나 두 지역 사이에 인터넷 활용여부를 교차 분석한 결과를 비롯해 인터넷 활용의 내용적 측면에서는 유의미한 차이가 발견되었다(〈표 VI-13〉).

〈표 VI-13〉 인터넷 활용 여부와 미국중국지역 교차표

	지 역		전 체
	미 국	중 국	
인터넷 활용 여부 한다	101(100.0%)	139(94.6%)	240(96.8%)
인터넷 활용 여부 하지 않는다	0(.0%)	8(5.4%)	8(3.2%)
전체	101(100.0%)	147(100.0%)	248(100.0%)

x2=5.680, df=1, p<.05

우선 교차분석의 겨우 미국지역 응답자들 중 인터넷을 활용하고 있지 않은 조사대상자는 한명도 없었지만 중국지역의 경우 응답자의 5% 가량이 인터넷을 활용하고 있지 않았다고 응답, 차이를 보였다. 또 미국지역은 하루 평균 6시간 이상씩 인터넷을 활용하고 있었지만 중국은 221분으로 3시간 41분이었다. 인터넷 활용시간을 평균 검증한 결과 매우 유의미한 차이가 나왔다. 인터넷을 활용하는 것 자체는 별다른 차이가 없었지만 정도의 차이는 존재했다는 것이다(〈표 VI-14〉).

<표 VI-14> 미국과 중국의 통합 민족의식 검증

지 역 \ 구 분	사례수	하루 평균 인터넷 이용시간 평균	표준편차	평균의 표준오차
미국	95	310	180.735	18.543
중국	140	221	161.223	13.626

F=1.873, p<.001

　이와 같은 인터넷 활용정도의 차이는 두 지역 간 민족지식 점수의 차이로 이어졌다. 미국 지역의 민족지식 평균 점수는 9.77점으로 높았지만 중국지역은 평균 5.95 점에 불과했다. 두 지역 사이의 평균 차도 유의미했다.

　결국 미국 지역 조사대상자들이 한국관련 취재 경험도 많고, 한국정보가 필요하다고 인식하는 정도도 더 높았으며 인터넷 활용의 질적인 측면에서도 중국지역보다 상대적으로 높아 한국 정보에 대해 더 많이 알고 있었다고 말할 수 있었다.

<표 VI-15> 미국과 중국의 민족지식 점수 평균 검증

지 역 \ 구 분		민족지식 점수평균	표준편차	평균의 표준오차
미국	103	9.77	1.722	.170
중국	148	5.95	2.809	.231

F=34.034, p<.01

　이상에서 분석한 민족지식과 인터넷 이용정도, 한국 취재 경험 여부 등을 표준점수화한 뒤 사회자본과 민족정체성의 상관관계를 분석하였다.

　먼저 인터넷 이용의 많고 적음에 따라 집단 간에 차이가 존재하는지 분석하였다. 미국과 중국지역 조사대상자들의 인터넷 이용시간을 통합해 분석한 결과 응답자들의 인터넷 하루 평균 이용시간은 257분이었다.

이를 상중하 세 개의 집단으로 나누어본 결과 응답자의 35% 가량이 120분 이하 이용자였고, 24% 가량이 300분 이상 이용하는 응답자였다 (〈그림 2〉).

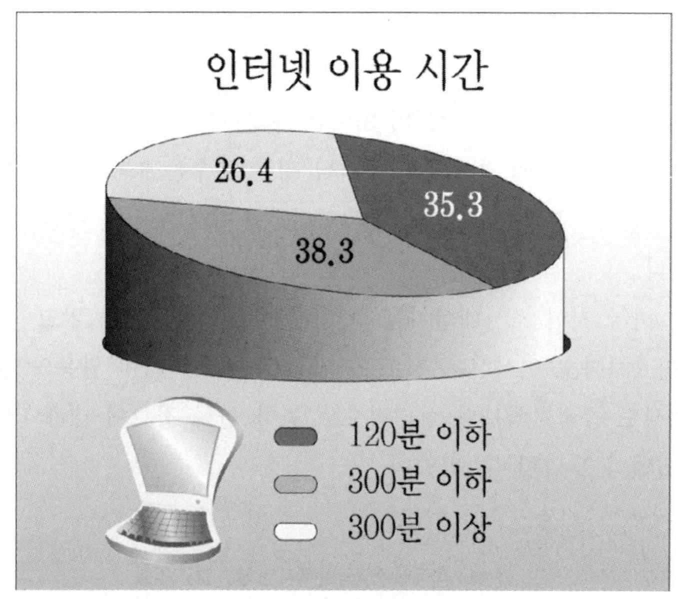

〈그림 2〉 인터넷 이용시간 현황

　이를 인터넷 이용시간 상중하 세 개의 집단으로 나누어 민족의식과 민족 지식 등 민족정체성의 하부 항목이 어떤 차이를 보이는지 일원변량 분석하였다. 분석결과 민족의식 총합과 한국문화 소개 의사, 그리고 민족 지식 부분에서는 유의미한 차이를 나타냈다. 민족의식 항목 중 한국문화를 알고자 하는 항목의 경우 유의미한 차이가 검증되지는 않았지만 경향은 보여주었다(〈표 VI-16〉).

　민족의식의 경우 세부적으로는 인터넷 이용을 적게 하는 경 이용자 집단과 인터넷 이용을 많이 하는 상 집단 사이에서 유의미한 차이를 나타냈다.

〈표 VI-16〉 인터넷 이용 경중에 따른 통합 민족의식 일원변량분석

	평 균	표준편차	사례수
인터넷 이용 하(120분 이하)	3.639	.8516	40
인터넷 이용 중(300분 이하)	3.858	.5802	96
인터넷 이용 상(300분 이상)	3.951	.5742	113
합계	3.865	.6352	249

	제 III 유형 제곱합	자유도	평균제곱	F	유의확률	R2
수정모형	2.876	2	1.438	3.639	.028	.029
절편	2960.412	1	2960.4121.438	7492.510	.000	.968
인터넷 상중하	2.876	2	.395	3.639	.028	
오차(error)	97.199	246				
합계	3819.293	249				
수정합계	1000.074	248				

　　민족지식 점수 또한 세 집단 사이에 유의미한 차이가 발견되었는데 인터넷 중 이용자 집단과 인터넷 강 이용자 집단사이에 의미 있는 차이가 나타났다. 인터넷을 많이 이용하는 집단이 적게 이용하는 집단에 비해 민족지식 점수가 더 높았다.

〈표 VI-17〉 인터넷 이용 경중과 민족 지식 일원변량분석

	평 균	표준편차	사례수
인터넷 이용 하(120분 이하)	7.02	2.796	40
인터넷 이용 중(300분 이하)	7.02	2.924	96
인터넷 이용 상(300분 이상)	8.10	3.190	115
합계	7.51	3.065	251

	제 III 유형 제곱합	자유도	평균제곱	F	유의확률	R2
수정모형	71.820	2	35.910	3.911	.021	.031
절편	11113.571	1	11113.571	1210.500	.000	.830
인터넷 상중하	71.820	2	35.910	3.911	.021	.031
오차(error)	2276.881	248	9.181			
합계	16520.000	251				
수정합계	2348.701	250				

'한국문화에 대해 알고 싶어 하는 정도'는 인터넷을 하루 평균 300분 이상씩 사용하는 집단과 100분 이하로 이용하는 집단 사이에 차이가 나타났지만 p=.079로 유의미한 차이를 나타내지는 못했다.

또한 인터넷 이용 경중과 한국 정보 필요 정도 등은 세 집단 간 차이는 없었지만 경향성을 알아보기 위해 양쪽 두 집단을 비교분석한 결과에서는 인터넷 이용을 많이 하는 중이용자일수록 한국정보가 더욱 필요하다고 생각하고 있었으며 인터넷을 이용을 적게 하는 경이용자일수록 한국정보가 필요하지 않다고 생각하고 있었다.

<표 VI-18> 인터넷 이용 경중과 한국정보 필요정도 평균 검증

구 분 / 인터넷이용경중	사례수	한국정보 필요정도 평균	표준편차	평균의 표준오차
경이용자 (하루 평균120분 이하)	99	3.51	.952	.096
중이용자 (하루 평균 300분 이상)	121	2.62	1.035	.094

F=1.380, p<.01

이상의 결과를 종합하여 사회자본의 양과 민족정체성 사이에는 어떤 상관관계가 존재하는지 살펴보았다. 먼저 미국과 중국 두 지역 조사자들의 사회자본 양은 매우 의미 있는 차이를 보여주었다. 미국지역 응답자들의 사회자본 양이 중국지역 조사자들의 사회자본 양보다 훨씬 컸다(〈표 Ⅵ-1〉).

〈표 Ⅵ-19〉 인터넷 이용 경중과 한국정보 필요정도 평균 검증

지 역 \ 구 분	사례수	사회자본 평균	표준편차	평균의 표준오차
미국	82	562.20	113.920	12.580
중국	185	427.81	143.145	13.969

F=5.967, p<.01

아무래도 인터넷 이용 평균 시간이 많고, 한국 취재 경험이 많은 미국 지역 조사자들의 사회자본이 중국지역 조사자들의 사회자본 양보다 컸던 것이다.

또한 사회자본과 민족 정체성 사이의 상관관계를 분석한 결과 둘 사이에는 정적인 상관관계가 존재했다. 먼저 사회자본과 민족의식 총합의 경우 깊은 상관관계가 존재하고 있었다(〈표 Ⅵ-20〉). 사회자본의 양과 민족의식에 대한 세부항목 8가지의 총합을 묶어 정의한 민족의식 총합 사이에 유의미한 상관관계가 있었다.

〈표 Ⅵ-20〉 사회자본과 통합 민족의식 상관관계

		사회자본	민족의식
사회자본	Pearson 상관계수	1	.292**
	유의확률 (양쪽)		.000
	사례수	187	185
민족의식 총합	Pearson 상관계수	.292**	1
	유의확률 (양쪽)	.000	
	사례수	185	249

**. 상관계수는 0.01수준(양쪽)에서 유의합니다.

세부적으로는 민족의식 중 '수치심'과 '한국문화를 알고 싶어 하는 정도' '한국문화를 소개하고자 하는 정도' '한국에 세계적 문화유물이 있다고 생각하는 정도' 등의 항목에서 매우 높은 상관관계가 도출되었다(〈표 VI-21〉).

〈표 VI-21〉 사회자본과 민족의식(수치심) 상관관계

		사회자본	민족의식(수치심)
사회자본	Pearson 상관계수	1	.326**
	유의확률 (양쪽)		.000
	사례수	184	187
민족의식(수치심)	Pearson 상관계수	.326**	1
	유의확률 (양쪽)	.000	
	사례수	184	247

**. 상관계수는 0.01수준(양쪽)에서 유의합니다.

〈표 VI-22〉 사회자본과 민족의식(한국문화 알려는 정도) 상관관계

		사회자본	민족의식(공동운명체)
사회자본	Pearson 상관계수	1	.292**
	유의확률 (양쪽)		.002
	사례수	187	184
민족의식 (공동운명체)	Pearson 상관계수	.292**	1
	유의확률 (양쪽)	.002	
	사례수	177	239

**. 상관계수는 0.01수준(양쪽)에서 유의합니다.

<표 Ⅵ-23> 사회자본과 민족의식(세계적 유물이 있다) 상관관계

		사회자본	민족의식 (세계적 문화유물)
사회자본	Pearson 상관계수	1	.286**
	유의확률 (양쪽)		.000
	사례수	187	184
민족의식 (세계적 문화유물)	Pearson 상관계수	.3286**	1
	유의확률 (양쪽)	.000	
	사례수	184	247

** 상관계수는 0.01수준(양쪽)에서 유의합니다.

<표 Ⅵ-24> 사회자본과 민족의식(한국문화 소개의사) 상관관계

		사회자본	민족의식(공동운명체)
사회자본	Pearson 상관계수	1	.275**
	유의확률 (양쪽)		.000
	사례수	187	184
민족의식 (공동운명체)	Pearson 상관계수	.275**	1
	유의확률 (양쪽)	.000	
	사례수	183	246

**. 상관계수는 0.01수준(양쪽)에서 유의합니다.

<표 Ⅵ-25> 사회자본과 민족의식(공동운명체) 상관관계

		사회자본	민족의식(공동운명체)
사회자본	Pearson 상관계수	1	.236**
	유의확률 (양쪽)		.002
	사례수	187	177
민족의식 (공동운명체)	Pearson 상관계수	.236**	1
	유의확률 (양쪽)	.002	
	사례수	177	239

**. 상관계수는 0.01수준(양쪽)에서 유의합니다.

3) 미국과 중국 한인 언론인의 네트워크 구성욕구

앞서 국가별 분석결과에서 밝혀진 것처럼 미국과 중국 한인 언론인
들의 네트워크 구성욕구는 상당히 높았다. 두 지역 모두 '한국에서 연
수 기회를 갖고 싶다', '한국 언론 단체 등과 교류하고 싶다', '현지 언
론사와 공동보조를 취해야 한다' 등 네트워크 구성에 대한 희망 정도는
높았다.

〈표 VI-26〉 미국과 중국 한인 언론인의 네트워크(연수기회) 구성욕구

한국에서 연수하고 싶다	미 국	중 국
매우 그렇다	37(36.6)	42(29.0)
그런 편이다	49(48.5)	75(51.7)
보통이다	10(9.9)	21(14.5)
아니다	5(5.0)	3(2.1)
거의 아니다	0	4(2.8)
합계	101(100.0)	145(100.0)

〈표 VI-27〉 미국과 중국 한인 언론인의 네트워크(교류희망) 구성욕구

한국의 언론단체와 교류하고 싶다	미 국	중 국
매우 그렇다	30(30.0)	38(26.2)
그런 편이다	57(57.0)	75(51.7)
보통이다	10(10.0)	25(17.2)
아니다	2(2.0)	6(4.1)
거의 아니다	1(1.0)	1(0.7)
합계	103(100.0)	145(100.0)

〈표 VI-28〉 미국과 중국 한인 언론인의 네트워크(현지 공동보조) 구성욕구

현지 언론사와 공동보조	미 국	중 국
매우 그렇다	31(31.0)	50(34.7)
그런 편이다	49(49.0)	65(45.1)
보통이다	16(16.0)	25(17.4)
아니다	4(4.0)	4(2.8)
거의 아니다	0	0
합계	103(100.0)	144(100.0)

　네트워크 구성에 대한 희망정도를 평균값으로 비교해보면 미국의 평균값이 중국의 평균값보다 조금 더 높았지만 평균값 차이 검증에서는 유의미하게 나오지 않았다. 중국과 미국지역 모두 한국에서 연수기회를 갖거나 한국 언론단체 등과 교류를 희망하고, 현지 언론사와 공동보조를 취해야 한다고 생각하는 등 네트워크 구성에 대한 욕구가 강했기 때문이었다(〈표 VI-29〉).

〈표 VI-29〉 미국과 중국 한인언론인의 네트워크 구성 희망 평균비교

	한국에서 연수기회	한국과 교류희망	현지 언론사와 공동보조
미국평균	4.17	4.13	4.04
중국평균	4.02	3.99	4.12

　한편, 한민족 구성원 모두가 참여하는 범 네트워크 구성과 관련해 한국정부는 어떤 역할을 수행해야 하는지 알아보기 위해 한국정부의 제도적 지원 여부에 대해 알아본 결과 미국 지역 응답자들이 중국지역 응답자들보다 한국정부의 적극적인 지원을 기대하고 있는 것으로 분석되었다.

〈표 VI-30〉 미국과 중국 한인 언론인이 정부의 제도적 지원에 대한 생각

한국정부의 제도적 지원이 필요하다	미 국	중 국
매우 그렇다	36(31.0)	40(28.0)
그런 편이다	49(49.0)	64(44.8)
보통이다	12(12.0)	32(22.4)
아니다	3(3.0)	4(2.8)
거의 아니다	0	3(2.1)
합계	100(100.0)	143(100.0)

두 지역 사이 평균값 차이 검증에서도 유의미하게 나와 이를 뒷받침했다.

〈표 VI-31〉 미국과 중국의 한국정부 지원에 대한 기대 평균 검증

구 분 / 지 역	사례수	한국정부의 제도적 지원여부에 대한 평균	표준편차	평균의 표준오차
미국	100	4.18	.757	.076
중국	143	3.94	.898	.075

$F = .687$ $p < .05$

미국 조사결과에서도 언급한 것처럼 미국 지역의 언론인들의 경우 현지 언론사들의 권익을 대변하고, 공동보조를 취할 수 있도록 구심점 역할을 수행해 줄 조직체를 희망하고 있었다. 이러한 조직체를 구성하는 데 우선적으로 한국정부의 제도적 재정적 지원이 절실하다고 생각하고 있기 때문으로 풀이되었다.

한편, 사회자본의 양과 네트워크 구축 의사에 대한 상관관계를 분석하였다. 분석결과 사회자본과 네트워크 구축 의사 사이에는 긴밀한 상관관계가 존재했다. 세부적으로는 한국에서 기회가 닿는다면 연수를 하고 싶다는 항목과 한국의 언론이나 단체 등과 교류가 필요하다는 항목, 현지 언론사와 공동보조를 취해야 한다는 항목 등 모든 세부 항목에서 유의미한 상관관계를 나타냈다(〈표 VI-32〉).

〈표 VI-32〉 사회자본과 네트워크 구축의사 상관관계

		사회자본	네트워크 구축
사회자본	Pearson 상관계수	1	.293**
	유의확률 (양쪽)		.000
	사례수	240	178
네트워크 구축의사	Pearson 상관계수	.293**	
	유의확률 (양쪽)	.000	
	사례수	178	187

**. 상관계수는 0.01수준(양쪽)에서 유의합니다.

〈표 VI-33〉 사회자본과 네트워크(연수기회) 상관관계

		사회자본	네트워크(연수기회)
사회자본	Pearson 상관계수	1	.228**
	유의확률 (양쪽)		.002
	사례수	187	182
네트워크(연수기회)	Pearson 상관계수	.228**	1
	유의확률 (양쪽)	.002	
	사례수	182	246

**. 상관계수는 0.01수준(양쪽)에서 유의합니다.

〈표 VI-34〉 사회자본과 네트워크(한국과 교류 필요성) 상관관계

		사회자본	네트워크(교류필요성)
사회자본	Pearson 상관계수	1	.283**
	유의확률 (양쪽)		.000
	사례수	187	181
네트워크 (교류필요성)	Pearson 상관계수	.283**	1
	유의확률 (양쪽)	.000	
	사례수	181	245

**. 상관계수는 0.01수준(양쪽)에서 유의합니다.

〈표 VI-35〉 사회자본과 네트워크(현지 언론사 공동보조) 상관관계

		사회자본	네트워크 (현지언론사 공동보조)
사회자본	Pearson 상관계수	1	.188*
	유의확률 (양쪽)		.011
	사례수	187	180
네트워크(현지언론사 공동보조)	Pearson 상관계수	.188*	1
	유의확률 (양쪽)	.011	
	사례수	180	244

*. 상관계수는 0.05수준(양쪽)에서 유의합니다.

〈표 VI-36〉 사회자본과 네트워크(한국 정부의 제도적 지원) 상관관계

		사회자본	네트워크 (한국정부지원)
사회자본	Pearson 상관계수	1	.179*
	유의확률 (양쪽)		.016
	사례수	187	181
네트워크 (한국정부지원)	Pearson 상관계수	.179**	1
	유의확률 (양쪽)	.016	
	사례수	181	243

*. 상관계수는 0.05수준(양쪽)에서 유의합니다.

VII
맺음말

1. 연구의 결론

해외 한인은 고국을 떠난 사람이 아니라 우리 민족과 문화를 세계에 전파하고 재생산시키는 인적 자원의 한 부문이다. 과거 역사적 이유로 조국을 떠나야만 했던 이민 1세대들과 달리 현재의 이민 세대들은 다양한 문화적, 경제적 이유로 자발적으로 세계 속으로 진출한 사람들이다. 따라서 해외 한인을 우리와 동반 발전을 추구해야할 민족 공동체의 일원으로 파악하는 인식의 전환이 필요하게 되었다. 한국정부 또한 이들의 역량을 극대화해야할 시대적 요구에 직면하게 되었다.

변화하는 민족정체성의 환경 속에서 해외 한인 언론과 언론인은 이산민족이 한민족이라는 공통된 민족정체성을 유지할 수 있도록 도와주는 구심점 역할을 수행하고 있다. 해외 한인들이 속한 현지 주류 사회에 대한 정보를 제공하는 정치 사회화의 주요 도구이자 모국 관련 소식을 전달하는 창구이기 때문에 한민족의 정체성을 확립할 수 있는 핵심 연결고리가 되는 것이다.

연구는 이러한 해외 한인언론의 역할에 주목해 디아스포라적 민족정체성을 발전시켜 나가는 데 한인언론의 기능과 역할을 고찰한 것이다. 또 연구를 전 세계에 흩어진 한민족 자원을 결집하고 역량을 극대화할 수 있는 한국정부의 방안을 모색하고자 하였다.

　연구결과, 각 국가별로 조금씩 차이를 보였지만 해외 한인언론인의 네트워크 구조와 민족정체성은 상당히 긴밀한 상관관계를 유지하고 있었다. 요약하자면 네트워크가 형성돼 있을수록, 또는 네트워크에 대한 구성욕구가 높다는 사실과 민족정체성 사이에는 긴밀한 상관관계가 존재했다. 이는 네트워크가 클수록(또는 네트워크를 포함한 사회자본이 클수록) 한민족 공동체 구성에 필요한 언론활동에 좀 더 적극적일 것이라는 추론을 가능케 했다.

　이와 함께 인터넷의 발전으로 물리적 장벽을 뛰어넘어 한국정부와 협력관계를 발전시켜나갈 수 있는 여건은 이미 조성돼 있다는 것을 알 수 있었다. 급변하는 매체 환경 속에서 한국정부와 이산민족, 한인언론 삼자가 발전적인 관계를 형성할 수 있는 기본 환경을 마련돼 있었다는 것이다. 그러나 정작 한국정부와 해외 한인언론의 네트워크는 상호작용적이고 심층적인 관계망으로 발전돼 나가지는 못하고 있었다. 인터넷은 단지 상호 발전을 위한 네트워크 구축의 시작 단계에 불과한 경우가 많았다. 구체적인 국가별 연구결과를 요약하면 다음과 같다.

　우선 미국 지역에서 활동 중인 한인 언론인들은 한국에서 언론사를 비롯해 직장에 근무한 경험을 가진 30대의 초기 이민자들이 주로 참여하고 있었다. 한인 언론인들이 가장 편하게 사용하는 언어와 가정에서 주로 사용하는 언어는 한국어였지만 취재 범위가 한인에만 국한된 것은 아니어서 한국어와 영어를 모두 사용하는 경우가 많았다. 또 대다수의 한인 언론인들은 한인사회와 활발한 교류를 펼치고 있는 등 심리적 측면에서 한인사회와 한국(고국)에 강한 유대감을 형성하고 한민족 정체성의 근간을 유지하고 있었다. 요컨대 재미 한인 언론인들은 스스로를 한국인이라고 규정하고 한국과 재외 한인사회를 공동운명체로 받아들이는 등 민족정체성 면에서 강한 유대감을 유지하고 있는 것으로 드러났다.

　따라서 한국정부, 현지 언론사가 공동으로 참여하는 네트워크 구성에 대한 욕구도 상당히 컸다. 중국 조선족과 달리 미국지역 한인 언론인들은 미국화가 진행돼 한국과 교류를 희망하지 않을 것이라는 당초 예상과 달랐다. '기회가 주어진다면 한국에서 연수기회를 갖고 싶다'거나 '한국의 언론단체와 교류하고 싶다'는 등 미국 현지 언론인들도 한국과 상호적인 관계를 형성, 유지하고자 했다. 누구나 네트워크 형성을 희망하고 있었기 때문에 범정부 차원의 네트워크 구성에 대한 욕구의 차이도 없었다. 성별이나 근무경력, 체류형태 등에 따라 다르지 않았으며 현지 언론사나 로컬 언론사 사이에 차이가 나타나지 않았다. 이는 조사대상 모집단이 언론사 종사자로 비교적 동일한 집단이기 때문에 성별이나 교육수준, 소득수준 면에서 차이가 없었을 뿐 아니라 이들이 참여하는 언론사의 형태가 무엇이든 네트워크를 구성하고자 하는 희망정도는 유사했기 때문이다. 결국 재미 한인언론인들은 한민족 또는 한국에 대한 강한 민족정체성을 바탕으로 네트워크 구축에 대해 긍정적이고 적극적인 입장을 갖고 있었다.

민족정체성과 네트워크 구축 의사 사이에는 정적인 상관관계가 존재해서 민족정체성이 뚜렷하면 한국 정부가 참여하는 네트워크 구축 의사에도 더 많은 관심을 갖고 있었다. 논리의 연결선상에서 민족정체성은 사회자본이 많을수록 더욱 강한 경향을 띠었다. 민족정체성과 사회자본 사이의 상관관계를 분석한 결과, 매우 깊은 상관관계가 존재하고 있었다. 이 연구에서 사회자본의 양이 크다는 것은 한국에 대한 취재경험이 있고, 인터넷 이용을 많이 하며, 한민족 관련 지식을 많이 갖고 있는 사람을 가리킨다. 또 민족정체성은 한민족에 대한 자긍심이나 소속감들을 나타내는 민족의식, 그리고 한민족에 대한 정보의 크고 작음으로 구성되어 있다. 다시 말해 조사대상자들의 심리적 네트워크는 전반적으로 높게 나타났지만 그중에서도 한국관련 취재경험이 있고, 인터넷을 많이 이용하는 사람일수록 한민족에 대한 자긍심이나 소속감 즉 민족정체성이 더욱 뚜렷하다고 말할 수 있었다.

요약하자면, 인과론적 선후 관계로 말하기는 어렵겠지만 한국관련 취재 경험이 많거나 인터넷을 많이 이용하는 것처럼 사회자본의 양과 민족정체성, 네트워크 구성 욕구 등은 정적인 상관관계를 갖고 있는 것으로 밝혀졌다.

그러나 연구결과가 가리키는 바에서 주의해야 할 것은 사회자본의 양이 크다는 것이 곧 인터넷을 활용해 상호작용적이고 심층적인 자료를 획득하는 것은 아니라는 점이다. 연구결과 한인언론인들은 인터넷의 매체적 특성을 활용해 한국정부와 상호적인 관계를 유지하고 있기보다 간편하게 정보를 수집하는 수단으로 인터넷을 활용하고 있을 뿐이었다. 한국 정부 역시 재외 한인과 교류의 장으로 활용하고 있기보다 관련 정보를 발표하는 공간으로 활용하고 있을 뿐이었다. 이에 따라 재정과 인력 면에서 열악한 환경에 처해 있는 현지 언론사들이 자칫 확인되지 않은 한국 정보를 확대 재생산하는 우려마저 나타나고 있었다. 새로운 커뮤니케이션 공간으로서 인터넷을 통한 한민족공동체 건설이 다소 낭만적일 수 있다는 반증이었다.

결국 한국정부가 해외 한인언론과 동반자적 관계를 인터넷을 이용하면 그만이라는 소극적인 생각에서 벗어나 인터넷을 제대로 활용할 수 있는 방안을 마련해야 할 시점이라는 것을 알 수 있었다. 하나의 한민족 공동체로서 지속적인 상호작용을 보장하기 위해 인터넷은 더할 나위 없이 훌륭한 매개체가 될 수 있지만 현재와 같이 일회적이고 일방향적으로 정보를 수집하는 공간에 남아있을 경우 인터넷은 디아스포라적 민족정체성 구축에 별다른 기여를 하지 못한다는 것이다. 이를 반영하듯 재미 한인들이 희망하는 네트워크의 구체적인 형태도 현지 언론사, 한국정부 등이 공동으로 참여하는 범정부 차원의 재외기자협회 형태였다. 인터넷 등 가상커뮤니티가 접근성이나 편리함에서는 앞서겠지만 조직력이나 구심점 역할을 수행하기에는 부족하다고 생각하고 있었다. 현지 언론인들의 권익향상에 기여하고 실질적인 네트워크를 형성하기 위해서는 현지 언론인끼리의 네트워크는 물론, 한국 정부와의 네트워크 또한 오프라인 형태가 우선돼야 한다는 것을 알 수 있었다. 온라인은 오프라인과 병행할 때 영향력을 발휘하는 것이다. 따라서 당분간은 정부의 제도적 지원을 희망하고 있었다.

다음으로 중국지역의 연구결과는 다음과 같다.

이번 조사결과 중국에 살고 있는 조선족은 재미 한인언론인들이 한국을 고국으로 생각하고 있는 것과 달리 자신들을 중국의 소수민족으로서 '조선족'으로 인식하고 있었다. 중국의 조선족들은 북한사람도 아니고 남한 사람도 아닌 중국의 소수민족으로서 독자적 특성을 가진 조선족이라고 생각하고 있었다. 따라서 중국지역 응답자들은 조선족으로서 강한 자부심을 갖고 있었지만 이들이 '우리나라'라고 할 때는 예외 없이 현재의 중국을 의미했다.

이처럼 중국 조선족들은 미국 조사자들에 비해 한국인으로서 갖는 자긍심이나 소속감은 낮았지만 조선족으로서 갖는 자부심은 상당히 높았다는 것이다. 스스로를 한국을 떠나있는 한민족의 일원이라고 생각하는 미국 조사자들과 달리 중국 조선족들은 한민족의 뿌리를 갖고 있지만 중국에서 태어나 중국에서 살아가는 소수민족으로서 자신의 정체성을 확립하고 있었다. 설문조사결과, 한인언론인들은 조선족으로서 강한 자부심을 갖고 있었지만 한국보다는 중국에 경도돼 있었다. 단적인 예가 미국의 경우 이번 월드컵에서 미국과 한국이 시합했을 경우 한국을 응원하겠다는 응답자가 전체의 90% 가량이었지만 중국은 반대로 61% 가량이 중국 팀을 응원하겠다고 말했다.

또 변화하는 국제 정세 속에 있는 응답자들의 과도기적 환경을 반영하듯 응답자들은 최근 북한보다는 한국관련 취재활동 경험이나 한국에서 연수경험이 의외로 많았다. 또 한국 관련 뉴스나 소식, 문화 등에 대한 관심도 높았다. 특히 1990년대 중국의 개혁개방 정책 이후 변화하는 중국의 정치적 환경과 지리적으로 인접한 북한과의 관계, 새롭게 협력

파트너로 부상한 한국과의 구도 등 복잡한 국제 역학 속에서 중국 한인 언론인들은 자신들의 정체성을 확립하고 국익에 도움이 되는 방향을 찾고 있었다.

이번 조사결과에서 주목할 것은 1990년대 개혁개방 정책 이후 급격한 정보화의 진전을 경험하고 있다는 것이다. 신문과 텔레비전 같은 전통적인 대중매체가 여전히 가장 중요한 정보채널이 되고 있지만 인터넷의 기능과 역할이 점차 확대돼, 다채널 환경으로 변화되고 있다는 것을 확인할 수 있었다. 세부적으로는 나이어린 세대일수록 자신을 한민족 공동체의 성원이라기보다는 중국 내 소수민족으로서 조선족이라고 생각하는 경향이 더 강했다. 조사자들의 연령을 20, 30, 40대로 구분해 이들의 인터넷 평균 이용 시간을 비교분석한 결과 나이가 어릴수록 인터넷을 많이 활용하고 있음에도 나이가 많은 세대들보다 민족의식이 덜 확고했으며, 한국 사회에 대한 지식이나 정보도 부족했다. 그러나 미국에서와 마찬가지로 인터넷을 활용하는 것이 정보를 얻기 위한 상호 작용적인 과정은 아니었다.

이밖에 중국 조사자들은 세대를 불문하고 한국에서 연수기회를 갖고자 하고, 네트워크를 구성할 때 참여하겠다는 점에서 강한 의지를 보였다. 이런 경향은 설문조사 뿐 아니라 면담조사결과에서도 드러났는데 이들은 자신들보다 언론환경이 선진적인 한국에서 가졌던 교류나 연수 기회를 대단히 중요하게 생각하고 있었다. 또 개별적, 산발적으로 이뤄지고 있는 한국의 언론사와 교류를 정례화 하는 데 한국정부가 앞장서 줄 것을 당부했다. 그럼에도 재중 한인언론인들은 조선족을 열등한 민족으로 취급하는 현 상황에서 향후 발전적인 동반자 관계를 구축할 수는 없다는 점을 강조했다.

이상의 연구결과를 종합해 볼 때 중국 조선족들은 조국이나 고국으로서 한국을 강조하는 입장보다 한국과 뿌리를 같이하는 한민족의 일원으로서 향후 국제관계에서 동반 발전해야 할 협력자로서 관계를 강조해야 할 것으로 판단되었다. 뿌리의식을 강조하는 것보다 세계화 시대를 대비해 동반 발전의 당사자로 이해하고 관계를 설정해야 한다는 것이다. 이와 함께 조선족은 통일을 준비해야 하는 한국이 갖고 있을지 모를 외부집단에 대한 편견을 줄이고 디아스포라적 한민족 공동체로서 친근감을 회복할 수 있는 방안을 모색해 볼 수 있는 시험무대로서 주목해야 할 곳이기도 했다. 중국 조선족이 역사적으로 한국 정부보다 북한과 오랜 인연을 갖고 있고 북한의 정서를 대변해 줄 수 있을 뿐 아니라 현재까지도 북한정부와 정치적으로 긴밀한 관계를 유지하고 있기 때문이다.

마지막으로 일본은 미국이나 중국의 상황과 사뭇 달랐다. 민족정체성이나 역사적, 정치적 이유가 크게 달랐기 때문이다. 민단과 총련으로 대표되는 재일한인언론은 이데올로기적 지향이 크게 다른데다 최근에는 이주 세대 간 차이도 벌어지고 있었다. 그럼에도 재외기자협회 형태의 조직체를 통해 네트워크를 구성하고 협력 체제를 구축하는 방안에 대해서는 긍정적인 반응을 보였다. 또 총련계 언론들도 변화하는 국제정치 환경에 영향을 받아 한국 정부와 협력 관계를 유지할 수 있다는 가능성을 보여주었다. 그러나 무엇보다 연구결과 일본지역에서 가장 시급한 문제는 현지 언론인 세대 간 차이를 극복하고 교류를 증진하는 방안이었다. 재일동포 2, 3세들이 주류를 이루고 있는 한인언론과 뉴커머 사이의 장벽을 극복해 이들 간에 한민족 공동체를 구성하는 것을 해결한 다음 한국과 교류증진 방안으로 발전시켜 나가야 할 것으로 보였다. 이를 위해 현지 일본어로 발간되는 주요 한인언론의 한글판을 확대하거나, 일본어로 발간되더라도 뉴커머들에게 필요로 하는 정보를 확대하는 방안 등 세대 간 차이를 허물 수 있는 포괄적 방안이 요구되었다.

이 연구가 갖는 한계는 다음과 같다. 우선 재외 한인언론인의 역할을 한인 언론의 역할로 치환하고 있다는 점이다. 설문조사를 통해 민족정체성과 한국문화 소개 의사 사이에 상관관계가 존재한다는 점을 일부 확인하기는 하였지만 향후 연구를 통해 언론인의 역할과 언론의 상호 관계에 대해 좀 더 면밀한 분석이 필요할 것이다.

2. 정책적 제언

어느 민족이든 디아스포라적 민족정체성을 구축하는 방안은 이들에게 실질적인 이득이 될 수 있는 경제적 측면과 문화적, 정서적 측면의 공동체 형성이 동시에 추진돼야 한다. 많은 이산민족이 동경하고 있는 유대인 네트워크와 화상 네트워크가 탄탄한 경제 네트워크를 바탕으로 글로벌 경쟁시대에 무시하지 못할 세력으로 부상한 것이지만 성공 이면에는 민족정체성을 근간으로 형성된 문화적 공동체가 기반이 되었다는 것이 이를 반증해준다(박창규, 2003). 세계 각 지역에 분포해 있는 한민족 역시 지역별, 연령별, 이주 세대에 따라 민족정체성의 차이를 보이기 때문에 이들을 포괄하기 위해서는 국가별 문화적 차이를 감안해 정부가 주도적으로 추진하는 민족공동체 형성이 진행돼야 할 것이다. 해외 각 곳에 퍼져있는 한민족이 처해 있는 사회, 경제적 조건, 정치상황, 이민의 역사 등이 동질적이지 않은 한민족 공동체의 성패도 한국정부의 지원과 법적, 제도적 뒷받침 그리고 국내외 한민족 구성원이 포괄적으로 참여하는 정서적 심리적 문화공동체가 형성될 때 가능하다는 것이다. 연구결과에서도 각 지역별로 네트워크 구축과 발전에 필요한 선결과제가 다르게 나타났다. 미국의 경우 예상과 달리 한국과 교류기회를 확대하고자 하는 욕구가 상당히 컸으며 재외공관의 적극적인 활용방안에 대한 모색이 필요할 것으로 지적되었다. 또 재미 한인언론인들은 현지 언론 사이의 교류를 증대시키기 위해 재외한인기자협회 형식의 오프라인 조직을 희망하고 있었다. 중국과 러시아지역은 한국정부와 민간에서 주도하는 한중 교류의 폭을 넓히는 것을 가장 희망하고 있었다. 반면 일본 지역의 한인언론인들은 다른 지역과 달리 역사적 이유로 현지 한인언론인 사이의 교류 확대가 가장 우선돼야 할 것으로 보였다. 재일교포 2, 3세들과 뉴커머 사이의 장벽을 허무는 것이 절실하다는 것이다.

이상에서 유추해 볼 수 있는 한국 정부와 해외 한인언론의 역할과 관계는 다음과 같다.

첫째, 한국정부는 보다 실질적인 해외 한인언론 지원책을 마련해야 할 것이다. 그동안 한국정부가 해외 한인언론을 대상으로 시행했던 지원은 크게 재외동포재단과 한국언론재단에서 지원하는 사업을 들 수 있다. 재외동포재단은 중국과 중앙아시아 지역의 한인 언론을 대상으로 연간 1억 원가량(지난 2004년 기준 1억4백만 원)을 지원해오고 있지만 대부분 재정지원이나 시설지원처럼 일회성 지원에 그치고 있다. 한국언론재단 역시 중앙아시아 지역을 중심으로 이뤄지고 있는 지원이지만 지원규모가 적고 일시적인 부조 형태에 그치고 있다. 이밖에 정부기관은 아니지만 한국기자협회에서 개최하는 재외동포기자대회, 한국방송(KBS)이 주관하는 해외동포방송인대회 등도 넓은 의미에서 해외 한인언론을 대상으로 하는 지원에 포함될 수 있다. 그러나 이들 지원은 대체로 일회성 행사에 그쳐 해외 한인언론인들이 한민족 공동체를 형성하기 위한 깊은 공감대를 형성하지는 못하고 있다. 이에 따라 최근에는 지난 2004년 지역신문발전지원특별법과 같은 맥락에서 '재외동포언론지원발전법'을 마련해야 한다는 주장도 점점 설득력을 얻어가고 있다. 이 법안은 한민족 공동체 건설을 위해 해외 한인언론과 한국정부, 그리고 한국 내 국민들의 폭넓은 공감대 속에 보다 실질적이고 지속적인 교류방안을 모색하자는 취지를 담고 있다. 이상의 제도 마련 등 한국정부가 앞장 서 지속적인 관계 발전을 유지해 나갈 수 있도록 다양한 법적, 제도적 장치를 마련해야 할 것으로 보인다.

둘째, 실질적 교류방안을 위해 재정적, 제도적 지원 이외의 방안도 고려해야 할 것이다. 구체적으로는 해외 언론의 취재활동을 지원하는 것도 방안이 될 수 있을 것이다. 연구결과 민족정체성과 한국문화 소개 의사 사이에 상관관계가 존재한다는 것을 확인한 바, 한국정부는 한민족정체성을 확대 재생산할 수 있는 기사를 발굴, 공모해 해외 언론에 지속적으로 소개될 수 있도록 해야 할 것이다. 또 해외 언론인들의 한국교류 추진을 들 수 있다. 미국과 중국의 한인언론인의 경우 한국에서 연수기회를 갖고자 하고 한국 언론단체 등과 교류를 강력히 희망하고 있다는 것을 확인했다. 이에 따라 현재 한국언론재단에서 국내 언론인을 대상으로 실시하고 있는 언론인 재교육을 해외 한인언론으로까지 확대할 필요가 있을 것이다.

셋째, 한국정부는 한국기자협회와 유사한 해외한인기자협회가 구성될 수 있도록 지원하는 방안을 찾아야 할 것이다. 많은 한인언론인들이 자신들의 이익을 대변하고 현지 사회에서 한인사회의 공동이익을 위해 기자협회 형태의 조직체를 희망하고 있었다. 정보화 사회에서 물리적 장애를 쉽게 극복할 수 있는 인터넷이 훌륭한 구심점이 될 수 있지만 이는 연구결과 보조적인 형태를 띠어야 한다는 결론을 내릴 수 있었다. 디아스포라적 한민족공동체 형성은 오프라인에서 운영되는 조직체가 우선돼야 하고 온라인 공동체는 오프라인 조직을 활성화시키는 보조적 방안으로 추진돼야 한다는 것이다. 이를 위해 재외공관의 역할강화가 필요할 것이다. 재외공관이 한국정부와 해외 한인언론과의 관계를 상호적이고 심층적으로 발전시킬 수 있는 가교역할을 수행해야 한다는 것이다.

참고문헌

강 니꼴라이(2001). "러시아 고려인 사회 발전을 위한 언론의 역할", 『세계화시대의 재외 한인언론과 한민족 공동체』, 동북아학회 국제학술회의 자료집.

강준만(2001). 『세계의 대중매체2 : 아시아 중동 중남미 아프리카 편』, 인물과 사상사.

권순우(1999). "중국 연변지역조선족의 무궁화위성방송 수용사례", 서강대학교 언론대학원 석사학위논문,

김명중(1998). "한국 위성방송의 현황과 과제", 『국제심포지움: 한국 위성방송의 전망과 과제』.

김 브루트(2001). "우즈베키스탄 고려신문의 현황과 역할", 『세계화시대의 재외 한인언론과 한민족 공동체』, 동북아학회 국제학술회의 자료집.

김상철·장재혁(2003). 『연변과 조선족: 역사와 현황』, 백산서당.

김삼오(2005). 교포언론, 무엇이 문제인가. 해외교포연구소 발간 OK Times 통권 제13호.

김신동(2000). 인터넷, 혹은 새로운 정보공간을 통한 한민족공동체 건설, 경남대학교 극동문제연구소.

김영기(1998). "구 소련지역 고려인 언론과 민족정체성", 『현대사회과학연구』 제9권.

______(2001). "한민족 공동체와 언론의 역할", 동북아학회 국제학술회의 자료집.

김왕배(2003). 미주 한인 후예들의 민족주의: 민족정체성 형성을 중심으로, 현상과 인식 제55호.

김원태·최상철(1992). "중국 조선족 동포의 우리말 신문방송에 관한 연구", 『한국언론학보』 제27호.

김원태(1993). '한국어방송의 기능과 영향에 관한 연구: 라디오 코리아를 중심으로, 언론사회문화 3.

______(2002). "중국 조선족의 언론문화에 관한 연구", 『중국한인연구』, 전남대 사회과학연구소 연구총서 제8권.

______(2002). 재미 한인 사회의 한인방송에 관한 연구, 재외한인연구.

______(2003). "중국 조선족의 언론 현황과 언론관에 관한 조사연구", 한국학술진흥재단 기초 학문분야 세계한상문화연구단, 재외한인학회.

김인영(1999). 해외동포와 한민족 네트워크공동체 형성: 현황과 과제, 한림대학교 민족통합연구소.

김재국(1998). 『한국은 없다』, 흑룡강조선민족출판사.

김진영(2003). 미디어의존이론연구: 미국 유학생들의 인터넷 이용, 민족정체성, 미디어의존 그리고 인지적 행동적 변화와의 관계를 중심으로, 언론과학연구.

김희진(1999). "국가 경쟁력 제고를 위한 해외 위성방송의 역할과 운용방안: Arirang TV 사례를 중심으로," 『홍보학 연구』 제3호.

목정균(1998). "중국의 언론", 『사회주의 국가의 언론』, 한국언론연구원.

박용수(1993). 『중국 조선문화사 대계 8- 신문출판사』, 민족출판사, 북경대학 조선문화연구소.

박용수(2002). 『중국의 언론과 사회변동』, 나남출판.

박재복(2001). "우리끼리 집안잔치는 끝났다: 문화전쟁, 전략이 필요하다." 『방송 21』 제16호.

방송위원회(2004). 『해외 한국어방송 실태조사 보고서』, 방송위원회.

서병욱(2002). "중국조선족의 정체성 위기와 언론의 역할", 한양대학교 언론정보대학원 석사논문.

손동원(2002). 사회네트워크 분석, 경문사.

신호창·이두원(2002). 『행정 PR 원론』, 서울: 이화여자대학출판부.

성경룡 외(1999). 『한민족네트워크공동체 의식조사』, 한국방송공사·한림대학교 민족통합연구소.

양원식(1996). "부자유 속에 태어난 신문: 고려일보의 어제와 오늘", 『세계화시대의 재외 한인언론과 한민족 공동체』, 동북아학회 국제학술회의 자료집.

오태호(1998). 『연변일보 50년사』, 연변인민출판사.

윤인진(2000). "한인 이민가족의 세대갈등", 전남대학교 개교 48주년 기념 국제
　　　학술회의 발표논문집, 『21세기 해외 한민족 공동체 발전 전략』.
______(2003). 『코리안 디아스포라: 재외한인의 이주·적응·정체성』, 한국 사회
　　　학 제37집 4호.
이강웅(2002). 행정 PR에 있어서 언론의 역할, 『한국행정연구』 제11권 4호.
이광규(1999). "제3부: 민족통합에 관한 사회인류학적 접근- 해외교포와 한민족
　　　공동체", 한림대학교 민족통합연구소.
______(2002). 『격동기의 중국 조선족』, 백산서당.
이준식(1999). "세계주의에서 열린 민족주의로: 재중 동포 문제를 통해 본 한국
　　　의 민족주의", 『담론 201』 겨울호.
이효성(1996). 한국언론의 좌표. 서울: 커뮤니케이션 북스.
______(2000). "전통 뉴스 매체와 뉴스 웹 이용이 이민자들의 주류 정치사회화에
　　　미치는 매개적 역할", 『한국언론정보학보』, 통권 22호.
임채완·이명남(1996). "재소한인의 정체성에 관한 연구," 『통일문제연구』
　　　제9집.
장원호(1991). 미주 한인과 한인신문, 민병갑 편, 『미국 속의 한국인』, 유림문화사.
정병호(2003). 문화적 저항과 교육적 대안: 재일 조선학교의 민족정체성 재생산,
　　　비교문화연구
정신철(2000). 『중국 조선족』, 신인간사.
정재철(2002). 비판커뮤케이션: 정치경제 문화연구 미디어 비판, 김지운·방정
　　　배·정재철 공저, 커뮤니케이션북스.
정호영(2001). 민족 정체성 형성에 관한 정치사회학적 연구, 고려대학교대학원
　　　사회학과 박사학위논문.
주지혁(2002). "초국적 수용자의 미디어 이용과 효과 -연변 조선족 대학생의
　　　한국 위성방송 이용을 중심으로-", 한양대학교 대학원 박사학위논문.
주현남(2001). "중국 흑룡강성 조선족 언론의 현황과 역할", 『세계화시대의 재외
　　　한인 언론과 한민족 공동체』, 동북아학회 국제학술회의 자료집.
중앙일보 미주사(2003). 남가주 지역 한인의식 소비패턴 조사.
채 백·이재현(1995). 『중국 조선족의 언론과 문화』, 부산대출판부.
최기영(1998). 한말-일제시기미주의 한인언론.

최상철(1996). 『중국 조선족 언론사』, 경남대학교 출판부.

최영표(2004). 러시아 연해주 고려인 민족교육 실태와 지원과제, 한국동북아논총.

최 협·이광규(1998). 『다민족국가의 민족문제와 한인 사회』, 서울: 집문당.

최 협(1999). 재미한인사회의 현황과 과제, 중앙아시아연구.

최 호(2001). "중국연변자치주 언론 현황과 조선족 사회 발전방안",『세계화시대의 재외한인언론과 한민족공동체』, 동북아학회 국제학술회의 자료집.

한국방송개발원(1997), 『문화정체성 제고를 위한 방송프로그램 정책연구』.

_____(1992). 『해외교포방송 및 수용실태에 관한 연구』.

한국언론연구원(1994). 『한국신문방송연감』.

한국방송공사(1996). "96 세계한국어방송인대회 세미나: 해외 한국어방송 역량 제고 방안과 소수민족 방송정책",

_____(1996). "95 세계한국어방송인대회 세미나: 세계 한국어방송의 발전방향".

_____(2001). "중국 연변TV방송국 초청 출장 결과보고", KBS 내부문서,.

현동일(2001). "중국 조선족 사회의 경제자원 전략과 발전전략", 김강일·허명철 편, 『중국 조선족』.

_____(2004). 『코리안 디아스포라』, 고려대학교 출판부, 2004.

한국일보 미주사(1992). "남가주 한국일보 독자들의 정치·사회 문제에 대한 인식과 매쓰미디어 수용 형태", 1992.

한상필(2000). 한국과 미국의 인터넷 홈페이지 비교분석을 통한 국가 홍보개선 방안 연구: 정부기관과 지방자치단체의 홈페이지 사례분석을 중심으로, 홍보학연구 제4(2).

Anderson, B. (1983). Imagined Community: Reflections on the Origin and Spread of Nationalism. London: Verso.

Bourdieu, P. (1996). The Forms of Capital. in J. G. Richardson(ed), Handbook of Theory and Research for the Sociology of Education, New York: Greenwood.

Burt, R. S (1992) Structural holes: The Social Structure of Competition, Cambridge, MA: Harvard Univ. Press.

Anheier, K. H, Gerhards, J & Romo, F. P (1995). Forms of Capital and Social

Structure in Cultural fields: Examining Bourdieu's social topology. The American Journal of Sociology, 100(4).

Calhoun, C. 1993. "Habitus, Field, and Capital". Calhon, C. & Edward Lipuma & Moisee Postone(eds) Bourdieu: Critical Perspective, Chicago and London: The University of Chicago Press.

Castells, M. (2000). The Rise of the Network Society, Oxford: Blackwell.

Castells, M. (2001). The Internet Galaxy, Oxford University.

Chaffee, S. H., Nass, C. I. & Yang, S. M. (1990). The bridging role of television in immigrant political socialization. Human Communication Research, 17, 266-288.

Coleman, J. S. (1988). Social Capital in the Creation of Human Capital, American Journal of Sociology, 87(2).

DeFleur, M. L. & Ball-Rokeach, S. (1989). Theories of mass communication(5th ed.). New York: Longman Inc.

Erickson, B. H. (2001). Good Networks and Good Jobs: The value of Social Capital to Employers and Employees, In N. Lin, k. & R. Burt(eds), Socail Capital: Theory and Research, New York: Aldine De Gruyter.

Ferguson, D. A. & Perse, E. M. (2000). The world wide web as a function alternative to television. Journal of Broadcasting & Electronic Media, 44(2).

Fernandez, M. R & Castilla, J. E. (2001). How Much in that Network Worth? Social Capital in Employee referral Networks. In N. Lin, k. & R. Burt(eds), Socail Capital: Theory and Research, New York: Aldine De Gruyter.

Fitzgerald, Thomas K. (1991). Mass Media and Changing Metaphors of Ethnicity and Identity. Media, Culture, and Society, Vol. 13.

Flap, H & Boxman, E. (2001). Getting started: The influences of Social Capital on the occupational Career. In N. Lin, k. & R. Burt(eds), Socail Capital: Theory and Research, New York: Aldine De Gruyter.

Hasse, A. & Wellman, B (2002). How does the Internet afect social capital? www. chass.utoronto.ca/~wellman.

Hongladarom, S. (2000). Negotiating the global and the local: How Thai culture co-opts the Internet. Firstmonday, 5(8).

Kimlicka, Will(eds), (1995). The Right of Miniority Cultures, Oxford: Oxford Univ. Press.

Lee, D. S. (1984). Mass media and political socialization of immigrants. Doctoral dissertation. The University of Iowa.

Lee, J. Y. (1995). Marginality: The Key to Multicultural Theology. Minneapolis: Frotress Press.

Lin, N. (1999a). Building a Network Theory of Social Capital. Connections, 22(1).

Lin, N. (1999b). Social networks and Status Attainment, Annual Reviews, 25.

Marsden, P. V. (2001). Interpersonal Ties, Social Capital and employer staffing Practices, In N. Lin, k. & R. Burt(eds), Socail Capital: Theory and Research, New York: Aldine De Gruyter.

Min, Pyong Gap, (1991). "Cultural and Economic Boundaries of Korean Ethnicity", Ethnic and Racial Studies 14.

Motyl, Alexander. (1992). The Modernity of Nationalism: Nations, States and Nation-States in the Contemporary World, Journal of International Affairs, vol. 45(2).

Morris, M. & Organ, C. (1996). The internet as mass medium. Journal of communication, 46(1).

Park, R. E. (1922). The immigrant press and its control. New York: Harper.

Van den Bulk, Hilde & Luc Van Peocke. (1996). National Language, Identity Formation and Broadcasting: the Finladers, the Netherlanders, and German-speaking Switzerland. European Journal of Communication, Vol. 11.

Safran, W., (1991). "Diaspora in Modern Societies: Myth of Homeland and Return", Diaspora 1:1.

Smith, Anthony. (1991). National Identity, University of Nevada Press.

Wimmer, D. Roger & Dominick, R. Joseph. (1994). Mass Media Research: An Introduction, Belmont: California, Wadsworth Publishing, 유재천·김동규 공역, 매스미디어 조사방법론, 나남출판 1995.

Wellman, b. (2000). Living Networked in a Wired World, Keynote Address to the First Conference of the Association of Internet Researchers, Lawrence, University of Kansas, Sept 14.